Victor Chu

VATERLIEBE

Klett-Cotta

Meiner Frau

www.klett-cotta.de
© 2016 by J. G. Cotta'sche Buchhandlung
Nachfolger GmbH, gegr. 1659, Stuttgart
Alle Rechte vorbehalten
Printed in Germany
Umschlag: Rothfos & Gabler, Hamburg
Unter Verwendung eines Fotos von © Sylwia Nowik/Fotolia
Gesetzt von Kösel Media GmbH, Krugzell
Gedruckt und gebunden von Friedrich Pustet GmbH & Co. KG, Regensburg
ISBN 978-3-608-98063-9

Bibliografische Information der Deutschen Nationalbibliothek
Die Deutsche Nationalbibliothek verzeichnet diese Publikation in
der Deutschen Nationalbibliografie; detaillierte bibliografische
Daten sind im Internet über http://dnb.d-nb.de abrufbar.

INHALT

I. EINFÜHRUNG

Mut zu mehr Kontakt zwischen Kindern und Vätern 17
Der junge und der alte Vater 21
Die Krise der Männlichkeit und Väterlichkeit 26

II. ZUR GESCHICHTE DER VÄTER SEIT DEN WELTKRIEGEN

Mein Vater... 35
Familie und Zeitgeschichte: Die Weltkriege und
ihre Folgen 42
   Fallbeispiel: Die Kriegsschuld des Vaters 48
   Fallbeispiele: Familiäre Gewalt 50
   Fallbeispiel: Die Weitergabe der Schuld 54
   Fallbeispiel: Besatzungskind................................ 60
Aggressivität, Strenge und autoritäres Verhalten der Väter ... 68
Männlicher und weiblicher Narzissmus..................... 71

III. VORBEREITUNG AUF DIE VATERSCHAFT

Wozu Kinder? Über den Sinn des Vaterwerdens 75
Die Entwicklung eines Jungen von der Geburt bis
zur Vaterschaft 78
   Fallbeispiel: Abgelehnter Kinderwunsch 81
   Fallbeispiel: Ödipale Beziehung zwischen Mutter und Sohn 85

IV. VATER WERDEN, VATER SEIN

Schwangerschaft – Die Entscheidung für oder gegen das Kind 97
Die Geburt. 102
Der Vater in der Säuglings- und Kleinkindzeit 107
   Fallbeispiel: Der gewalttätige Großvater 116
Multitasking: Die familiäre Arbeitsteilung 118
Die vielen Entwicklungsstränge während der Elternschaft 131
Der Vater in der ödipalen Phase und der Pubertät 138
Der Vater als berufliches Vorbild 148
   Fallbeispiele: Die Arbeitshaltung des Vaters 151
   Fallbeispiele: Die Laufbahn des Kindes 152
   Fallbeispiel: Die Weitergabe von Erwartungen 154
Väter und Töchter 158
   Fallbeispiel: Der Adler 163
   Fallbeispiele: Die Bedeutung väterlicher Ermutigung 171

V. VATERFERNE, VATERMANGEL UND VATERSEHNSUCHT

Sollen wir uns an den Vater anlehnen oder ihn von uns wegschieben? 173
Vaterferne und ihre Gründe 175
   Fallbeispiel: Der Niedergang der patriarchalischen Ordnung 183
Die Sehnsucht des Kindes nach dem Vater 185
Symptome des Vatermangels bei Männern 188
Symptome des Vatermangels bei Frauen 195
   Fallbeispiel: Vaterlose Töchter 199
   Fallbeispiel: Marilyn Monroe 203

VI. DIE BEZIEHUNG ZUM VATER ERNEUERN

Odyssee und Heimkehr des verlorenen Vaters –
oder: Wie können Väter zu ihren Kindern zurückfinden? 205
Der abgelehnte und zurückgewiesene Vater –
oder: Was können erwachsene Kinder tun, um die
Beziehung zum Vater wiederherzustellen? 211
   Fallbeispiel: Abgelehnte Väter 214
   Fallbeispiel: Refathering 219

VII. ZERBROCHENE FAMILIEN UND ALTERNATIVE FAMILIENFORMEN

Partnerschaft und Elternschaft.............................. 223
   Fallbeispiele: Beziehungskrisen 227
Herkunft und Identitätsgefühl des Kindes 229
Getrennte Eltern, getrennte Familien
und Ein-Eltern-Familien 233
   Fallbeispiel: Die Abwehr des männlichen Geschlechts 236
Patchworkfamilien 240
   Fallbeispiel: Wie Patchworkfamilien gelingen können 252
Kuckuckskinder, Kuckuckseltern 253
   Fallbeispiel: Kuckuckskind 259
Die Genderfrage – oder: Ist die Familie nur ein Konstrukt? ... 260

VIII. ELTERN UND GROSSELTERN

Elternsein im Alter 269
Wenn wir Großeltern werden 272

IX. VATERLIEBE

Vaterliebe – was sie so kostbar und einzigartig macht 280
Was ich mir wünsche 284

Empfehlungen an Väter 290
Anmerkungen 293
Literaturhinweise 298

I. EINFÜHRUNG

Unser jüngster Sohn ist vorgestern nach Neuseeland geflogen – für ein ganzes Jahr. Damit ist unsere Elternzeit zu Ende, zumindest der aktive Teil davon. Dreiunddreißig Jahre sind meine Frau und ich als Eltern gefordert gewesen, so lange reichte die Zeit von der Geburt unserer ältesten Tochter bis zum Erwachsenwerden unseres jüngsten Kindes. Eine lange Zeit. Ein Großteil unseres bisherigen Erwachsenenlebens. Darüber sind wir alt geworden. Als wir gestartet sind, waren wir jung, dynamisch und voller Zuversicht. Wie unschuldige Kinder sind wir ins Elternsein hineingestolpert. Nun sind wir, nach vier Kindern, älter, ruhiger, besonnener geworden. Damals ging es ungestüm ins Erwachsensein. Wir waren froh, das Elternhaus und den ganzen Mief, den ganzen Ballast, der daran hing, hinter uns zu lassen. Heute fühle ich mich selbst im verlassenen Nest zurückgelassen, wie die Hülle eines Kokons, die nicht mehr gebraucht wird. Heute kann ich nachfühlen, wie es meinen Eltern erging, als ich ins Erwachsenenleben aufgebrochen bin.

Das Leben geht nicht linear. Es verläuft spiralförmig. Solange man keine Kinder hat, erscheint das Leben wie eine gerade Linie, die mit der Geburt beginnt und mit dem Tod endet. Wenn man Eltern wird, merkt man, dass man dorthin zurückkehrt, wo man gestartet ist. Diesmal befindet man sich aber in der komplementären Rolle. Damals waren wir Kinder und hatten Eltern, die uns versorgten und für uns da waren. Heute sind *wir* die Eltern und sorgen für unsere Kinder. Jetzt sind sie die Jungen, Dynamischen, die vorwärts stürmen, während wir, wie die zweite Stufe einer dreistufigen Rakete, zurückfallen. Die erste Stufe waren unsere Eltern, die schon längst zurück zur Erde gefallen sind. Nun sind wir diejenigen, die zurückbleiben und unseren Kindern viel Glück auf ihrer Lebensreise wünschen.

Wenn wir Eltern werden, realisieren wir, wie sich das Leben fortsetzt, von Generation zu Generation. Nicht wie eine ewig gleiche Wiederholung. Zwar wiederholt sich manches. Wir erkennen in der Art und Weise, wie wir unsere Kinder behandeln, und in den Liedern, die wir unseren Kindern singen, vieles, was wir einst von unseren Eltern aufgenommen haben und nun weitergeben. Aber wir tun etwas Neues, etwas Persönliches hinzu. Wir verwerfen Altes, etwa überkommene Erziehungsmethoden, die wir nicht mehr für zeitgemäß halten, und verleihen dem Elternsein unsere eigene Note. Gleichzeitig haben wir das Gefühl, dass vieles, was wir als Eltern tun, nicht allein von uns stammt, sondern von ganz weit aus der Vergangenheit herüberweht.

Als »Raketenstufe« fühlen wir uns wie ein Zwischenglied in einer endlos langen Kette. Wir nehmen die Energie von hinten auf, integrieren und verwandeln sie in uns, um sie dann an unsere Kinder weiterzugeben. Und wie eine Raketenstufe können wir spüren, ob die Schubkraft von hinten stark oder schwach ist. Ist sie stark genug, dass wir gut vorwärts kommen und sie weitergeben können? Oder ist sie so schwach, dass wir in unserem eigenen Leben stagnieren und verzagen, kaum fähig, irgendetwas in die Zukunft zu investieren? Die Schubkraft von hinten entscheidet auch darüber, ob wir uns zutrauen, Kinder zu bekommen oder nicht.

Dabei spielt die *Vaterliebe* eine entscheidende Rolle. Wie wichtig *Mutterliebe* ist, wissen wir heute hinlänglich. Die Mutter spielt zu Recht die zentrale Rolle im Heranwachsen eines Kindes. Vom Moment der Zeugung an ist sie dem Kind ganz nahe. Dies setzt sich fort in der Schwangerschaft, der Geburt und der Stillzeit. Darüber wird jedoch der Vater oft übersehen, wie auf den Weihnachtsbildern, wo sich alle Aufmerksamkeit aufs Christkind und seine Mutter Maria konzentriert, aber Joseph höchstens als Nebenfigur im Hintergrund zu finden ist.

Ist der Vater wirklich so unwichtig? In der Christusgeschichte wird die Vaterschaft Josephs verleugnet. Jesus stamme von Gott, aus einer Jungfrauengeburt. Joseph sei nur sein Ziehvater, ein gutmütiger Trottel, der bereit ist, sich seiner von wem auch immer geschwängerten Partnerin väterlich (!) anzunehmen und deren Kind großzuziehen. In manchen Darstellungen schaut Joseph aus gebührender Distanz gar skeptisch auf die Anbetung seines Stiefsohnes und dessen Mutter durch die Hirten und die Weisen aus dem Morgenland. Ihm gilt deren Verehrung nicht, das ist klar!

Die stiefväterliche Behandlung Josephs wirft exemplarisch ein Licht auf die Art und Weise, wie Väter heute im Allgemeinen angesehen werden: Sie werden nicht selten als notwendiges Übel betrachtet. Eine wichtige Beigabe, damit Mutter und Kind materiell versorgt sind. Vielleicht auch noch als männliche Bezugsperson fürs Kind, die aber zur Not durch andere männliche Bezugspersonen ersetzbar sind. Da nicht jedes Kind göttlichen Ursprungs ist, braucht man eben einen irdischen Erzeuger.

Auf eine derartig schmale Bedeutung reduziert, nimmt es nicht wunder, dass viele Väter dazu neigen, sich selbst wegzurationalisieren. Sie versorgen ihre Familie zwar mit dem materiell Notwendigen, aber persönlich treten sie kaum auf. Wie einst Joseph halten sie sich im Hintergrund und überlassen die Kinder der Obhut der Mutter. Manche Väter kümmern sich zwar hingebungsvoll um Mutter und Kind, aber sie tun dies wie ein aufmerksamer Butler, der keine Beachtung für sich zu beanspruchen wagt. Ein Butler ist jemand, der unsichtbar ist, der aber zur Stelle ist, sobald man ihn braucht. Andere Väter trennen sich auf leisen Sohlen von Mutter und Kind und verweigern jegliche Unterstützung. Vatersein betrachten sie als Unfall oder Unglück.

Dabei ist es ein großes Glück, Vater zu sein. Vater zu sein kann den Gipfel darstellen, den ein Mann in seiner Entwicklung erklimmen kann. Aber wie beim Erklimmen eines Berges braucht es Entschlossenheit, Geduld und Durchhaltevermögen. Vater zu sein haben viele Männer nicht am Vorbild *ihrer* Väter lernen können – weil diese fehlten oder geistig abwesend waren. Es muss dann mühsam durch Versuch und Irrtum erlernt werden.

Wenn ein Vater sich in die Betreuung und Erziehung des Kindes engagiert, hat manche Mutter das Gefühl, er stört. Dann kommt leicht Rivalität zwischen Vater und Mutter auf. Dabei geht es beim Elternsein überhaupt nicht um Wettstreit. Richtiges Vater- und Muttersein kann man nur in Zusammenarbeit erreichen. Mütter und Väter können ihre Aufgabe nur dann vollständig erfüllen, wenn der geschlechtliche Gegenpart ebenfalls zur Stelle ist und seinen Teil beiträgt. Wenn man das andere Elternteil beiseite drängt, wird man leicht zur Übermutter oder zum Übervater. Dann gibt es eine Überversorgung auf der einen und eine Unterversorgung auf der anderen Seite. Für ein Kind gibt es nur beide Eltern. Als Kind seiner Eltern fühlt es sich erst vollständig, wenn es beide bei sich und in sich spürt. Wie Yin und Yang gehören Vater und Mutter zueinander.

Darum ist es so traurig, dass sich heute immer mehr Eltern trennen. Da die Mutter das Kind in sich getragen hat, da sie es ausgetragen und als Baby versorgt hat, hat sie meist die stärkere emotionale Bindung zum Kind. Deshalb bleibt die Mutter in den meisten Fällen nach einer Trennung beim Kind, und der Vater wird zum Gast. Ein Wochenend- oder Urlaubsvater ist aber kein vollständiger Vater. Er fehlt im Alltag des Kindes. Seine Anwesenheit und seine Präsenz fehlen. In der Seele des Kindes entsteht ein Loch, das manchmal bis zu seinem Lebensende weiter besteht und gefüllt werden möchte.

Vaterlosigkeit ist ein Symptom unserer Zeit. Das Patriarchat hat sich, zumindest in Westeuropa, im Laufe der letzten Jahrzehnte allmählich verabschiedet. Wir brauchen ihm keine Träne nachzuweinen. Es hat ausgedient. Aber mit ihm ist auch das Selbstbewusstsein der Männer zusammengebrochen. Als Konsequenz verschwinden die Väter zunehmend aus der Familie. Jungen fallen gegenüber Mädchen in ihrer Leistungsmotivation zurück und zeigen zunehmend apathische oder antisoziale Züge, während immer mehr Mütter sich als Alleinerziehende wiederfinden und ihre Frau zu stehen haben. So war Elternschaft nicht gemeint.

Wir brauchen in der Familie und in der Gesellschaft nicht nur selbstbewusste Frauen, wir brauchen auch selbstbewusste Männer – Männer, die zu ihrer Männlichkeit stehen. Nicht mehr als Macht oder als Dominanz über die Frauen (denn diese sind meist nur Zeichen innerer Minderwertigkeitsgefühle), sondern als klare männliche Kraft, die anders ist als die weibliche. Nicht als Ergänzung, sondern als eigenständige Position.

Dabei können wir das Pferd nicht von hinten aufzäumen. Wenn Männer keinen guten Vater erlebt haben, wird es ihnen schwer fallen, selbst ein guter Vater zu werden. Ich kann mich noch gut daran erinnern, wie ich mir bei unserem ersten Kind vorgenommen habe, alles anders, alles besser zu machen als mein eigener Vater. Aber am Schluss musste ich zugeben, dass ich vieles ähnlich oder genauso wie mein Vater gemacht habe. Außerdem hat mir das Vatersein sehr viel Mühe gemacht. Ich musste es mir quasi aus den Fingern saugen. Ich wollte für meine Kinder da sein, aber in der Realität zog ich mich häufig zurück, überließ vieles meiner Frau, verschwand in der Arbeit – nicht viel anders als mein Vater es einst getan hat.

Aus dieser Erfahrung erwuchs die Erkenntnis: Ich kann nicht einfach aus eigenem Beschluss ein besserer Vater werden. Der Entschluss ist wichtig, aber er ist leider nicht ausreichend. Es war ein Versuch, mich wie einst Münchhausen selbst am eigenen Zopf aus dem Sumpf zu ziehen. Beginnen musste ich mit dem, wovor ich weggelaufen bin: meinem eigenen Vater. Ich musste mich mit meinem Verhältnis zu ihm auseinandersetzen, ich musste auf die Suche nach meinem Vater und dem Vater in mir gehen. Dort war die Quelle für mein eigenes Vatersein.

Das war eine anstrengende, mitunter schmerzliche Reise in die

Vergangenheit. Motiviert haben mich meine eigenen Defizite als Vater. Ich merkte, wie schwer es mir fiel, einfach präsent für meine Frau und meine Kinder zu sein, ohne innerlich mit etwas Drittem beschäftigt zu sein. Ich war zwar äußerlich da, im Gegensatz zu meinem Vater, der nur selten da war, aber innerlich war ich nicht selten abwesend. Ich war nicht voll präsent. Ich war nicht oder nur begrenzt ansprechbar. Ich habe oft nicht auf die Signale meiner Kinder geachtet, habe die subtilen Zeichen ihrer Sehnsucht nach mir und ihrer Liebe für mich übersehen. Ich war überrascht, wenn sie mir zeigten oder sagten, wie wichtig ich für sie bin. Denn ich dachte, ihre Mutter sei ihnen wichtiger.

Gleichzeitig bekam ich mit, wie mein Vater, der während meiner Kindheit kaum anwesend war und mich selten beachtet hatte, mit großer Freude Großvater für meine Kinder war. Wie sehr freute er sich, wenn er uns (sie) besuchte! Zwar war ich nicht eifersüchtig auf meine Kinder, ihnen habe ich den Großvater sehr gegönnt, denn ich kann mich nicht an meine Großeltern erinnern. Aber ich fragte mich: Wieso war er als Vater so anders als als Großvater?

Als ich meine Eltern mit unserem frisch geborenen zweiten Kind, unserem ersten Sohn, besuchte, legte ich ihn spontan meinem Vater in den Arm. Ich wollte, dass er ihn als Erster hält und liebkost (wohl, weil ich es für mich selbst als Kind gewünscht hätte). Aber er erschrak über das Kind in seinen Armen und reichte es blitzschnell, fast reflexartig, an meine Mutter weiter. Über diese Reaktion meines Vaters erschrak ich meinerseits. Ich habe gewollt, dass er meinen Sohn als Erster in den Arm nimmt, noch vor meiner Mutter: Der Sohn übergibt den Enkelsohn an den Großvater. Wie stolz wäre ich gewesen, wenn wir drei Männer zusammengestanden wären! Großvater – Vater – Enkel: Das wäre eine stolze männliche Ahnenreihe gewesen. Allerdings, das spürte ich, war er überhaupt nicht damit vertraut, ein Kind im Arm zu halten und zu wiegen, obwohl er sich von Herzen über das Enkelkind freute. Körperliche Nähe zu einem Baby kannte er wohl nicht. Als meine Mutter unseren Sohn im Arm hielt, stand er stolz daneben und freute sich. Aber er war eindeutig der Zweitrangige, derjenige, der daneben stand und zuschaute, wie seine Frau das Kind liebkoste.

Ich fühlte mich durch diese Szene in meiner Sehnsucht nach meinem Vater sehr enttäuscht. Ich suchte fortan nach den Gründen seiner Scheu vor dem direkten Kontakt mit mir. Dies war der Beginn meines aktiven Zugehens auf meinen Vater. Dies war ein innerer Prozess, der bis heute, viele Jahre nach seinem Tod, andauert. Darüber werde ich im Buch noch mehr berichten.

Wichtig ist hier die folgende Feststellung: je näher ich meinem Vater innerlich kam, desto leichter wurde mir mein eigenes Vatersein. Ich konnte mich mehr und mehr auf meine Kinder einlassen. Mittlerweile fühle ich meinen Vater körperlich in mir. Er umhüllt mich wie ein warmer Mantel. Dies gibt mir Sicherheit und Selbstvertrauen. Ich spüre seine Vaterliebe, und ich kann diese Liebe an meine Kinder weitergeben. So wie ich mich innerlich von ihm beschützt und behütet fühle, so begleite ich meine Kinder in ihr Erwachsenenleben. So wie mein Vater, wenn auch unsichtbar, heute für mich da ist, kann ich für meine Kinder da sein, wenn sie mich brauchen.

Vaterliebe ist etwas Unverwechselbares. Sie kann durch nichts ersetzt werden, weder durch Mutterliebe noch durch die Liebe eines Partners oder einer Partnerin. Ein guter Lehrer oder Mentor kann uns zwar auch ein gutes männliches Vorbild sein, aber er kann uns nicht das Gefühl geben, vom eigenen Vater geliebt und gesehen zu werden.

Der Blick aus den Augen des Vaters dringt tief in unsere Seele hinein. In ihm fühlen wir uns gespiegelt. Er ist das Original, wir sein Abbild. Wir sind zwar keineswegs eine bloße Kopie von ihm, jeder Mensch ist etwas Einzigartiges. Aber wir tragen seine Züge, wir bewegen uns wie er, wir sprechen wie er. Vom Original erkannt und als seine Fortsetzung wahr- und angenommen zu werden, gibt uns ein Gefühl von *Identität und Stimmigkeit*. Wir fühlen uns bestätigt, so wie wir sind. Natürlich muss in seinem Blick gleichzeitig die Anerkennung sein, dass er uns als eigenständige Person mit eigenen Wünschen und Interessen respektiert. Wenn wir beides erfahren können – dass wir sowohl seine Fortsetzung als auch eine eigenständige Person sind –, können wir getrost ins Leben aufbrechen und unseren eigenen Weg finden.

Wenn ich die Augen schließe und mich daran erinnere, wie er mich angeschaut hat, spüre ich seine Liebe für mich. Er sah mich als seinen Sohn und gleichzeitig *als mich*, so wie ich bin, und nicht so wie er mich gerne gehabt hätte. Ich erkenne den inneren Prozess, den er als Vater durchmachen musste. Er hat einst, wie jeder Vater, seine Wünsche und Sehnsüchte auf mich projiziert. Er wäre zum Beispiel stolz gewesen, wenn ich Naturwissenschaftler geworden wäre. Ich habe ihn enttäuschen müssen, denn meine Interessen gingen in eine andere Richtung. In seinem Blick spüre ich durchaus seine Enttäuschung darüber. Gleichzeitig sehe ich, dass er mich annimmt, wie ich geworden bin – anders als seine Idealvorstellung, aber unverwechselbar ich selbst. Und dass er mich in meinen Zielen unterstützt, egal, ob diese mit seinen übereinstimmten oder nicht.

Das ist Vaterliebe. Darin ist Zuneigung und Identifikation, Verzicht und Loslassen zugleich. Darin ist die Botschaft enthalten: *»Du bist Du – und so wie Du bist, liebe ich Dich. Ich bin Dein Vater, Du bist mein Sohn. Du kommst zwar von mir, aber Du gehst Deinen eigenen Weg, Du lebst Dein Leben. Ich begleite und unterstütze Dich. Ich bin für Dich da, wann immer Du mich brauchst.«*

So habe auch ich meinen Sohn fortfliegen lassen. Ich bin traurig, dass er nun flügge geworden ist und geht. *»Aber Papa weinet sehr, hat ja nun kein Hänschen mehr. Wünsch Dir Glück, sagt sein Blick, komm nur bald zurück!«*

Mut zu mehr Kontakt zwischen Kindern und Vätern

Dies ist ein Mutmach-Buch. Mut machen möchte ich mir und anderen Vätern, auf unsere Kinder zuzugehen. Gleichzeitig möchte ich mir und anderen Töchtern und Söhnen Mut machen, auf unsere Väter zuzugehen.

Denn nichts fehlt mehr im Verhältnis zwischen Vätern und ihren Kindern als Kontakt. Und nichts tut der Beziehung zwischen Vätern und Kindern so gut wie Kontakt. Mit Kontakt meine ich eine echte zwischenmenschliche Begegnung, von Seele zu Seele – nicht das funktionale Fürs-Kind-Sorgen, nicht Disziplinierung, auch nicht materielle Fürsorge. So wichtig es auch ist, vom Vater Schutz, Beistand und Führung zu erfahren, was Kinder heute von ihrem Vater am dringendsten brauchen, ist die persönliche Beziehung zu ihm.

Wenn ich Männer frage, was für sie im Leben wirklich zählt, nennen die meisten ihre Partnerschaft und ihre Kinder. Das ist schön. Aber wenn ich sie frage, wie viel Zeit sie mit ihren Kindern verbringen, kommt kaum mehr heraus als die üblichen alltäglichen Rituale wie gemeinsames Essen oder ins Bett bringen.

Wenn Kinder das Kostbarste im Leben eines Mannes sind, wieso geben Väter ihren Kindern nicht das Kostbarste, was ihnen zur Verfügung steht? In der heutigen Zeit ist *Zeit* das kostbarste Gut. Und Zeit verbringen wir mit allen möglichen Arbeiten und Erledigungen, aber viel zu wenig freie Zeit mit unseren Kindern. Mit »freier Zeit« meine ich die nicht funktionale, nicht auf eine Aufgabe bezogene Zeit, sondern frei verfügbare Zeit: Zeit, in der alles passieren kann und darf; Zeit, die nicht vorprogrammiert ist.

Ich habe mir letzten Sommer eine große Hängematte gegönnt, in der eine, zwei oder drei Personen liegen können. Wenn ich in der Hängematte liege und in den Himmel und die Wolken schaue, bin ich in einem anderen Geisteszustand: Ich denke nicht nach, ich plane nicht, ich habe nichts vor. Ich bin einfach da. Ich erinnere mich, wie einst im Urlaub unser Sohn, damals noch klein, in einer Hängematte unter Bäumen lag und sagte, dies sei das Schönste, was er je erlebt habe. Heute passiert es gelegentlich, dass er, mittlerweile erwachsen, zu mir in die Hängematte steigt (oder ich zu ihm). Dann schauen wir in den Himmel, nebeneinander liegend. Wir brauchen nichts zu sagen, lassen unsere Seele baumeln und sind einfach nur: da.

Nichts, außer da sein. Und in diesem Nichts, in diesem einfachen Dasein, liegt das Kostbarste, was wir mit unseren Kindern teilen können.

Als ich meinen Sohn letztens zu einem Becher Eis in der Hängematte einlud, fragte er mich unvermittelt: »Papa, was hättest du in deiner Karriere anders gemacht?« »Das ist eine sehr gute Frage!«, antwortete ich und musste eine Weile überlegen: »Ich würde mir mehr Zeit nehmen. Ich war viel zu ehrgeizig, als ich jung war. Ich wollte schnell erfolgreich werden. Ich hätte mir mehr Zeit nehmen können, um meinen Facharzt zu machen. Ich hätte nach dem ersten Kind dort bleiben sollen, wo deine Mutter und ich schon waren. Dort hätten wir vor dem psychiatrischen Krankenhaus, an dem ich angestellt war, ein kleines Häuschen mieten können. Deine Mutter hätte ihre Stelle als Lehrerin antreten können. Unser Leben wäre in ruhigeren Bahnen verlaufen.

Ich hätte mir mehr Zeit mit Euch nehmen sollen, viel weniger arbeiten, sondern das Familienleben genießen. Ich war so vorwärts drängend, weil ich mich als ungenügend empfand. Ich wollte so viel erreichen, weil ich mit mir selbst nicht zufrieden war.

Vielleicht lag es daran, dass mein Vater so wenig für mich da war. Mir hat seine Bestätigung gefehlt, selbst wenn ich gute Schulnoten mit nach Hause brachte. Einmal, als ich von meiner Mutter zum Abspülen aufgefordert wurde und keine Lust hatte, hat er mich angeschnauzt: ›Du bist wohl *faul*!‹ Das traf mich wie ein Peitschenhieb. Ich glaube, seither bemühe ich mich, ihm zu beweisen, dass ich *nicht* faul bin. Ich habe bis zum Umfallen gearbeitet. Ich habe zwei Universitätsstudien absolviert. Ich bin schnell die Karriereleiter hochgestiegen.

Im Nachhinein sehe ich mich in den Fußstapfen meines Vaters. Er war der ungeliebte zweite Sohn seiner Eltern. Seine Mutter hat seinen älteren Bruder vorgezogen. Mein Vater hat sein Leben lang geschuftet, um seinen Eltern zu beweisen, dass er etwas wert war. Er hat in Deutschland ein ganzes Imperium an Chinarestaurants aufgebaut und seine notleidende Familie in China über Wasser gehalten. Nicht er war faul – sein älterer Bruder war faul.«

Zurück zur Frage meines Sohnes: Ich sagte: »Ja, ich würde viel weniger arbeiten und stattdessen Zeit mit Euch verbringen. Und ich bin froh, dass du dir Zeit nimmst, um herauszufinden, was du im Leben willst.«

Vor kurzem dachte ich an meine erwachsenen Kinder und erschrak. Mir wurde plötzlich bewusst, wie wenig Persönliches ich über sie weiß. Über meine Frau, meinen Freund, meine Klienten könnte ich ganze Romane schreiben. Aber von meinen Kindern weiß ich oft nur Äußerlichkeiten. Wie es ihnen als Kindern persönlich gegangen ist, was sie früher bedrückt oder erfreut hat, wie es ihnen heute geht – darüber weiß meine Frau viel mehr.

Mir ist es nicht anders mit meinen Eltern ergangen. Ihnen habe ich auch nichts Persönliches, geschweige denn Intimes über mich erzählt, weder in meiner Kindheit und Jugend noch in meinem Erwachsenenleben. Zu sehr scheute ich ihre Bewertungen und Ratschläge. Wie hätten sie anders sein müssen, damit ich ihnen mehr über mich hätte mitteilen können?

Sie hätten sich für mich als *Person* interessieren müssen – nicht nur als Kind, das sie zu erziehen hatten, nicht nur als Sohn, auf den sie stolz sein wollten, und als Erstgeborenen, der die Familientradition übernehmen sollte. Einfach ein offenes Ohr, einen unverschleierten Blick, ein mitfühlendes Lächeln hätten sie mir schenken müssen. Wie gerne hätte ich mich dann ihnen geöffnet, waren sie doch die allernächsten Bezugspersonen, die ich hatte.

Ja, sie haben es in meiner Jugend nicht geschafft, so auf mich einzugehen. Aber später, als ich erwachsen war, wurden sie mir gegenüber immer offener und toleranter. Sie haben meine Partnerin und meinen Beruf akzeptiert, sie haben unsere Kinder geliebt. Sie haben mich auf meinem verschlungenen Lebensweg begleitet und waren da, wenn ich sie brauchte, mein Vater mit seiner finanziellen Unterstützung und seinem professionellen Rat, meine Mutter mit ihrem Essen und ihrer Fürsorge. Wenn ich mich ihnen gegenüber nicht habe öffnen können, dann war es wohl aus alter Gewohnheit oder verlebtem Groll. Den Groll konnte ich nach vielen Therapien, in denen ich mich ausgiebig über meine Eltern habe beklagen können, fahren lassen. Die Gewohnheit, ihnen nichts Wesentliches von mir zu erzählen, habe ich beibehalten – obwohl ich weiß, wie sie reagieren, hängt vor allem von der Art und Weise ab, wie ich von mir erzähle. Wenn ich in der Erwartung, Kritik oder Widerspruch von ihnen zu ernten, von mir erzähle, liegt ein abwehrender Unterton in meiner Stimme, der sie dann zum Widerspruch herausfordert. Tue ich es aber mit gesundem Selbstbewusstsein, werden sie mich anhören, selbst wenn sie anderer Meinung sind.

Auch ich kann lernen, meinen erwachsenen Kindern zuzuhören, ohne sie zu bewerten und ohne sie im Lichte meiner eigenen Ansichten und Überzeugungen zu beurteilen. So viel Abstand zwischen ihnen und mir bewahren, dass ich sie als eigenständige, von mir unabhängige Personen wahrnehmen kann. Ihnen mit wohlwollendem Interesse beggenen, statt sie mit erhobenem Zeigefinger, wohlmeinenden Ratschlägen und Warnungen vor den Gefahren des Lebens zu belehren. Sie werden ihre eigenen Erfahrungen machen, genauso wie ich meine machen musste.

Es gibt so viele Schätze, die wir mit unseren Eltern und unseren Kindern teilen können. Sie liegen nicht tief verborgen. Wir müssen nur wagen, unser Herz zu öffnen.

Eltern sind nicht perfekt. Ebenso wenig sind es Kinder. Eltern können gar nicht perfekt sein, weil das Elternsein mühsam erlernt werden muss, in jeder Generation neu. Kinder brauchen nicht perfekt zu sein. Ein perfektes Kind wäre scheußlich! Es wäre schön, wenn wir als Eltern unserer Kinder und als Kinder unserer Eltern gelassener miteinander umgehen, im Wissen, dass niemand vollkommen ist und niemand vollkommen zu sein braucht.

Thich Nhat Hanh, der vietnamesische Buddhist, hat einmal gesagt: Wir brauchen keinen moralischen Zeigefinger, um gut miteinander umzugehen.[1] Wir benötigen nur *Achtsamkeit*, also Aufmerksamkeit und Bewusstheit in dem, wie wir fühlen, denken und handeln, und *Verständnis und Mitgefühl* für uns selbst und füreinander. Dann werden unsere Beziehungen klar und liebevoll. Dann entstehen unsere Beziehungen in jedem Moment neu, auch die Beziehung zwischen uns und unseren Eltern und unseren Kindern. Hier und Jetzt findet die Wandlung statt.

Der junge und der alte Vater

Vor 35 Jahren standen meine Frau und ich an einem Punkt, an dem sich unser Leben vollkommen verändern sollte. Wir waren vorher ein verliebtes Paar. Dann entschieden wir uns für ein Kind. Als es klappte, waren wir überglücklich. Aber wir ahnten nicht, dass dieser Schritt unser Leben radikal verändern würde. Wir waren auf einmal Eltern, Vater und Mutter, nicht mehr nur Mann und Frau. Wir waren nicht mehr bloß ein Liebespaar, wir wurden eine Familie. Damit bekamen wir mit einem Schlag eine völlig andere Identität. Es war wie ein Sprung in eine andere Dimension – und ein Sprung ins kalte Wasser.

Damals ahnte ich wohl, dass ich mich in einen ungeheuren Entwicklungsprozess begeben habe. Ich nahm mir vor, ein halbes Jahr mit meiner selbständigen Arbeit zu pausieren, um Zeit fürs Kind und für die Familie zu haben. Da unsere Tochter in dieser Phase sehr viel schlief, nutzte ich die Zeit, um meine Erlebnisse aufzuschreiben, mit dem vagen Wunsch, diese Aufzeichnungen irgendwann zu publizieren. Daraus wurde nichts. Wir wurden von der rasanten Entwicklung unseres Kindes und unserer Familie überholt. Der Alltag mit einem Kleinkind und die wieder einsetzende Arbeit fraßen die ganze Freizeit auf, sodass meine Aufzeichnungen irgendwo verschwanden.

Diese Mappe fand ich vor einigen Monaten zufällig wieder, als wir nach dem Auszug unseres Jüngsten das Haus neu ordneten. Ein Glücksfall. Ich hatte nämlich voriges Jahr nach dem Publizieren eines Artikels über Väter und Vaterlosigkeit den Auftrag für ein Buchprojekt über dieses Thema erhalten. Nun blättere ich in diesem vor 35 Jahren angefangenen Manuskript. Auf einigen Seiten ist die Tinte fast bis zur Unleserlichkeit verblasst. Ich schlage die Mappe ohne große Erwartung auf. Längst habe ich das früher Geschriebene als Ausdruck der übermäßigen Freude eines jungen Vaters verworfen. Jetzt staune ich darüber, dass ich bei aller Naivität einige wesentliche Gedanken notiert habe, die auch noch heute für mich gültig sind. Es ist, als ob man in einen Spiegel schaut. Damals stand ich am Anfang meiner Karriere. Jetzt stehe ich an deren Ende. Damals begann unser Familienleben. Heute brechen unsere Kinder auf, um *ihre* Familien zu begründen. Damals war ich stolzer Vater. Heute bin ich stolzer Großvater.

Ich frage mich: Was würde ich heute als alter Vater dem jungen Vater, der ich vor 35 Jahren war, sagen? Welche Hoffnungen haben sich bestätigt, welche haben sich als Illusion erwiesen? Welche Empfehlungen würde ich meinem jüngeren Ich geben wollen? Wovor würde ich ihn warnen?

Vaterferne
Es gibt viele Wege, Glück zu erfahren. Zu lieben und geliebt zu werden ist wohl der schönste. Natürlich denken wir gleich an die

erotische Liebesbeziehung, wenn wir von Liebe sprechen. Aber was gleich danach kommt – und was aus der Liebe zwischen Mann und Frau entsteht –, ist die Liebe zu unseren Kindern.

Wenn man von der Liebe von Eltern für ihre Kinder spricht, denkt man vor allem an die *Mutterliebe*. Dies ist völlig berechtigt, da die Mutter die erste und intimste Beziehungsperson fürs Kind ist. Jedoch denken wir viel seltener an die *Vaterliebe*, obwohl der Vater (heute noch) unerlässlich für die Zeugung eines Kindes ist, obwohl jedes Kind in allen seinen Körperzellen aus dem genetischen Erbe beider Eltern zusammengesetzt ist, und obwohl der Vater, nach der Mutter, die wichtigste Bezugsperson des Kindes ist.

Warum ist dies so? Warum ist uns Vaterliebe nicht so selbstverständlich wie Mutterliebe? Warum haben wir eher das Gefühl von *Ferne* statt von Nähe, wenn wir an unseren Vater denken? Warum ist der Gedanke an unseren Vater eher mit dem Gefühl *unerfüllter Sehnsucht* verbunden, statt mit der Empfindung spontaner körperlicher Nähe? Weshalb spüren wir eine solche Scheu zu einer Person, die uns doch so nahe steht? Warum erscheint er uns emotional so unendlich weit entfernt?

Da die meisten von uns eher *Vaterferne* als *Vaternähe* erfahren haben, haben junge Männer oft Schwierigkeiten, sich auf ihre Vaterrolle einzurichten. Sie haben zu wenige gute Vorbilder erlebt. Daher verlangen Männer oft zu viel von sich, wenn sie selbst Vater werden und scheitern an ihren eigenen überhöhten Erwartungen.

Gleichzeitig wissen junge Mütter nicht, was sie von ihrem Partner realistischerweise erwarten können, wenn sie ein gemeinsames Kind bekommen. Auch ihnen mangelt es an positiven Erfahrungen mit *ihren* Vätern. Viele junge Mütter verlangen daher zu viel von ihrem Partner und sind enttäuscht, wenn dieser ihren Erwartungen nicht nachkommen kann. Andere trauen ihrem Partner überhaupt nichts zu. Irgendwann trennen sie sich, weil sie meinen, der Vater sei sowieso entbehrlich. An dieser beidseitigen

Unsicherheit (bei Männern wie bei Frauen) scheitern viele jungen Ehen, wenn sich Kinder einstellen. Wie erleichternd wäre es, wenn junge Eltern miteinander über ihre jeweiligen Ängste sprechen könnten, statt sich selbst Versagen vorzuwerfen oder den anderen zu kritisieren!

Elternsein ist etwas, was wir von unseren Eltern gelernt haben. Gleichzeitig muss jede neue Elterngeneration das Elternsein neu definieren, denn die Zeiten ändern sich: Was gestern galt, muss heute nicht mehr gültig sein.

Lassen Sie uns daher zunächst auf unsere Elterngeneration schauen – also auf das, was wir mit unseren Eltern erlebt und was wir von ihnen gelernt haben –, um zu verstehen, weshalb es heute so schwer ist, gute Eltern zu sein. Wir müssen unsere Basis und unsere Ausgangsposition kennen, bevor wir daran gehen können, konkrete Schritte zur Verbesserung unseres Vater- und Mutterseins machen.

Ich möchte also einen Bogen von unseren Vätern zu unserem eigenen Vatersein heute schlagen. Ich werde versuchen, die Gründe auszuloten, weshalb unsere Väter uns so fern und so fremd erschienen sind. Dabei werde ich besonders auf die Auswirkungen der beiden Weltkriege im 20. Jahrhundert eingehen, weil sie gravierende Veränderungen in der Familienstruktur mit sich gebracht haben. Ich werde auf die Nachkriegszeit, auf die Studentenbewegung, die Frauenemanzipationsbewegung und die postmoderne Entwicklung eingehen, um zu verstehen, wo wir heute mit der Familie, dem Vater- und Muttersein stehen.

Anschließend werde ich versuchen aufzuzeigen, weshalb Väter für ihre Kinder (sowohl für die Söhne als auch für die Töchter) und für die Mütter wichtig sind.

Schließlich werde ich auf einige Entwicklungen der modernen Familie (Einelternfamilien, Patchwork-Familien) eingehen.

Mir geht es um eine Wiederbelebung der Familie. Denn noch immer begreife ich die Familie als die Keimzelle der Gesellschaft.

Sie braucht unsere Aufmerksamkeit, unsere Pflege und Liebe, damit unsere Gesellschaft nicht auseinanderbricht. Intakte Familien stellen immer noch die beste Voraussetzung dafür dar, damit unsere Kinder, das Kostbarste, was wir haben, gut aufwachsen und gedeihen können. Dass Familien zerbrechen, dass es immer mehr Alleinerziehende und Patchwork-Familien gibt, muss kein unabwendbarer Trend sein, wenn wir mehr Augenmerk auf die Unterstützung junger Familie legen. In diesem Buch werde ich besonderen Wert auf die Partnerschaft legen. Denn eine gute Partnerschaft zwischen den Eltern ist die wichtigste Voraussetzung für das Gelingen einer Familie.

In den letzten Jahren habe ich die Gelegenheit gehabt, in vielen Familienaufstellungen die familiären Hintergründe für das Gelingen und Scheitern von Beziehungen zu studieren. Darüber werde ich berichten. Ich werde aufzeigen, wie Belastungen, die über die Generationen an die heutigen jungen Erwachsenen weitergereicht wurden, sie in ihren Liebesbeziehungen und ihren Beziehungen zu ihren Kindern beeinträchtigen. Ich werde auch auf konkrete Möglichkeiten hinweisen, wie junge Eltern solche Belastungen auflösen und hinter sich lassen können, damit sie ein freies und glückliches Familienleben führen können.

Vor allem geht es mir darum, die *Vaterliebe*, die in jedem jungen und alten Vater schlummert, wieder zu beleben. Wenn sie wieder durch die Generationen fließen kann, von den Großvätern zu den Vätern, von den Vätern zu den Söhnen und Töchtern, dann können junge Väter endlich kraftvoll und stabil neben ihren Partnerinnen stehen und gemeinsam ihre Kinder großziehen. Dann werden die Kinder von beiden Eltern Liebe und Kraft erhalten, um für *ihre* Lebensreise gut ausgerüstet zu sein.

Die Krise der Männlichkeit und Väterlichkeit

Warum schreibe ich überhaupt ein Buch über Väter? Es sind vor allem zwei Motive, die mich bewegen: Zum einen ist es der Verfall männlicher Moral und männlichen Selbstbewusstseins mit allen seinen gesellschaftlichen und globalen Folgen, zum anderen die Sorge um die Zukunft unserer Erde.

Junge Männer fallen gegen junge Frauen zurück
Als wir Anfang der 1980er Jahre unsere Familie gründeten, standen wir mitten in der Frauen-Emanzipationsbewegung. Es galt, auch für viele Männer, das Patriarchat zu überwinden. Ziel war ein gleichberechtigtes Verhältnis zwischen den Geschlechtern. Heute, 40 Jahre später, haben wir einiges erreicht, auch wenn noch viel zu tun ist (damit Frauen zum Beispiel endlich gleiche Bezahlung für gleiche Arbeit und die gleichen Aufstiegschancen wie Männer haben). Aber es hat sich enorm viel verändert im Selbstbewusstsein junger Frauen. Sie erobern sich heute Berufe und Arbeitsfelder, die früher als männlich galten. Die jungen Frauen von heute drängen vorwärts, wohl wissend, dass sie nicht viel Zeit zu verlieren haben, wenn sie Beruf und Familie vereinbaren wollen.

Gleichzeitig beobachte ich, wie Jungen und junge Männer hinter ihren Zeitgenossinnen zurückfallen: in der Familie, in der Schule, auf der Universität, in der Arbeitswelt. Den selbstbewussten, aufstrebenden Mädchen und jungen Frauen haben sie nichts entgegenzusetzen. Jungen bleiben häufiger in der Schule sitzen. Eltern beklagen sich, dass ihre Söhne die Schule schwänzen, stundenlang vor dem PC hocken, dass sie in Alkoholrausch und Cannabisapathie abtauchen, dass sie nach Beendigung der Schule nicht wissen, was sie aus ihrem Leben machen sollen und stattdessen zuhause im »Hotel Mama« ihre (Lebens-)Zeit totschlagen.

Jungen und Männer versagen immer häufiger in unserer Gesellschaft. Ihnen fehlen positive Vorbilder und Lebensziele. Viele resignieren, andere werden gewalttätig (Fremdenfeindlichkeit, Fundamentalismus, Terrorismus), nicht zuletzt in ihrer Partnerschaft. Das Familienministerium heißt offiziell: »Bundesministerium für Familie, Senioren, Frauen und Jugend« – das Wort »Männer« fehlt, wohl in der irrigen Annahme, Männer bräuchten keine Förderung, sie seien sowieso privilegiert – eine fatale Fehleinschätzung. *Was für eine Vorstellung von Familie herrscht in einem Familienministerium, das in seinem Namen eine der beiden tragenden Säulen der Familie einfach ausblendet?*

Man könnte dieses Phänomen als gerechten Ausgleich für die frühere und zum Teil heute noch existierende Privilegierung von Männern und Benachteiligung von Frauen ansehen. Eine solche Ansicht wäre jedoch eine oberflächliche, vielleicht sogar gefährliche. Denn was geschieht mit den Jungen und Männern, die sich als Versager fühlen und an den Rand der Gesellschaft geraten? Ohne positive Väter- und Männervorbilder (weil ihre Väter in ihre Arbeit entschwunden sind oder die Familie gänzlich verlassen haben), von alleingelassenen oder allein erziehenden Müttern großgezogen, in einer Gesellschaft, in der sie kaum Verständnis und Ermutigung erfahren, verfallen sie in Lethargie und Resignation. Wo frühere Männergenerationen ihren Kopf zu stolz getragen haben, schämt sich die heutige männliche Jugend ihres Geschlechts.

Männliche Scham
Scham ist ein vernichtendes Gefühl. Anders als Schuld, die sich an einem realen Fehlverhalten festmacht, trifft Scham unser Sein als Ganzes. Sie trifft uns in unserem Wesenskern und damit in der tiefsten Schicht unseres Selbstbewusstseins. Wenn wir uns schuldig fühlen, bedauern wir eine reale Handlung, die wir begangen haben. Wir können um Verzeihung bitten, wir können Wiedergutmachung leisten. Schuld kann getilgt werden. Wenn wir uns

aber schämen, fühlen wir uns *als ganze Person* schlecht, unwürdig und ablehnungswert. Scham bleibt an uns haften. Wenn die Scham dazu auch noch die eigene geschlechtliche Identität erfasst, dann trifft sie uns elementar, wissen wir doch, dass das eigene Geschlecht zu den frühesten Identifikationen eines jeden Kindes zählt. Die eigene Geschlechtsidentität auszumerzen geht nicht. Tiefe Scham und Ohnmacht ist die Folge.

Weil *Ohnmacht und Scham* zwei ganz und gar unangenehme Gefühle sind, neigen wir dazu, alles Mögliche zu tun, um sie abzuwehren. Dies geschieht am besten durch *Aggression oder Flucht*. Scham versteckt sich dann hinter wütender Aggression oder ängstlicher Flucht. Angst führt zur Vermeidung von Nähe und Intimität. *Angst vor Nähe* ist schließlich das Resultat. Flüchtigen Männern begegnen wir in den ewigen Junggesellen, den Don Juans, den Workaholics.

Gefährlicher werden Männer, wenn ihre Scham und ihre Ohnmacht in Aggression umschlagen, sei es in häusliche Gewalt gegen Frau und Kind, sei es in fundamentalistische und fremdenfeindliche Einstellungen. Die ohnmächtige Wut kehrt sich gegen die noch Schwächeren in der eigenen Familie oder in der Gesellschaft. Sie gibt dem Aggressor einen Moment der Befriedigung, in der er sich der Illusion der Macht hingibt. Kriege, sogar Weltkriege werden geführt, um Scham und Demütigung zu entgehen. Diese Art gewaltsamer Schamabwehr gelingt zwar nur selten – die Kriege gehen verloren, die Frauen gewalttätiger Ehemänner lassen sich scheiden, ihre Kinder wenden sich ab –, sie hinterlässt jedoch physische und psychische Opfer.

Macht und Gewalt, Krieg und Dominanz sind aus dieser Sicht Zeichen verdrängter und abgespaltener Scham- und Ohnmachtsgefühle, also Zeichen männlicher Schwäche. Sie stellen eine pervertierte Form männlicher Aggression dar. Sie sind das Gegenteil eines gesunden männlichen Selbstbewusstseins. Erst dieses verleiht Männern innere Stärke.[2]

Damit komme ich zum zweiten Grund, weshalb ich das Vaterthema aufgreife: die Sorge um die Zukunft unserer Erde.

Umweltzerstörung, männlicher Größenwahn und männliche Destruktivität
Die mit der Globalisierung einhergehende Ausbeutung der Erde ist Ausdruck einer Ignoranz gegenüber natürlichen Kreisläufen. Die Gier und Unersättlichkeit, mit der wir heute die Natur ausbeuten, ist eine männliche: dafür werden Geld und Waffen rücksichtslos eingesetzt. Das Dritte Reich begründete ihren Feldzug gen Osten mit einer Blut- und Boden-Ideologie. Der hegemonialen Politik heutiger Großmächte liegt ebenfalls die Sicherung globaler Rohstoffreserven zugrunde. Wenn wir unserem menschlichen Größenwahn (der vorwiegend ein männlicher ist) nicht Einhalt gebieten, ist die Zukunft der Menschheit bedroht. Wir führen im Grunde Krieg gegen die Natur.

Wenn wir die Erde ausplündern, beuten wir die Natur aus, die uns alle nährt. Wenn wir heute vom »wirtschaftlichen Wachstum« sprechen, geht es vorwiegend um das Anwachsen des Geldes, das eigentlich etwas Virtuelles darstellt (vor allem, wenn es um die Millionen der Reichen und Superreichen geht). Dafür opfern wir kostbare natürliche Ressourcen wie reine Luft, Trinkwasser, landwirtschaftliche Flächen und die pflanzliche und tierische Vielfalt. Sie sind es aber, die uns und die künftigen Generationen am Leben erhalten.

Die männliche Natur ist hart und weich: das Yin-Yang-Prinzip
Die Natur begreifen wir zunächst als etwas Weibliches. Wir sprechen von »Mutter Erde«. Betrachten wir die Sache aber näher, werden wir erkennen, dass die Natur männlich *und* weiblich ist. Sie bringt männliche und weibliche Pflanzen und Tiere hervor. Das Männliche braucht das Weibliche, das Weibliche braucht das Männliche, damit das Leben weitergeht. Mit der Ausbeutung der

Erde widersprechen wir dem *Yin-Yang-Prinzip*, das besagt, dass sich alles in der Natur in ständigem Wechsel zwischen Yin und Yang, zwischen Geben und Nehmen, zwischen Hart und Weich bewegt. Die Plünderung der Erde stellt nur die eine, die harte, pervertierte Seite der Männlichkeit dar.

Die Perversion besteht in der Verleugnung der weichen Seite im Mann. Jeder Mann ist, wie jede Frau auch, weich *und* hart. Das männliche Geschlechtsorgan ist weich *und* hart. Männer schämen sich jedoch oft seiner, wenn es klein und weich ist. Die Anbetung besonders großer Phalli in der Pornographie stellt eine Kompensation männlicher Scham im doppelten Sinne dar. Pornographische Darstellungen zeigen oft nur den mittleren, aggressiven Teil eines sexuellen Akts. Sie blendet die scheue Annäherung der Partner zu Beginn ihrer Begegnung aus, schaut schamvoll über die ekstatische Verschmelzung der Liebenden hinweg und hört gerade dort auf, wo die leidenschaftliche Vereinigung in zärtliche Intimität übergeht. Erst hier *erkennen* sich die Partner in ihrer ganzen Tiefe. Erst hier beginnt ihre Liebe zu erblühen.

Die Frauenemanzipationsbewegung hat die harte, pervertierte Männlichkeit zu Recht kritisiert und angegriffen. Dies hat jedoch zu einem Schwenk in die Gegenrichtung geführt. Von enttäuschten Frauen und Töchtern werden Männer mit Hass, Verachtung und Hohn belegt. Männlich sein ist heute verpönt, von der weiblichen wie der männlichen Seite. Die einst so stolzen Patriarchen sind verschwunden oder in den Untergrund gegangen. Die heutigen Männer sind femininer geworden (während die Frauen maskuliner geworden sind). Ihrer früheren gesellschaftlichen Privilegien beraubt, schämen sie sich ihrer Männlichkeit. Damit werfen sie jedoch auch ihr Selbstbewusstsein über Bord. Sie verlieren ihre Standfestigkeit – sowohl ihren Stand als auch ihre Festigkeit. Nun sind wir bei den heutigen Jungen angelangt, die sich vor den Herausforderungen der Welt zurückscheuen und in alle möglichen Süchte abtauchen.

Wie kommen wir aus dem Dilemma?

Wenn wir das Yin-Yang-Prinzip ernst nehmen, geht es nicht um ein Entweder-Oder, sondern um ein Sowohl-als-auch. *Yin* (das Weibliche, Zarte, Dunkle, Scheue, Unsichtbare) bedeutet, Zugang zu den eigenen Gefühlen zu finden. Wenn ein Mann anstelle von Selbstverachtung oder Selbstgerechtigkeit mehr Verständnis und Mitgefühl für sich selbst entwickelt, wird er toleranter gegenüber seinen eigenen Schwächen und Fehlern. Er kann sie zugeben und sich um Besserung bemühen. Yin bedeutet auch, Sensibilität fürs Gegenüber zu entwickeln, im Beruf wie im Privatleben. Es bedeutet die innere Öffnung zur Natur und zu anderen Lebewesen, auch zur eigenen Spiritualität. Die Natur ist voller Spiritualität.

Aus diesem tieferen Verständnis für sich selbst und die Umwelt entsteht ein ruhiges Selbstbewusstsein, das zum *Yang* hinführt, dem Männlichen, Festen, Klaren, Strahlenden. Dadurch gewinnt der Mann eine selbstverständliche Klarheit und Aufrichtigkeit. Er muss sich nicht aufblähen, um gesehen und geachtet zu werden. Bei Meinungsverschiedenheiten braucht er sich nicht zu schlagen, er kann seinen Standpunkt freundlich behaupten. Er weiß um seine Grenzen und handelt mit Maß. Liebende Güte und Menschlichkeit gehen von ihm aus. Nelson Mandela war ein solcher Mann.

Um diesen ausgewogenen Zustand zu erreichen, bedarf es sehr viel Arbeit an sich selbst. Es ist wie das Glattschleifen eines kantigen rohen Brockens zu einem wohlgeformten, anschmiegsamen Stein, wie wir ihn manchmal glücklich am Meeresstrand oder im Flussbett finden. Nelson Mandela musste von 1964 bis 1990 ganze 26 Jahre, über ein Vierteljahrhundert im Gefängnis verbringen. Davor war er ein zorniger junger Mann, der zum bewaffneten Widerstand gegen das Apartheidsregime aufrief. In seiner Gefangenschaft ist er ein Weiser geworden, der friedlich, aber selbstbewusst für die Rechte seines schwarzen Volkes *und* die der anderen Volksgruppen kämpfte. Er schuf die demokratische, vielfarbige

Regenbogennation, wie sie heute Südafrika ist. Und: Er tanzte und lachte!

Wir normal Sterblichen brauchen kein Nelson Mandela zu sein. Aber wir können in die gleiche Richtung gehen: das Weiche und das Feste in uns vereinen. Dies ist wichtig, um zu einem neuen männlichen Selbstbewusstsein zu gelangen.

Einer der besten Wege, den ich kenne, ist: Vater zu sein. Oder besser: bewusst Vater zu sein.

Väterlichkeit als Ausdruck reifer Männlichkeit und männlicher Reife

Die fürsorgliche, beschützende Seite der Männlichkeit finden wir am stärksten in der *Vaterliebe*. Im Vatersein verbinden sich beide Pole des Männlichen: das Aggressive und das Beschützende. Ein Vater setzt seine aggressive Energie ein, um seine Frau und seine Kinder vor Gefahren zu schützen und zu verteidigen. Gleichzeitig kann er sie liebevoll umsorgen, spielerisch mit ihnen kämpfen, toben und schmusen.

Elternschaft ist *die* Reifungszeit für Mann und Frau. Es ist die Zeit, in der beide die Chance haben, wirklich erwachsen zu werden – als Kinder ihrer Eltern, als Lebenspartner, als Mutter und als Vater.

Am Ende dieser Einführung noch ein kleiner Hinweis: Das, was ich in diesem Buch niedergeschrieben habe, sind die Erkenntnisse aus der therapeutischen Arbeit mit Männern und Frauen, die aus ihren Erfahrungen als Söhne und Töchter, als Väter und Mütter berichtet haben, sowie aus den Erfahrungen, die ich selbst als Sohn, Vater und Großvater gesammelt habe. Es sind Einsichten, die ich aus vielen schmerzlichen Erfahrungen, aus Fehlern und Versäumnissen vieler Menschen, einschließlich meiner eigenen, gewonnen habe. Es geht mir nicht darum, irgendjemandem vorzuhalten, was sie alles falsch machen oder gemacht haben. Vielmehr möchte ich das Bewusstsein für ein positives Vaterbild wecken, sodass wir uns mit unserer eigenen Vergangenheit versöhnen und sowohl als Kinder unserer Eltern als auch als Eltern unserer Kinder ein besseres Leben miteinander führen können.

II. ZUR GESCHICHTE DER VÄTER SEIT DEN WELTKRIEGEN

Mein Vater

Ich möchte im Folgenden die Geschichte meines Vaters erzählen. Ich glaube, sie kann als Beispiel für das Verhältnis zwischen Vätern und Söhnen meiner Generation dienen. Ein zweiter Grund, von meiner eigenen Vatergeschichte auszugehen, liegt in der Überzeugung, dass kein Mann über das Thema *Vaterliebe* schreiben kann, ohne sich – implizit oder explizit – auf seine eigene Beziehung zu seinem Vater und seinen Kindern zu beziehen. Der wichtigste Grund für mich, von meiner persönlichen Betroffenheit auszugehen, liegt jedoch darin, dass es zum überholten Selbstverständnis von Männern gehört, man sei männlich, wenn man *cool* und rational bleibt. Wir stehen in einer jahrtausendlangen patriarchalischen Tradition, die vorschreibt, dass Männer stark und autark zu sein haben. Dies ist aber genau der Grund dafür, dass unsere Väter emotional so schwer erreichbar waren. Wenn wir also eine andere Männlichkeit und Väterlichkeit leben möchten, müssen wir transparent, das heißt durchsichtig werden, statt uns abzuschotten. Durchlässigkeit erreichen wir aber erst, wenn wir uns mit unserer persönlichen und unserer kollektiven Geschichte auseinandersetzen.[3]

Mein Vater wurde 1920 geboren. Da war in China, genau wie in Deutschland, die nachkaiserliche Zeit angebrochen. 1911 fand die Revolution statt, mit der das jahrtausendalte Kaisertum abgeschafft wurde. Die alten Zöpfe wurden buchstäblich abgeschnitten: Männer durften ihre verhassten, von der letzten Manschu-Dynastie vorgeschriebenen Zöpfe endlich abschneiden. Mädchen brauchten ihre Füße nicht mehr ab dem 6. Lebensjahr zusammenzubinden (damit sie die verkrüppelten, von den Manschuren als liebreizend angesehenen »Lotusfüße« bekamen, mit denen sie kaum gehen, geschweige denn weglaufen konnten). Es kamen westliche Filme in die Kinos, durch die die Menschen den westlichen Lebensstil kennenlernten. Mein Vater hat schon früh Anzug und Krawatte anstelle der langen traditionellen Gewänder getragen. Er liebte zeitlebens Armbanduhren.

Jedoch wies seine väterliche Linie schon damals Brüche auf. Sein Großvater, ein chinesischer Maler, war ganz früh verstorben, sodass sein Vater mit drei Jahren zu dessen verheirateten älteren Schwester nach Hangzhou, einer Millionenstadt am Westsee ziehen musste. Als er erwachsen geworden war, lernte mein Großvater bei seinem Schwager das Apotheker-Handwerk. Er stieg auf und leitete schließlich eine große Apothekenkette. Mein Vater erzählte mir, seine eindrücklichste Erinnerung an seinen Vater war, wie dieser an jedem Monatsende in eine Fähre stieg, um bei den Filialen abzurechnen. Also wurde er ebenfalls Apotheker.

Mein Vater war der Jüngere von zwei Söhnen seiner Eltern, die den älteren Bruder bevorzugten. Deshalb wollte mein Vater immer vom Elternhaus weg. Seine große Chance kam, als die Japaner 1937 in China einfielen und die chinesische Armee dringend Nachwuchs suchte. Mein Vater ließ sich anwerben, und als gelernter Apotheker wurde er gleich Offizier. Nun segelte er seinerseits stolz, mit einem Säbel am Gürtel, mit der vor den Japanern zurückweichenden Truppe auf einem Flussschiff gen Osten. Sie machten Station in einer größeren Stadt. Dort baute mein Vater die Garnisons-Apotheke auf. Er hatte gleich, als 17-Jähriger, sechs Untergebene. Er war glücklich.

Aber mein Großvater machte sich Sorgen um ihn. Er befahl meinem Vater, zu seinem älteren Bruder nach Shanghai zu gehen, einer von den europäischen Kolonialmächten besetzten Stadt, die von den Japanern in Ruhe gelassen wurde. Mein Vater gehorchte widerwillig. In der Metropole entdeckte er sein Talent für den Handel. Außer einer Apotheke eröffnete er auch noch einen Uhrenladen. Gegen Ende des Krieges lernte er dann meine Mutter kennen. 1946 wurde ich geboren.

Meine Eltern vertrugen sich jedoch nicht. Mein Vater floh vor den Streitereien ins Ausland. Er ging als Kaufmann nach Korea (da war ich gerade ein Monat alt), später nach Hongkong. Mittlerweile war der chinesische Bürgerkrieg zwischen den Kommunisten (unter Mao Zedong) und der nationalistischen Kuomingtang (unter Chang Kaishek) wieder ausgebrochen, der schon seit den 1920er Jahren getobt hatte und zwischenzeitlich durch die japanische Invasion unterbrochen worden war. Obwohl die Nationalisten massive militärische Hilfe von den USA bekamen, siegten die kommunistischen Truppen, weil diese sich um die Landbevölkerung kümmerten, während die Nationalisten von Großgrundbesitzern und Kapitalisten angeführt wurden. Sie flohen 1949 nach Taiwan. Die Volkrepublik China wurde im selben Jahr ausgerufen.

Als sich die kommunistischen Truppen Shanghai näherten, bekam meine Mutter Panik. Sie wollte eigentlich bleiben, aber sie war mit einem zweiten Kind schwanger. Als ihr von Freunden ein Flugticket in einem der letzten Flugzeuge angeboten wurde, floh sie Hals über Kopf mit mir nach Hongkong zu meinem Vater. Der Bambusvorhang, das Pendant zum Eisernen Vorhang in Europa, fiel. Meine Eltern waren in der britischen Kronkolonie gelandet, zwar in Sicherheit und materiell sorgenfrei, aber von der Heimat abgeschnitten. Immerhin hatte ich endlich meinen Vater wieder.

Ich erlebte ihn als einen lebhaften Geschäftsmann, der früh morgens aus dem Haus ging und erst spät nach Hause kam. Er konnte sich eine gemietete Villa und eine große schwarze Limousine leisten. Er brachte eine wunderschöne Hündin nach Hause, die uns viele kleine Welpen schenkte.

Für mich alleine hatte ich ihn aber kaum. Es sind nur eine Handvoll persönliche Erinnerungen, die ich an meinen Vater habe. Eine meiner wenigen Erinnerungen ist, wie er mir das Fahrradfahren beibringt. Ich fahre stolz im Park auf meinem neuen Zweirad voraus, während er mit einem Geschäftsfreund hinter mir her schlendert. Eine andere Erinnerung: Ich schaue fasziniert zu, wie er beim Frühstück das Dotter eines Spiegeleis ausschlürft, bevor er zur Arbeit aufbricht. Noch eine kostbare Erinnerung: Ich hocke zu seinen Füßen und entdecke seine Haare an den Unterschenkeln. Eine letzte Erinnerung aus der Kinderzeit: Ich bin sehr krank. Mein Vater trägt mich im Arm und geht mit meiner Mutter eine dunkle Holztreppe hoch zum Arzt.

Als ich acht war, nahm er mich in seinem Auto mit zur Schule. Ich war überrascht, weil ich sonst mit dem Bus fuhr. Beim Aussteigen sagte er mir: Er werde für einen Monat nach Deutschland fliegen. Ich solle auf meine Mutter aufpassen. Er blieb sechs Jahre weg. Wir warteten auf meinen Vater. Monat für Monat versicherte er, er werde bald nach Hause kommen. Er habe geschäftlich sehr viel zu tun.

Tatsächlich begann er in Deutschland China-Restaurants aufzubauen – in den 1960er Jahren herrschte ein regelrechter Boom von China-Restaurants. Mein Vater holte Köche aus Hongkong und Taiwan und half ihnen bei der Gründung eigener Gaststätten. Seine dankbaren Angestellten nannten ihn »Papa Chu«. Noch heute ist er, zwanzig Jahre nach seinem Tod, vielerorts bekannt.

Nach sechs Jahren fragte er meine Mutter, ob sie zu ihm nach Deutschland ziehen würde. Da sowieso vorgesehen war, dass wir Kinder ins Ausland studieren gehen sollten, willigte meine Mutter ein und fuhr 1961 mit meinen Schwestern und mir nach Deutschland.

Ich war 14. Ich freute mich auf meinen Vater, den ich als groß und kräftig in Erinnerung hatte. In meinen einsamen Tagen in Hongkong hatte ich mir vorgestellt, wie mein starker Vater den Freund meiner Mutter in die Flucht schlagen würde. Als wir in

Genua aus dem Schiff stiegen und mein Vater uns entgegenkam, war ich bestürzt. Da kam ein kleiner Mann auf uns zu, einen halben Kopf kleiner als ich! Meiner jüngeren Schwester musste er wohl noch fremder vorgekommen sein. Sie war gerade ein Jahr alt, als er uns verließ. Nun war sie sieben.

Dennoch freuten wir uns. Auf der Fahrt über die Alpen sahen wir unseren ersten Schnee. Wir stiegen aus und befühlten diesen fremden Stoff. Als wir am Schwarzwald vorbeifuhren, wunderten wir uns, dass er gar nicht schwarz war. Wir akklimatisierten uns schnell. Wir gewöhnten uns daran, dass die Straßen im Gegensatz zu China so menschenleer waren. Wir lernten Deutsch aus dem Fernsehen und staunten, als einige Monate nach unserer Ankunft die ersten Bilder vom Mauerbau über den Bildschirm flimmerten. Wir verstanden nicht, was da vor sich ging.

Unsere Hoffnung auf die ersehnte Familienzusammenführung zerplatzte nach nur drei Monaten. Da nahm mein Vater uns Kinder wieder einmal im Auto mit und erklärte uns während der Fahrt, dass unsere Mutter und er sich doch nicht verstünden und dass er deshalb ausziehen würde. Er zog von Kaiserslautern nach Frankfurt, wo er gerade ein neues Restaurant aufgemacht hatte. Seit dieser Zeit kam er jede Woche kurz vorbei und brachte eine Unmenge Essen mit (um das mich meine Freunde beneideten). Wir lebten weiterhin mit unserer Mutter, gingen zur Schule. Alles schien in Ordnung.

Nach dem Abitur sollte ich, dem Wunsch meiner Mutter folgend, Medizin studieren. Da mein Vater in Frankfurt sein Restaurant hatte, ging ich dorthin, »damit du gut versorgt bist«. Ich dachte, ich würde dort mehr von meinem Vater haben. Aber außer dass er sich gelegentlich im Restaurant zu mir setzte, wenn ich dort mein Mittagessen zu mir nahm, lebte jeder von uns sein eigenes Leben, er in seiner Einzimmerwohnung, ich im Studentenheim. Wir hatten uns nicht viel zu sagen. Er lebte sein Geschäftsleben, ich mein Studentenleben.

Als ich nach dem Physikum erkannte, dass ich wohl einen guten Krankenpfleger, aber keinen guten Arzt abgeben würde, sattelte ich auf Psychologie um. (Jahre später sollte ich erkennen, dass ich eigentlich wegen meiner familiären Problematik dieses Fach ausgewählt hatte.) Gleichwohl studierte ich Medizin zu Ende. Ich rechne meinem Vater hoch an, dass er dem Studienwechsel zustimmte, obwohl er mit Psychologie überhaupt nichts anfangen konnte. Er hätte es am liebsten gesehen, wenn ich Naturwissenschaftler geworden wäre. Es war die Zeit der Mondlandungen.

Ich wechselte nach Heidelberg, weil dort ein Doppelstudium möglich war. Hier lebte ich endlich auf. Es war die Zeit der Studentenbewegung. Überall auf der Hauptstraße wehten rote Fahnen. Ich schloss mich einer sozialistischen Studentengruppe an und genoss das Studentenleben.

Mein Vater besuchte mich ein einziges Mal in Heidelberg. Es war für mich ein besonderes Ereignis. Ich ging mit ihm um die Ecke zu »Maria« (in der Bergstraße) in die Kneipe und aß mit ihm eine Bauernomelette. Wir unterhielten uns. Ich war froh, ihm mein Lebensumfeld zeigen zu können. Von einem Gast wurden wir als Ausländer beschimpft. Maria, die Wirtin, die mit einem Griechen verheiratet war, fuhr ihm sofort über den Mund und drohte, ihn an die Luft zu setzen. Wir fühlten uns geschützt.

Mir gegenüber zeigte sich mein Vater stets zugewandt. Er schaute mich immer mit einem scheuen, liebevollen Blick an. Erst nach seinem Tod erfuhr ich von seinen Mitarbeitern, wie stolz er auf mich gewesen war. Aber persönlich hat er es mir nie gesagt. Wenn ich mit meinem Vater zusammen war, fragte er mich als Erstes, wie es mit meinem Studium (später: mit meinem Beruf) stand. Er freute sich, wenn ich von meinen Fortschritten berichtete. Nach Persönlichem erkundigte er sich nie. Das Geschäft war ihm wirklich das Wichtigste. Als er 1989 nach dem Massaker auf dem Platz des Himmlischen Friedens in Peking zuhause stolz berichtete, dass er sofort chinesische Aktien gekauft habe, reagierte er überrascht auf meine Empörung, wie er denn angesichts der politischen und menschlichen Katastrophe an Aktiengewinne denken könne. Hilflos antwortete er: »Aber Victor, ich bin doch Kaufmann!«

Seine kaufmännischen Fähigkeiten haben tatsächlich vielen Menschen geholfen. Er war unglaublich großzügig und menschenfreundlich. Jeden Monat schickte er Geld in die Heimat, um seine Familie und die Familie meiner Mutter zu unterstützen – etwas, was in den kargen Zeiten des Kommunismus bitter nötig war und wofür unsere Verwandten ihm ewig dankbar sind. Er konnte sich bis zu seinem Tod nicht verzeihen, dass er Anfang der 1960er Jahre seinen Eltern für einen einzigen Monat kein Geld schicken konnte. Und es schmerzte ihn zutiefst, dass seine Eltern in den 1970er Jahren verstarben, ohne dass er sie noch einmal sehen konnte (es war während der Kulturrevolution zu gefährlich, nach China zurückzukehren). Noch mehr belastete es ihn, als er erfuhr, dass sein älterer Bruder es versäumt hatte, die verstorbenen Eltern umzubetten, bevor ihr Grab wegen eines Straßenbauprojekts ausgehoben wurde. (In China wurde nach den Regeln des Fengshui bestimmt, wo das Grab für eine verstorbene Person liegen sollte – es kam gelegentlich vor, dass ein Grab mitten auf einem Ackerfeld errichtet wurde.) Das war das einzige Mal, dass mein Vater zornig auf seinen Bruder war.

Mein Vater hat sich politisch nie besonders hervorgetan. Er war nicht ins Ausland gegangen, weil er vor den Kommunisten floh. Er wollte nur seine Geschäfte machen, und in Hongkong ging dies eben besonders gut. In seinem Büro hatte er lange Zeit eine kleine taiwanesische Flagge stehen. Später war er stolz, als die USA und der Westen endlich die Volksrepublik China anerkannten. Und er war froh, als er ab den 1980er Jahren China wieder besuchen konnte. Am Ende seines Lebens, als er sich 1996 einer schwierigen Operation unterziehen musste, sagte er mir: Er habe alles in seinem Leben erreicht. Er sei Anfang der 1990er Jahre von der chinesischen Regierung in den chinesischen Volkskongress in Peking zu einem Festbankett zu Ehren von Auslandschinesen eingeladen worden, die nach der Öffnung zum Westen in der Heimat investiert haben. Das sei der glücklichste Moment seines Lebens gewesen. Er starb tatsächlich an den Folgen jener Operation.

Familie und Zeitgeschichte: Die Weltkriege und ihre Folgen

> »Man kann das Leben nur rückwärts verstehen,
> aber leben muss man es vorwärts« (Kierkegaard)

Familie ist etwas sehr Fragiles. Sie ist gleichzeitig etwas außerordentlich Zähes.

Das 20. Jahrhundert hat mit seinen Revolutionen, den beiden Weltkriegen, dem Kalten Krieg und der Auflösung des Ostblocks die Familie in ihren Grundfesten erschüttert. Weltweit. Es gibt kaum eine Familie, die nicht von den ungeheuren Veränderungen betroffen war. Familien sind auseinander gerissen, verwaist, zerbrochen und in alle Winde zerstreut worden.

Gleichzeitig hat sich die Familie als etwas ungeheuer Zähes erwiesen. Die Kulturrevolution in China hatte das explizite Ziel, die traditionelle chinesische Familie zu zerstören, um den neuen, sozialistischen Menschen zu erschaffen. Dafür wurden Millionen Mütter von ihren Kindern getrennt und aufs Land geschickt. In der stalinistischen Sowjetunion wurden ganze Völker deportiert, im Dritten Reich wurden Millionen Juden verschleppt und ermordet. Und doch haben sich die meisten Familien durch alle politischen und kriegerischen Katastrophen hindurch hinüberretten können. Familienbande haben sich als außerordentlich stark und widerstandsfähig gegenüber politischer Willkür und Verfolgung erwiesen.

Die Struktur der Familie hat sich dabei grundlegend verändert.

Vielleicht hat sie sich auch verändern müssen, um ihr Überleben zu sichern, indem sie sich mimosenhaft an die wechselhaften gesellschaftlichen Bedingungen anpasste. Am Anfang des 20. Jahrhunderts war die patriarchalische Familie die Norm. Doch schon nach dem Zweiten Weltkrieg sprach man davon, dass wir auf dem Weg zur vaterlosen Gesellschaft seien.[4] Heute macht die herkömmliche Ehe zunehmend Platz für nichteheliche Familien, Eineltern-Familien, Patchwork-Familien, eingetragene Lebensgemeinschaften, bi- und multikulturelle Familien etc.

In der Familienkonstellation Vater-Mutter-Kind hat sich die Stellung des Vaters als die schwächste erwiesen. Sie ist diejenige, die in der Neuzeit am stärksten erodiert ist. Sie ist diejenige, die heute am meisten in Frage gestellt wird. Dies hat viele Gründe. Ich werde im Kapitel über die »Vaterferne« näher auf diese eingehen. Hier erst einmal ein Überblick:

- *Biologisch:* Um Kinder zu bekommen, wird zwar ein Vater als Erzeuger gebraucht. Aber dieser kann durch eine Samenbank ersetzt werden. Mütter sind weniger ersetzbar, auch wenn es Leihmütter gibt. Die meisten Kinder werden von ihren leiblichen Müttern ausgetragen und geboren. Dadurch entsteht eine natürliche Bindung zwischen Mutter und Kind.
- *Arbeitsteilung:* Da die Mutter während der Schwangerschaft, der Geburt, der Nachgeburts- und Stillzeit vom Kind sehr viel stärker beansprucht wird als der Vater, ist es meist der Vater, der in dieser Zeit außer Haus geht, um für den Familienunterhalt zu sorgen. Dadurch ist er weniger präsent.
- *Patriarchalische Stellung:* Diese geschlechtsspezifische Arbeitsteilung wird durch die tradierte patriarchalische Ordnung verstärkt. Diese hat über die Jahrtausende zwar für eine Dominanz des Vaters (und der Söhne) in der Familie gesorgt. Sie zementierte jedoch gleichzeitig die Distanz zwischen dem Patriarchen und seinen Kindern.

- *Demokratisierung:* Die Herrschaft des Vaters leitete sich ursprünglich von einer hierarchischen Ordnung ab, meist der Herrschaft eines einzelnen Herrschers oder einer Herrscherdynastie. Seit dem amerikanischen Unabhängigkeitskrieg und der französischen Revolution hat sich eine Welle demokratischer Bewegungen weltweit ausgebreitet. Der Grundgedanke der Demokratie besteht in der Gleichheit aller Menschen, also auch der Gleichheit von Männern und Frauen. Dadurch wird die bis dahin ungefragte privilegierte Machtstellung des Mannes und des Vaters in Frage gestellt.
- *Industrialisierung:* Die Schwächung der väterlichen Position wurde außerdem durch die Industrialisierung im 19. Jahrhundert forciert. Die Mehrheit der Männer musste einer außerhäuslichen Lohnarbeit nachgehen. Dies führte zu einer zunehmenden Entfremdung des Vaters von der übrigen Familie. Sein noch verbliebenes Machtmittel war das Finanzmonopol: Er sorgte für die materielle Existenz der Familie.
- *Die beiden Weltkriege:* In den beiden Weltkriegen zogen weltweit Millionen von Männern als Soldaten in den Krieg. Millionen fielen. Andere blieben jahrelang in Kriegsgefangenschaft. Dies bedeutete für die Familie den Verlust von Vätern, Söhnen und Brüdern. Diejenigen, die nach dem Krieg heimkehrten, fanden sich oft nicht mehr zurecht. In der Zwischenzeit hatten viele Frauen und Mütter notgedrungen die Sorge für Haus und Hof übernommen. Sie entdeckten dabei, dass sie es sehr wohl ohne ihre Männer schaffen konnten, für sich und die Kinder zu sorgen. In der Zeit der Restauration in den 1950er Jahren wurde die Frau zwar zurück an Heim und Herd gedrängt und der Mann als Familienoberhaupt wiederhergestellt, aber es war nur eine fassadenhafte Wiedererrichtung der traditionellen Familie. Der zunehmende Ost-West-Konflikt während der Adenauerzeit half mit, die autoritären Strukturen aufrechtzuerhalten.

- *Die 68er Bewegung:* Diese Fassade wurde durch die 68er Bewegung radikal niedergerissen, als die Studentenbewegung alle herkömmlichen Autoritäten in Frage stellte. Der Vietnamkrieg hat die Legitimation der freien Welt ausgehöhlt. Ihr Anspruch, moralisch über dem sozialistischen Lager zu stehen, bröckelte ab. In Deutschland wurde man zudem mit dem Holocaust, dem Völkermord an den Juden, konfrontiert. Kollektive Scham stellte sich ein.
- *Die sexuelle Revolution und die Frauenemanzipationsbewegung:* Die Pille und die Liberalisierung des Abtreibungsparagraphen gaben schließlich Frauen die Möglichkeit, selbständig über eine Schwangerschaft zu entscheiden (»Mein Bauch gehört mir!«). Die damit einsetzende Frauenemanzipationsbewegung stellte folgerichtig auch den patriarchalischen Machtanspruch des Mannes in Familie und Gesellschaft in Frage. Mit der Befreiung vom Zwang, Kinder zu bekommen und damit abhängig vom Ehemann zu sein, waren die traditionelle Ehe und die Stellung des Mannes in Frage gestellt.
- *Die Postmoderne:* Unsere postmoderne Zeit ist von einem Werte-Pluralismus geprägt, der bisweilen bis zur Wertefreiheit reicht. Dadurch herrscht heute eine Atmosphäre, in der fast alles erlaubt zu sein scheint, was denkbar ist.
- *Die Männerbewegung:* In den letzten 20 Jahren hat sich langsam eine Männerbewegung entwickelt, die die alte patriarchalische Ordnung kritisiert und eine neue Männlichkeit und Väterlichkeit anstrebt. Ziel ist die Schaffung eines neuen männlichen Selbstverständnisses, das nicht von Herrschaft und Macht geprägt ist, sondern von gesundem Selbstbewusstsein bei gleichzeitiger Toleranz und Mitgefühl. Diese Männerbewegung hat es schwer, nicht von beiden Seiten attackiert zu werden: von der konservativen Männerseite wie von der emanzipierten Frauenseite. Außerdem ist das männliche Selbstbewusstsein durch den Ausfall zweier Männergenerationen während der beiden

Weltkriege empfindlich geschwächt worden. Dazu kommen noch das Kriegstrauma und der Holocaust hinzu. Beides war mit männlicher Gewalt verbunden. Wie soll, wie darf, wie muss ein Mann heute sein?

Soweit die bisherige Entwicklung. Sie ist mit einem Schwinden männlicher Bedeutung verbunden. Wie soll es nun weitergehen mit den Männern und den Vätern? Sollen sie ganz verschwinden?

Ich meine: nein. Verschwinden kann die patriarchalische Ordnung. Die Männer sind in den letzten Jahrzehnten zwar kräftig zusammengestaucht worden, ich betrachte dies aber als einen Prozess der Gesundschrumpfung. Aus den aufgeblasenen Mannsbildern können endlich normale Männer werden: Männer, die ihre alltäglichen Aufgaben und Pflichten erfüllen; Männer, die liebevoll zu ihren Frauen und Kindern sind; Männer, die sich ihres Eigenwertes ebenso wie ihrer Schwächen bewusst sind und beides nicht verstecken; Männer, die ihr Leben und ihr Mannsein annehmen und genießen. Dann wird die Familie endlich zu einer richtigen Familie: mit zwei gleichberechtigten Partnern, die sich liebevoll um ihre Kinder kümmern und sie ins Leben begleiten. Um sie herum andere Familien und eine Gesellschaft, die sich der jungen Familien genauso liebevoll annehmen. Das ist meine Vision.

Transgenerationale Traumatisierungen

Es ist für uns Nachgeborene ganz schwer, wenn nicht unmöglich, das Leid, das unseren Eltern und Großeltern während der Weltkriege widerfahren ist, nachzuempfinden. Alles ist so unvorstellbar: die Gewalt, die sie mittelbar oder unmittelbar erfahren haben; die Todesängste, die sie durchzustehen hatten; die Härten, die sie erfahren (und die sie zum Teil an uns weitergegeben) haben; die körperlichen Entbehrungen, denen sie ausgesetzt waren; der Schmerz über den Verlust ihrer Angehörigen und ihrer

Heimat; das Entsetzen über die unmenschlichen Grausamkeiten um sie herum; ihre Einsamkeit und Verlassenheit als Kinder und Jugendliche; die Angst und die Ungewissheit über die Zukunft. All dies ist für uns Nachkriegskinder so fern. Wir sind in Frieden und Freiheit aufgewachsen. Unsere Eltern haben sich bemüht, dass uns nicht das Gleiche widerfährt, was sie selbst erlitten haben.

Und doch ist das Leid unserer Eltern und unserer Vorfahren allgegenwärtig. Denn alles, was Menschen verdrängen, bleibt nicht nur in ihrem individuellen Unbewussten erhalten. Das Verdrängte wird durch *das kollektive Unbewusste* an die Kinder und Nachkommen weitergegeben. Wir sind alle in einem unsichtbaren Netzwerk von Erinnerungen eingebunden, aus dem es kein Entkommen gibt. Gerade das Unverarbeitete, das Schreckliche, das Traumatische wird untergründig an die nächsten Generationen weitergegeben. Es »spukt« und treibt sein Unwesen mit den Nachgeborenen, bis es irgendwann erlöst wird. Wir nennen dies *transgenerationale Traumatisierung*: Die Kinder und Enkel sind von den unverarbeiteten Traumata ihrer Eltern und Großeltern getroffen und betroffen. Sie spüren die körperlichen und seelischen Folgen deren Traumata, als wären diese ihre eigenen! Sie leiden an körperlichen Schmerzen und Krankheiten, Panikattacken, Depressionen, Albträumen bis hin zu Wahnvorstellungen, ohne dass sie es aus ihrer persönlichen Biografie erklären könnten.

Wenn heute Klienten mit solchen unerklärlichen Symptomen kommen, schaue ich in der Familiengeschichte und im Stammbaum nach, ob nicht früher schlimme Ereignisse vorgefallen sind. Wenn ich solches vermute, lasse ich die Klienten eine Familienaufstellung machen. Mit dieser können wir unverarbeitete Ereignisse im Leben der Eltern und Vorfahren aufspüren und symbolisch lösen. Damit können wir auch die Nachfahren von den Folgen und Nachwirkungen der verdrängten Erfahrungen erlösen.[5]

Fallbeispiel: Der Sohn leidet an der Kriegsschuld seines Vaters
Ein Mann erzählt, dass er immer wieder Angstanfälle bekomme, die er nicht versteht. Sein Vater sei stets distanziert gewesen, und seine Eltern hätten sich nicht verstanden. Sein Vater hat im Krieg bei der Marine gedient. Er war zwei Jahre auf einem getarnten Kreuzer, der viele feindliche Schiffe versenkte. Später desertierte er. Seine Mutter verlor ihren Vater während des Krieges. Die Großmutter brachte vier Kinder durch.

Bei der Familienaufstellung zeigt sich, dass der Vater den Krieg verabscheut. Er macht sich massive Selbstvorwürfe, dass er im Seekrieg so viele Menschen umgebracht hat. Anfangs hat er den Krieg wie ein (Männer-)Spiel angesehen, bis er begriff, dass er todernst war. Nach dem Krieg bemühte er sich um Frieden und wurde Kommunist. In der Aufstellung stellt er sich zu seinen Opfern, die sich bereitwillig mit ihm versöhnen.

Der Klient gibt nun dem Vater einen Stein zurück dafür, dass dieser ihm seine Kriegsschuld aus Scham verheimlicht hat – er hat stellvertretend für den Vater die Todesängste seiner Opfer übernommen. Der Vater begreift, dass es besser gewesen wäre, wenn er seinen Sohn über das, was er im Krieg getan hat, aufgeklärt hätte, statt es zu verschweigen.

Nachdem der Vater zu seiner Schuld steht, kann die Mutter sich wieder an seine Seite stellen. Seine Kriegsschuld hat bisher zwischen ihnen gestanden. Die Eltern stehen endlich zusammen als Paar. Der Sohn kann nun in Frieden vom Elternhaus weggehen, ohne ihre innere Last zu übernehmen.

Traumatisierte Soldaten

Jeder Krieg hinterlässt ein Heer psychisch kranker Invaliden. Von den weltweit 83 Millionen überlebenden Kriegsveteranen aus dem Zweiten Weltkrieg kehrten viele kriegstraumatisiert in ihre Familien zurück. Welche traumatischen Erfahrungen brachten sie mit?

Einst mit Begeisterung und Idealismus ins Feld gezogen, erlebt der Soldat die Realität des Krieges. Er sieht Freunde und Kameraden fallen. Todesangst befällt ihn. Er leidet an Hunger, Durst und Kälte. Er wird verwundet, verliert seine Gliedmaßen, wird verstümmelt. Er erlebt das Leid der Zivilbevölkerung, wird Zeuge von Grausamkeiten gegen gegnerische Soldaten und Zivilisten. Er wird zum Mittäter in Gräueltaten gegen Menschen, die ihm nichts getan haben. Er zweifelt an dem Sinn seines Auftrages, aber wagt seinen Zweifel nicht zu äußern. Er erlebt sich als Teil einer sinnlosen Tötungsmaschinerie. Sein Glauben an Gott, an das Gute im Menschen, an das hehre Kriegsziel wird tief erschüttert. Er sehnt sich nach seinen Lieben, der Heimat, dem Leben in Frieden. Er nimmt wahr, wie er sich verändert, wie die frühere Fröhlichkeit und Leichtigkeit von ihm abfällt, wie er sich verhärtet und verroht. Es geht nur noch ums nackte Überleben. Es ist kein menschenwürdiges Leben mehr.

Außerdem fördert der Krieg die im Menschen innewohnenden aggressiven und sadistischen Tendenzen. *Die Lust am Töten und Zerstören* kann sich im Krieg bis zum Blutrausch steigern. Nur so lassen sich unmenschliche Phänomene wie Völkermord oder Massaker an der Zivilbevölkerung erklären. Kriege können, wie jede Katastrophe, Menschen zum Besseren oder zum Schlechteren verändern. Sie können das Bestialische im Menschen, das in jedem von uns schlummert, wachrufen. Unsere Menschlichkeit geht in jedem Krieg ein Stück verloren. Hierin liegt die tiefste Gefahr des Krieges.

Zudem waren die nach dem Kriegsende heimkehrenden deutschen Soldaten und Kriegsgefangenen völlig demoralisiert. Sie waren einst als Helden, als Retter der Nation ins Feld gezogen. Viele hatten an die gute Sache geglaubt, in der Überzeugung, für Volk und Vaterland zu kämpfen. Nun ziehen sie gedemütigt, geschunden und ausgehungert zurück nach Hause. Vom einstigen Führer fühlen sie sich verraten und im Stich verlassen. Gegenüber der eigenen Familie schämen sie sich angesichts der Erbärmlichkeit, mit der sie heimkehren. Sie spüren die Kluft und die Entfremdung zwischen sich, ihren Frauen und ihren Kindern. Vor ihnen liegt die schier übermenschliche Aufgabe, ihre zerbrochene Existenz und ihr zerstörtes Heim wiederaufzubauen. Hinter ihnen liegt das Grauen des totalen Krieges, die Trauer um die gefallenen Kameraden und Angehörigen und die eigene verlorene Jugend. Und tief im Innern stellt sich die Frage: Wozu das alles? Und es gibt niemanden, mit dem sie über all dies hätten sprechen können. Wie die kriegstraumatisierten Männer ihre seelischen Verletzungen weitergeben, schildert der folgende Bericht eines Jungen, dessen Vater aus dem Krieg zurückgekehrt war:

> **Fallbeispiele:** Familiäre Gewalt – Kriegsväter reichen ihre Traumata an ihre Kinder weiter
> *»Ich habe mit 4 Jahren die Bombardierung, die Enge im Bunker, das Schreien der Erwachsenen erlebt. Das zerstörte Berlin. Doch all das konnte ich irgendwie ertragen. Die Angst meiner Kindheit war nicht nur die Bedrohung durch Bomben. Mein Trauma begann, als mein Vater aus dem Krieg zurückkam. Ein Kriegsvater. Mutter sagte: ›Guck mal wer da ist‹. ›Das ist dein Vater‹. Ich guckte ungläubig – der Mann vor mir hatte einen Vollbart und sah furchterregend aus. ›Freu dich, Vati ist aus dem Krieg zurückgekommen‹. Ich sagte: ›Das ist nicht mein Vater!‹ Ich hatte wirklich vor diesen fremden Mann Angst. Er hatte eine Schiebermütze auf, trug einen langen ungepflegten Mantel und seine viel zu weiten Hosen wurden durch ein Koppel gehalten, mit dem ich später reichlich Bekanntschaft machen sollte. Er brachte nichts aus dem Krieg mit außer Härte und Strenge, die ihn zu diesem Soldaten gemacht hatten. Das sollte ich bald zu spüren bekommen. Den Kasernenton hat auch meine Mutter zu spüren bekommen. Mein Vater, ein seelisch verwundeter Kriegsheimkehrer. Bedingungslosen Gehorsam hatte er als junger Soldat gelernt, und er war für ihn Gesetz. Seine*

Gefühle? Weggedrillt. Mit Gewalt wollte er mich erziehen und Gehorsam einbläuen: Ich erinnere mich an ein Ereignis, das die Beziehung zwischen mir und meinem Vater zu einer Angstbeziehung machte:

Ich hatte lange Zeit keine Schuhe und musste barfuß laufen, bis mir mein Vater Sandalen aus Autoreifen machte. Eines Tages ging ich mit einem Wassereimer zum Tegeler See. Ich wollte meinen Eltern eine Freude machen und habe Krebse gefangen. Ich ging ganz stolz nach Hause und freute mich über ein Lob von meiner Mutter. Das Lob blieb aus. Stattdessen fragte sie mich, wo ich meine Sandalen gelassen habe. Ich hatte das Gefühl, als wenn mir der Boden wegsackte. Ich hatte die Sandalen vergessen und am Tegeler See stehen gelassen. Sofort bekam ich von meiner Mutter eine kräftige Ohrfeige mit den Worten ›Na warte mal, bis dein Vater kommt.‹ Ich rannte in Panik zum See, aber meine Sandalen waren weg.

Vor meinem Vater hatte ich unheimliche Angst. Alleine das Warten, bis er nach Hause kam, versetzte mich in Panik. Als er nach Hause kam, versteckte ich mich unter den Betten von meinen Eltern. Das half mir aber nichts. Er schnallte wie jedes Mal sein Koppel ab und schlug unter das Bett. Ich rutschte zur anderen Seite und er kam nach. Das ging so ein paar Mal hin und her, bis er mich greifen konnte. Er drückte mich über die Bettkante und prügelte hin, wo er traf. Es tat furchtbar weh, aber anscheinend habe ich nicht genug geweint, denn meine Mutter sagte zu ihm, ›Der merkt ja gar nichts, du musst ihm die Hosen herunter ziehen‹. Das tat mein Vater dann auch, und ich flehte meinem Vater an aufzuhören. Aber er hörte nicht auf und ich glaubte, er schlägt mich tot.

Ich habe verdrängt, um zu leben. Jetzt bin ich erschöpft vom Schweigen. ›Die Wunden der Seele lassen sich nicht verbinden‹. Nach 60 Jahren des Schweigens sind Depressionen und Burn-out die Folgen.«[6]

Aus diesem Bericht wird sehr deutlich, wie kriegstraumatisierte Väter ihre Kriegstraumata an ihre Kinder weitergaben. Die Weitergabe der eigenen Traumata kann auch subtiler vonstatten gehen:

> *Ein Mann berichtet, dass sein verstorbener Vater Pfarrer war und im Krieg zur Bekennenden Kirche gehörte, die gegen das Naziregime (und die von diesem geförderten Deutschen Christen) Widerstand leistete. Der Vater wurde als Soldat an der vordersten Front eingesetzt, mit der Absicht, dass er nicht lebendig zurückkehren sollte. Er war jedoch ein äußerst geschickter Kämpfer und überlebte alle Todesgefahren.*
>
> *Nach dem Krieg wurde er ein glühender, ja militanter Kriegsgegner. An der Kanzel lieferte er hasserfüllte Predigten gegen die Rechten. Nach außen kämpfte er für die gerechte Sache, aber daheim herrschte ein totalitäres Regime. Widerspruch vonseiten der Kinder wurde nicht geduldet. Ungehorsam wurde aufs Strengste geahndet. Der Sohn empfand als Kind den Prügel des Vaters wie eine Exekution, zu der er jedes Mal abgeführt wurde.*
>
> *Dem erwachsenen Sohn war es selbst nach dem Tod des Vaters unmöglich, Kritik an seinem Vater zu üben, weil er einen solchen Respekt vor diesem hatte und eine tiefe Bewunderung für dessen Tapferkeit empfand. Außerdem hatte der Vater ja alle Angehörigen verloren. Er war ein anerkanntes Opfer des Naziregimes und verkörperte überdies als Priester die ganze Autorität des Glaubens. Wie sollte man gegen eine solche Macht rebellieren? Dem Sohn erschienen seine eigenen Ängste und Schmerzen, die er als Kind davongetragen hatte, im Vergleich zu dem Leid, das sein Vater im Krieg erfahren hatte, winzig klein, ja fast nicht erwähnenswert.*

Hier erkennen wir die Verwandlung eines einstigen Opfers in einen Täter. Der Vater hat das totalitäre Naziregime zwar bekämpft, er hat sich aber selbst die gleiche Unerbittlichkeit und

Unversöhnlichkeit zu eigen gemacht wie seine einstigen Feinde. Das christliche Gebot »Liebe deinen Nächsten« galt nur für seine Gleichgesinnten. Alle anderen wurden wie Todfeinde behandelt. Vor allem gegenüber den eigenen Kindern zeigte er die gleiche Härte und Intoleranz wie einst seine faschistischen Gegner. Selbst ein Opfer des Militarismus, wurde er als Vater zum züchtigenden Täter an seinen Kindern.

Es macht einen großen Unterschied, ob man sich bloß intellektuell als Opfer definiert, oder ob man die Angst, die Pein und die Qual, die man als Opfer erlebt hat, wirklich nachfühlen kann. Bei dem Vater war es so, dass er seine Kriegserlebnisse fast wie ein Indianer-Abenteuer erzählte. Seine Todesangst, die er dabei empfunden hatte, hat er mittlerweile vollkommen verdrängt. *Wenn die eigenen Traumata verdrängt werden, übernimmt das einstige Opfer leicht den Täteranteil und lässt diesen unbewusst an Schwächeren aus.*

Der Sohn übernahm die gleiche Verdrängung wie der Vater: Er sah den Vater ausschließlich als Opfer des Faschismus an, aber nicht als Täter. Das Leid des Vaters erschien ihm so ungeheuerlich groß, dass ihm dessen Gewalt ganz unbedeutend vorkam. So wie der Vater unfähig war, die eigenen Ängste wahrzunehmen, relativierte der Sohn die Schmerzen, die er als Kind erfahren hat. Beide verdrängten somit ihren Schmerz, ihre Scham und ihren Hass.

Man kann aber ein Unrecht nicht durch ein anderes Unrecht rechtfertigen. Dass der Vater im Faschismus verfolgt worden ist, gibt ihm nicht das Recht, seine Kinder zu misshandeln. Indem der Sohn die Misshandlung durch den Vater nicht als solche erkennen will und diesen entschuldigt, übernimmt er das Trauma des Vaters. Es wäre nicht verwunderlich, wenn er die verdrängte Demütigung irgendwann an seine eigenen Kinder weitergäbe. *Wenn wir nicht bereit sind, unser eigenes Leid als Opfer wahrzunehmen, zu fühlen und durchzuarbeiten, laufen wir Gefahr, selbst zum Täter zu werden.*

Schuldig gewordene Väter
Dann gibt es noch die Gruppe von Vätern, die während des Krieges schwere Schuld auf sich geladen haben. Man denke an die SS-Einheiten, die den Holocaust »vollzogen« haben. Man denke an die Ärzte, die Menschenexperimente mit KZ-Häftlingen ausgeführt haben. Es gab aber auch nicht wenige ganz normale deutsche Soldaten, die während der Feldzüge gegen Osten und Westen an Verbrechen der Wehrmacht an Kriegsgefangenen, Partisanen und an der Zivilbevölkerung mit beteiligt oder Zeugen solcher Verbrechen waren. Einige waren auch für die Gefangennahme und den Wegtransport von Juden zu den Vernichtungslagern verantwortlich.

Die Scham liegt bei Tätern viel tiefer als bei Opfern, da sie ihre Schuld vor sich und vor der Welt verbergen müssen. Daher neigen Täter dazu, ihre Vergangenheit zu verdrängen. Als Folge dieser Verdrängung übernehmen ihre nächsten Angehörigen – ihre Ehefrauen und ihre Kinder – unbewusst die Last der Schuld für sie. Dies führt nicht selten zu schweren körperlichen und seelischen Krankheiten bei den Ehefrauen und Kindern, deren Herkunft niemand erklären kann.

Fallbeispiel: Wie die Schuld des Großvaters auf die Mutter und die Enkeltochter übergeht
Eine Frau klagt über immer wiederkehrende Gefühle von Angst, Wut und Ekel. Sie werde immer wieder von Träumen geplagt, in denen jüdische Opfer aus dem Holocaust auf sie zugehen und etwas von ihr wollen. Ihre Mutter war noch ein Kind während des Krieges, ihr Großvater war damals Lokführer und hat möglicherweise Juden zu den Konzentrationslagern transportiert.

Die Klientin berichtet, dass in ihrer Herkunftsfamilie eine stumme, erstickende, gleichzeitig spannungsgeladene Atmosphäre geherrscht habe, die sich manchmal in Gewalt entlud. Einmal war die Klientin Zeugin, wie der Vater die Mutter würgte. Daraufhin lief die Mutter weg, die Tochter hinterher, weil sie Angst hatte, die Mutter könne sich etwas antun. Die Mutter war psychisch krank, nahm Beruhigungsmittel und führte immer Selbstgespräche, wenn sie allein war. Die Tochter wachte über sie, damit ihr nichts passierte.

Die Familie lebte fern ab von der Stadt. Der Vater führte eine Tierzuchtstation mit über 1000 Hunden als Versuchstiere für die Universitätskliniken. Die Hunde verschwanden regelmäßig im Tierlabor.

Mit 14 versuchte die Tochter, sich mit Tabletten umzubringen. Als sie wieder aufwachte, saß die Mutter bei ihr und fragte, warum sie es getan hat. Danach herrschte wieder Schweigen. Der Vater starb früh. Die Mutter bekam Alzheimer und kam ins Heim. Irgendwann lief sie verwirrt auf die Straße, wurde angefahren und lag lange im Wachkoma, bevor sie starb.

In der Familienaufstellung stellen wir die Herkunftsfamilie der Klientin (die Mutter, die Großeltern und sie selbst) und ihre Angst auf. Die Person, die stellvertretend für die Angst steht, möchte sich an jemanden anlehnen. Die Mutter weicht vor ihr zurück. Die Großmutter sagt aber, sie brauche die Angst bei sich. Mit der Angst hinter sich kann sie die Mutter und die Klientin im Arm halten. Der Großvater steht außerhalb. Die Mutter kann ihn gar nicht bei sich haben.

Der Therapeut stellt eine Gruppe von Juden auf, die der Großvater ins KZ transportiert hat. Der Großvater erkennt auf einmal: »Das sind ja auch Menschen, keine Tiere!« Bei diesem Ausruf geht die Angst hinüber zu ihm. Er spürt, wie er Angst bekommt vor dem ihm vorgesetzten Obersturmbannführer (Obersturmbannführer war ein hoher Dienstgrad der SS). Wir stellen den Obersturmbannführer auf.

Nun sagt die Großmutter, sie sehe all die getöteten jüdischen Kinder. Sie nimmt einen Riesenstein und gibt ihn dem Obersturm-

bannführer für seine Schuld. Dann zieht sie den Großvater weg, zurück zu seiner Familie.

Der Obersturmbannführer bricht unter der Last des Riesensteins zusammen. Er sagt, er rieche Verbranntes. Auch er hat Angst und bittet die jüdischen Opfer um Vergebung. Die getöteten Juden reagieren unterschiedlich darauf: Einer ist bereit, ihm zu vergeben, sagt jedoch: »Vergeben heißt aber nicht vergessen.« Ein anderer sagt, er brauche noch Zeit für die Vergebung seiner Täter. Eine Jüdin wünscht dem Obersturmbannführer Angst, die nicht von ihm weichen solle.

An dieser Stelle sagt der Großvater: »Ich bin zwar ein Opfer des Regimes, aber ich bin nicht unschuldig. Ich habe die Menschen und die Öfen gesehen.« Eine jüdische Mutter fragt ihn: »Wo sind meine Kinder? Wo hast du sie hingebracht?« Der Großvater antwortet: »Ich habe sie in den Tod gebracht.«

In diesem Moment spürt die Mutter der Klientin, dass sie die Schuld ihres Vaters übernommen hat. Sie gibt dem Großvater mehrere Steine für ihre Ängste und ihre Depressionen. Dann kann sie ihre Tochter endlich in den Arm nehmen.

Die jüdischen Opfer schauen nun liebevoll auf Mutter und Tochter. Sie gehen auf sie zu. Während die Mutter einige Erwachsenen umarmt, nimmt die Tochter ein jüdisches Kind in den Arm.

Nach der Familienaufstellung fühlt sich die Klientin sehr viel gelöster. Sie fühlt sich normaler, ist nicht mehr so ängstlich und hat nicht mehr so aufgerissene Augen.

Kommentar: Diese Familienaufstellung ist ein beeindruckendes Beispiel dafür, wie die traumatischen Erlebnisse des Großvaters in der Gestalt diffuser Ängste auf seine Frau, seine Tochter und seine Enkelin übergegangen sind. Besonders der Fluch des einen Opfers hat sich anscheinend über die ganze Familie ausgebreitet. Beklemmend wirkt die Parallele zwischen der Judenvernichtung, die der Großvater miterlebt hat, und der späteren Lebenssituation der Mutter mit der spannungsgeladenen, »erstickenden« Atmosphäre

> zuhause und den tausenden Versuchstieren, die für Tierversuche benutzt und anschließend umgebracht wurden. Auch die Leidensgeschichte der Mutter, ihre Alzheimer Erkrankung, ihr Unfall und ihr Wachkoma erscheinen unter dieser Perspektive in einem anderen Licht.

Kriegskinder

Wir vergessen neben dem Leid, das Erwachsene im Krieg erfahren haben, oft das der Kriegskinder. Die Generation der Kriegskinder umfasst die Jahrgänge 1935 bis 1945. Viele von ihnen erlitten durch den Bombenkrieg, durch Flucht und Vertreibung schwere seelische Traumatisierungen. Aber auch der Alltag im Krieg – die Sorgen und Ängste der Erwachsenen, die ständige Bedrohung durch den Krieg, die Mischung aus Angst, Trauer und Hass, die in der Luft lag, das Fehlen der Väter – all dies lastete schwer auf den Kindern.

In einer umfassenden Studie wurden nach dem Krieg mehrere tausend deutsche Kinder zwischen 5 und 16 Jahren untersucht, die in den Jahren 1947 bis 1950 auf die Nordseeinsel Langeoog zur Erholung geschickt wurden. Die Schweizer Forscher fanden bei ihnen psychische Auffälligkeiten wie Kopfschmerz, Ohnmachtsanfälle, Schreckhaftigkeit, Unruhe und Schlaflosigkeit. Vor allem registrierten sie eine allgemeine »müde Traurigkeit«. Die Kindergesichter zeigten eine maskenhafte Starre. Ihre Seele wirkte »wie staubverkrustet«.[7]

Wie wirkte das Fehlen der Väter auf die Kriegskinder? Sie hatten ihre Väter kaum oder nicht gekannt. Sie erlebten ihre Väter höchstens dann, wenn diese Fronturlaub bekamen. Ansonsten waren sie ständig mit der Sorge und der Angst der Mutter um den Vater konfrontiert. Sie mussten die Mutter trösten und ihr beistehen. Besonders die Söhne nahmen unmerklich die Rolle des fehlenden Vaters ein. Dies band sie eng an ihre Mütter. Es entstand eine starke Mutterbindung, die über die Kriegszeiten hinaus reichte, wenn der Vater gefallen war oder lange in Kriegsgefangenschaft blieb. Aber selbst dann, wenn der Vater glücklich nach Hause kam, fand dieser häufig den Weg in die Familie nicht mehr zurück: Viele Heimkehrer waren traumatisiert, desorientiert und desillusioniert. Die Partner verstanden sich nicht mehr, viele Ehen brachen auseinander. Die Scheidungsrate schnellte nach dem Krieg von 8 % im Jahr 1939 auf 14,6 % im Jahr 1950.[8] Die Söhne blieben in vielen Familien weiter »Herr im Haus«.

Diese hervorgehobene Position brachte zwar Privilegien mit sich. Die betreffenden Kinder und Jugendlichen waren aber zusätzlich belastet: durch eine unangemessene Rolle unter den Geschwistern, durch die Funktion als Partnerersatz, als Intimberater der Mutter, oft auch als Ernährer der Familie. Sie verloren damit ihre Kindheit, mussten zu früh erwachsen werden.

Sie konnten aber im Herzen nicht zu richtigen Männern heranwachsen. Ein Junge braucht vor allem das väterliche Vorbild, um Mann zu werden. Er braucht ein reales männliches Gegenüber, dem er nahe sein kann, an dem er sich reiben kann, an dem er seine Kräfte messen kann, mit dem er sich identifizieren kann.

Ein Junge, dem der Vater fehlt, muss dieses innere Loch durch ein Idealbild ersetzen. Er bastelt sich ein vollkommenes männliches Wesen, das er Vater nennt, und stellt dieses aufs Podest. Er ahmt dann dieses Idealbild nach, nicht wissend, dass es nur eine Projektion ist, ein selbstgemachtes Trugbild, dem er folgt. Da das ideelle Bild immer vollkommen ist, entsteht im Jungen der Anspruch an sich selbst, perfekt sein zu müssen. Aber niemand kann perfekt sein. Der junge Mann, der seinem selbstgestellten Anspruch nicht genügen kann, bekommt Minderwertigkeitsgefühle, die er schamvoll unter der Maske einer Pseudomännlichkeit vor der Welt verbirgt: als Macho oder Don Juan, als ewiger Jüngling, oder, wenn er vor dem eigenen Anspruch resigniert, als ewiger Versager.

Dem Jungen fehlt nicht nur das väterliche Vorbild, sondern auch der väterliche Beistand. Nicht nur Frauen brauchen eine breite Schulter zum Anlehnen. Ein Sohn braucht die Hand des Vaters, an der er sich festhalten kann, wenn er Angst hat, eine Hand, die ihn führt, wenn er nicht weiter weiß. Angst ist etwas, das jeder vaterlose Mann kennt, aber kaum einer wagt, sich zuzugestehen. Zu tief ist die Scham, nie väterlichen Schutz erfahren zu haben.

Der Vater ist auch derjenige, der dem kleinen Kind den Weg aus dem Mutterschoß in die weite Welt zeigt. Als Kinder pendeln wir stets zwischen den Polen Regression und Progression. Wenn wir Angst haben, wenn wir vom Spiel erschöpft sind, ziehen wir uns gerne in den Mutterschoß zurück. Der Vater ist derjenige, der uns zur Progression ermutigt, der in uns das Interesse und die Neugier für die Welt draußen weckt, der uns zeigt, wie wir die Welt da draußen »in die Hand nehmen« können.

Einen Vater braucht man auch, damit die Mutter einen Mann an ihrer Seite hat. Der Sohn spürt instinktiv, dass die Mutter einen Mann an ihrer Seite braucht. Wenn sie keinen hat, springt er automatisch ein. Aber dort fühlt er sich nicht richtig, vor allem, wenn er in die Pubertät kommt und selbst auf die Suche nach einer eigenen Partnerin gehen will. Ein Sohn kann sicher in die Welt ziehen, wenn er weiß: Die Mutter ist nicht allein, der Vater ist bei ihr. Ein vaterloser Junge geht dagegen nicht in die Welt, weil er die Mutter nicht alleinlassen kann. Er ist gebunden.

Egal, in welcher Maske der vaterlose Mann auftritt, eines haben alle Vaterlose gemeinsam: das Gefühl, etwas nicht sein zu können, wonach sie sich am meisten sehnen, etwas, von der sie nur eine vage Ahnung haben, etwas, das sie weder benennen noch erfassen können.

Fallbeispiel: Besatzungskind
Ein Rentner erzählt, er habe zwar eine gute Partnerschaft in seiner zweiten Ehe und ist in seinem Beruf sehr angesehen. Er wisse aber nicht, wo er hingehört. Er sei Besatzungskind. Sein Vater ist angeblich ein amerikanischer Soldat, der im Krieg gefallen ist. Die Mutter war 18, als er zur Welt kam. Die Großmutter hat ihn mühsam aufgepäppelt, seine Großeltern sind eigentlich seine Eltern gewesen. Aber als er aufmüpfig wurde, bekam er zu hören: »Du bist hier nur Gast!« Die Mutter heiratete später und nahm den Sohn zu sich. Mit dem Stiefvater bekam sie noch weitere Kinder.

Bei der Familienaufstellung stellte sich heraus, dass die Großeltern nur Töchter hatten, aber keinen Sohn. Daher nahmen sie ihren Enkel, den Klienten, von seiner Mutter weg und behandelten ihn als ihren »Sohn«. Unglücklicherweise wurde der amerikanische Vater des Klienten in den Koreakrieg geschickt, wo er fiel. Nun war die Mutter wirklich allein: Ihr Kind war ihr weggenommen worden, ihr Geliebter war gefallen.

In der Familienaufstellung steht der Klient zunächst bei seinen Großeltern. Als er jedoch den wahren Sachverhalt erkennt, verlässt er die Großeltern und geht zu seinem Vater. Dieser hat sich vorher auf den Boden hingelegt. Als der Sohn zu ihm kommt, steht er wieder auf und nimmt den Sohn in den Arm. Die Mutter kommt dazu: Sie sind endlich eine glückliche Familie! Der Klient fühlt sich endlich bei seinen Eltern angekommen. Hier ist sein Platz, den er sein Leben lang gesucht hat. Ihm wird bewusst, dass er seine erste Partnerin, mit der er eine Tochter hat, auch nicht geachtet hat. Er hat sich nur für seine Tochter interessiert und deren Mutter vernachlässigt. Nun versöhnt er sich wieder mit ihr. Seine Tochter freut sich.

Nachkriegskinder
Wie stand es mit den Familien in der Nachkriegszeit? Im Wirtschaftswunder versuchte man, den Krieg zu vergessen und konzentrierte sich auf den Wiederaufbau. Die traditionelle Familie mit Vater-Mutter-Kind erstand in den 1950er Jahren wie Phönix aus der Asche wieder auf. Aber die Idylle war trügerisch. Die Pseudoharmonie zerbrach in der 68er Revolte. Die Nachkriegskinder stellten die Lebenslüge ihrer Väter, die die Verantwortung für Krieg und Holocaust verdrängt haben, schonungslos an den Pranger. Eine ganze Generation von Vätern wurde demontiert. »Make love, not war.« Die Welt der Jugend wurde egalitärer, freier. Durch die Pille und die Liberalisierung der Abtreibung waren Frauen endlich vom Zwang befreit, ungewollt Kinder zu bekommen und sich damit in Abhängigkeit von einem Mann zu begeben. Ehe und Familie waren keine Zwangsinstitution mehr, sondern eine freigewählte Gemeinschaft.

Vom institutionellen und wirtschaftlichen Zwang befreit, stieg die Zahl der Ehescheidungen. Mit zunehmender finanzieller Unabhängigkeit der Frau verschwand die Notwendigkeit, überhaupt zu heiraten. Damit schwindet unmerklich auch die Bedeutung des Vaters in der Familie. Er wird nicht mehr als Ernährer, Beschützer und Erzieher gebraucht. Wenn die Liebesbeziehung zerbricht, ist es dann in den allermeisten Fällen der Mann und Vater, der die Familie verlässt.

Damit setzt sich die früher erzwungene Vaterlosigkeit, die durch den Krieg bedingt war, in einer »freiwilligen« Vaterlosigkeit fort. Heute fehlt der Vater nicht, weil er im Krieg gefallen ist oder sich in Kriegsgefangenschaft befindet, sondern, weil er gegangen ist. Heute entledigt sich der Vater selbst. Die in der Kriegs- und Nachkriegszeit von außen aufgezwungene Vaterlosigkeit hat sich in unserer Psyche eingenistet. Der einst schmerzlich vermisste Vater ist zu einer Fata Morgana geworden. Wie damals im Krieg stehen heute wieder alleinerziehende Mütter und vaterlose Kinder da.

Solche Wiederholungen sind nicht selten. Neurotische Wiederholungen treten nicht nur individuell, sondern auch auf der kollektiven Ebene auf. Sie treten vor allem auf, wenn früheres Leid nicht ausreichend verarbeitet und früherer Verlust nicht betrauert wurde.

Zusammenfassung: Auswirkungen der Weltkriege

Negative kollektive Folgen	Positive kollektive Folgen	Negative individuelle Folgen	Positive individuelle Folgen
Weltweite Flucht- und Migrationsbewegungen	Stärkung des Friedenswillens der Völker	Not Überforderung Entwurzelung Traumatisierung Verwirrung Verstrickung	Entwicklung von: Überlebenswillen Mut Zivilcourage Mitgefühl Menschlichkeit Güte Mitgefühl Sensibilität Spiritualität
Millionen Tote	Schaffen des Völkerbundes (nach dem Ersten Weltkrieg) und der Vereinten Nationen (nach dem Zweiten Weltkrieg)		
Kollektive Traumata		Angst Traumatisierung posttraumatisches Belastungssyndrom	
Weitergabe der eigenen Traumata an andere Nationen und Völker	Koordination globaler Friedenspolitik	Angstabwehr, die zu Verhärtung, Unmenschlichkeit, Grausamkeit und Sadismus führt	»Wohl-Täter« Helfer-Syndrom Leistungsmotivation (bis hin zur Arbeitssucht)
Familiäre Fragmentierung, Zerstörung und Zerrüttung familiärer Bande	Versöhnung zwischen befeindeten Nationen (z. B. deutsch-französische Freundschaft)		

Negative kollektive Folgen	Positive kollektive Folgen	Negative individuelle Folgen	Positive individuelle Folgen
(Auseinandergerissene Familien, Bindungen und Freundschaften)	Abschaffung des europäischen Kolonialismus	Täter-Opfer-Zyklus (aus Opfern werden erneut Täter)	Suche nach neuen Werten: Frieden Menschenliebe Toleranz Freiheit Gleichheit Bewahrung der Schöpfung
Unterbrechung der familiären Generationsfolge, dadurch massive Belastung und Verwirrung bei den nachfolgenden Generationen	Souveränität für viele außereuropäische Völker Entstehung multikultureller Familienbande Durchmischung verschiedener Ethnien	Orientierungslosigkeit Hilflosigkeit Ohnmacht Eltern fallen aus, Kinder müssen ihre Funktion übernehmen, dadurch Überforderung der Kinder	
Zerstörung gesellschaftlicher Werte und Normen, dadurch: Hinterfragung aller Werte, der Autoritäten und der Tradition, dadurch:	Interkultureller und interreligiöser Austausch	Transgenerationale Weitergabe der Kriegstraumata an die nachfolgenden Generationen	

Negative kollektive Folgen	Positive kollektive Folgen	Negative individuelle Folgen	Positive individuelle Folgen
Revolutionen und Umstürze Teilung der Welt in den Ostblock und den Westen Teilung von Frontstaaten (Deutschland, Korea, Vietnam) Ost-West-Konflikt, Kalter Krieg Atomares Wettrüsten, atomare Bedrohung	Abbau autoritärer, hierarchischer und patriarchalischer Herrschaftsstrukturen (68er Bewegung, Emanzipationsbewegung, Nicht-Regierungs-Organisationen) Stärkung demokratischer Werte wie Freiheit, Gleichberechtigung, Toleranz und Wertepluralismus	Psychische und psychosomatische Störungen (z. B. Depression, Angststörungen, Borderline-Störungen, Burnout, Süchte) Chronische und lebensbedrohliche Erkrankungen (z. B. Herz-Kreislauf-Erkrankungen, Krebs, chronische Schmerzen, Rückenleiden)	

Betrachten wir die Tabelle, werden wir erkennen, dass die Weltkriege zunächst verheerende Auswirkungen hatten, sowohl auf der kollektiven als auch auf der individuellen Ebene. Unzählige Menschen kamen um, andere wurden vertrieben oder erlitten unmenschliche Traumatisierungen. Staaten brachen zusammen, Staatsgrenzen wurden willkürlich verschoben, verbunden mit massenhaften Migrationsbewegungen. Völker wurden geteilt, Familienbande willkürlich durchgeschnitten. Der Ost-West-Konflikt hielt die Welt fast ein halbes Jahrhundert lang im Atem. Immer wieder drohte der Atomkrieg und damit die Vernichtung der Menschheit.

Aus diesem Chaos erwuchs jedoch auch Gutes: Die früheren Kaiserreiche und Monarchien wurden durch demokratisch gewählte Regierungen ersetzt. Autoritäre und patriarchalische Machtstrukturen wurden abgebaut. Der seit dem 15. Jahrhundert währende europäische Kolonialismus wurde abgeschafft. Viele außereuropäische Völker erhielten oder erkämpften sich endlich ihre politische Freiheit und Souveränität. Der Völkerbund, später die Vereinten Nationen wurden als internationale Friedensorganisation geschaffen. Erzfeinde wie Deutschland und Frankreich versöhnten sich.

Die in alle Winde zerstreuten Menschen knüpften über die Kontinente und Ländergrenzen hinweg neue Familienbande. Dadurch ist eine bunte multikulturelle Gesellschaft entstanden, mit allen Problemen, aber auch mit allen Chancen, die damit verbunden sind. (Der heutige religiöse und politische Fundamentalismus ist unter anderem auch eine Reaktion auf diese globale Durchmischung der Kulturen und Traditionen.)

Die Bürger sind insgesamt mündiger, auch widerständiger geworden. Dank des globalen Internets lassen sich Menschen nicht mehr so leicht kontrollieren und manipulieren. Nicht-Regierungs-Organisationen koordinieren ökologische, ökonomische und politische Aktionen in aller Welt.

Die heutige Zeit birgt Chancen und Risiken zugleich. Das größte Risiko besteht darin, dass Männer nicht nur domestiziert, sondern abgewertet und beiseite geschoben werden. Eine Gesellschaft mit lauter Softies ist keine besonders attraktive. Ich sehe die Chance der männlichen Krise darin, dass Männer sich neu besinnen und ihre Rolle in der Paarbeziehung, der Familie und der Gesellschaft neu definieren, indem sie ihre spezifisch männliche Stärke nicht zur Herrschaft und Unterdrückung von Frauen und anderen Männern nutzen, sondern im Aufbau einer gerechteren, toleranteren und menschenfreundlicheren Welt.

Den Krieg abschaffen, indem wir den Krieger in uns kultivieren
Herodot, der als »Vater der Geschichtsschreibung« angesehen wird, schreibt: »*Kein Mann ist so dumm, den Krieg herbei zu wünschen und nicht den Frieden; denn im Frieden begraben Söhne ihre Väter, im Krieg Väter ihre Söhne.*«[9]

Ich würde es noch drastischer ausdrücken: Im Krieg opfern Väter ihre Söhne. Kriege zu führen ist kein Zeichen von Vaterliebe. Liebevolle Väter schicken ihre Söhne nicht in den Krieg. Sie wollen, wie die Mütter, ihre Söhne wohlbehalten wissen. Aber sie können ihre Söhne stark und selbstbewusst machen. *Das ist etwas, was nur Väter können: ihren Söhnen Mut und Selbstbewusstsein beibringen.* Doch dieser Mut sollte nicht die Vernichtung und Demütigung des Gegners zum Ziel haben. Vielmehr geht es darum, männliche Stärke in der Gestalt von Klarheit und Entschlossenheit in sich zu spüren und dies bei Auseinandersetzungen einzusetzen. Ein Mann sollte wehrhaft sein. Er soll seinem Gegenüber Respekt einflößen, sodass dieser nicht wagt, ihn anzugreifen. Wahre Stärke besteht jedoch in der Fähigkeit, mit dem anderen zu verhandeln, das Gespräch und die Verständigung mit diesem zu suchen, und eine für beide akzeptable Lösung zu finden. Sein Ziel sollte ein *Win-Win-* und nicht ein *Win-Lose-*Ergebnis sein. Selbst wenn eine Seite gewinnt und die andere verliert, sollte man sich fair zeigen. Der wahre Sportsmann gratuliert dem Sieger und respektiert den Verlierer, im Bewusstsein, dass beim nächsten Kräftemessen alles wieder offen sein wird.

Dies nenne ich »den Krieger in uns kultivieren«. Ein wahrer Krieger ist einer, der kämpfen kann, der gleichzeitig in sich ruht und den Frieden sucht. In chinesischen Klöstern wird diese Tradition seit Jahrtausenden gepflegt: Die Mönche üben sich in Meditation, Heilkunst und Kampfkunst. Alle drei Disziplinen dienen dem einen Ziel: Das Innere zu stärken, um Gutes zu tun. Wenn man schwach und angreifbar ist, kann man nicht einmal sich selbst schützen, geschweige denn anderen helfen. Wer stark ist und seinem Gegenüber gleichzeitig Achtung und tiefes Verständnis entgegenbringt, wird respektiert und geehrt.

Die Wut in Mitgefühl umwandeln
Im Sommer 2014 besuchte ich zum ersten Mal einen Retreat (einen spirituellen Rückzug) von Thich Nhat Hanh, dem vietnamesischen Zenmönch. Er begann mit einer Zeremonie des Mitgefühls, bei der Nonnen und Mönche einen Gesang an Avalokiteshvara, den Boddhisattva des Mitgefühls anstimmten. Die Zuhörer sollten zunächst ihr eigenes Leid im Herzen spüren und liebevoll annehmen, danach ihr Mitgefühl für das Leid der Menschen, die um sie herum sitzen und dieses schließlich auf die ganze Welt ausdehnen. Nach einigen Minuten kam mir auf einmal, völlig überraschend, das Bild eines Terrorkämpfers im Mittleren Osten, der eine Kalaschnikow hielt. Ich spürte plötzlich das entsetzliche Leid, das er selbst in sich tragen müsste, nach alldem, was er anderen angetan hat. Ich brach in Tränen aus. Ich hatte plötzlich Mitgefühl für diesen Menschen, den ich sonst zutiefst verabscheut und verdammt hätte.

Ich begriff auf einmal, wie tibetische Mönche, die von Chinesen gefoltert werden, statt Hass Mitgefühl für ihre Peiniger empfinden. Ich verstand, wie Nelson Mandela, der über 25 Jahre im Straflager inhaftiert war, der Regierung des Apartheidsregimes die Hand zur Versöhnung ausstrecken konnte. Es ist häufig unsere Wut, die uns zum Täter und Rächer macht. Wenn wir tiefer spüren, werden wir unser eigenes Leid spüren, das unter der Wut liegt. Dieses Leid liebend anzunehmen und in den Arm zu nehmen, wie eine Mutter ihr Kind (so Thich Naht Hanh), wird die Wut transformieren. Dann verlassen wir den ewigen Kreislauf von Opfer- und Tätersein.

Aggressivität, Strenge und autoritäres Verhalten der Väter

Es gibt zwei wesentliche Unterschiede zwischen Männern und Frauen: Der eine betrifft die Fortpflanzung. Der andere betrifft die körperliche Stärke. Männer sind im Durchschnitt größer und muskulöser als Frauen. Diese physische Überlegenheit des Mannes ist biologisch sinnvoll, da die Aufgabe des Mannes in einer Familie darin besteht, die schwereren körperlichen Arbeiten zu übernehmen und Frau, Kinder und Alte gegen Angriffe von außen zu verteidigen.

Die körperliche Überlegenheit des Mannes kann sich jedoch auch destruktiv auswirken, wenn sie sich gegen Frau und Kinder richtet. Aufgrund des höheren Testosteronspiegels im Blut ist der Mann nicht nur kräftiger, sondern auch aggressiver als die Frau. Testosteron bewirkt auch, dass Männer sich weniger in andere hineinversetzen und mitfühlen können. Sie sind selbstbezogener und können ihre Emotionen weniger gut kontrollieren.[10] Demgegenüber sorgt der höhere Östrogenspiegel bei Frauen für mehr Ausgeglichenheit und Gelassenheit. Dadurch sind Frauen generell weniger stressempfindlich als Männer. Sie können in belastenden Situationen gelassener bleiben, auf andere eingehen und ausgleichend wirken.[11]

Wie wirken sich diese unterschiedlichen Verhaltenstendenzen im stressvollen Familienleben aus? Eine alltägliche Szene in einer jungen Familie: Das Baby schreit, das ältere Kind quengelt, das Telefon klingelt, beide Eltern sind erschöpft und das Essen steht noch nicht fertig auf dem Tisch. Was geschieht? Die Mutter wird sich eher bemühen, alle zu besänftigen, während der Vater irgendwann anfängt zu brüllen. Aufgrund seiner geringeren Frustrationstoleranz ist er früher am Ende seiner Geduld. Ihm platzt dann der Kragen und er haut drauf – entweder auf den Tisch oder auf Frau und Kinder.

Dazu eine persönliche Erfahrung: Ich habe meine Frau und meine Kinder nie geschlagen. Trotzdem hat meine Frau mir oft gesagt, dass unsere Kinder Angst vor mir hätten. Das habe ich lange Zeit nicht verstanden. Ich war doch (meistens) freundlich zu ihnen. Wenn mir der Kragen platzte, war es in den meisten Fällen gegenüber meiner Frau. Aber mein Schreien hat ihnen wohl Angst gemacht. Einmal habe ich im Streit mit meiner Frau in Gegenwart unseres kleinen Sohnes ein Küchenmesser auf den Fußboden geworfen. Es entstand eine Kerbe in der Fußbodenkachel, so groß war meine Wut. Unser Sohn erzählt heute noch von diesem Ereignis, das ihm wohl sehr zu schaffen gemacht hat. Ein anderes Mal, als ich in der Küche schrie, kam unsere kleine Tochter zu mir, legte mir die Hand aufs Knie und schaute mir besänftigend in die Augen. Das hat mich sehr beschämt.

In den meisten Fällen, in denen ich aus der Haut gefahren bin, habe ich mich ohnmächtig und überfordert gefühlt. Aber statt dies zuzugeben und um Hilfe zu bitten oder mich zurückzuziehen, habe ich herumgeschrien. Das hat nicht nur meinen Kindern, sondern auch meiner Frau Angst gemacht. Sie hat lange Zeit meine Aggression eingesteckt. Irgendwann hat sie jedoch begonnen, sich gegen meine Attacken zu wehren. Da erst wurde mir bewusst, dass ich zu weit gegangen bin und ihre Grenze überschritten hatte. Das war der Beginn meiner Umkehr. Ich musste lernen, meine Emotionen in Zaum zu halten und tiefer in mir nach den Gründen meiner Wutausbrüche zu suchen. Chinesen können in der Familie äußerst derb miteinander umgehen. Ich kann heute noch die Schreie meiner Mutter hören, wie sie meinen Vater und uns mit Schimpfworten überzog.

Wenn wir solche Erinnerungen in uns wieder lebendig werden lassen, werden wir mit Erschrecken feststellen, wie sehr wir in unseren intimen Beziehungen unseren eigenen Eltern ähneln. Es gibt Zeiten, in denen wir wie eine Kopie unserer Eltern agieren. Gerade das, was wir einst traumatisch erlebt haben, taucht plötzlich wieder auf. Als Kinder haben wir die Traumata tief in uns vergraben. Wir wollten nie so werden wie unsere Eltern. Wir haben uns fest geschworen, ganz anders zu unseren eigenen Kindern zu sein. Und dann reagieren wir in Stresssituationen genauso wie damals, nur mit vertauschten Rollen: Jetzt sind wir die Eltern, die Mächtigen, die außer sich geraten und gewalttätig werden. Es ist eine Reinszenierung der damaligen traumatischen Situation: Das einstige Opfer, das sein Trauma nicht verarbeitet hat, kann später zum Täter werden, wenn es in einer ähnlichen Situation einem Schwächeren gegenübersteht.

Wenn wir erkennen, dass wir heute ähnlich reagieren wie damals unsere Eltern, ist es ratsam, nach therapeutischer Hilfe zu suchen. Ein Therapeut oder eine Therapeutin kann uns durch die früheren traumatischen Erlebnisse hindurch begleiten, sodass wir uns von den damaligen Emotionen, die wir verdrängt haben, befreien können.

Die meiste Gewalt geschieht aus einem Gefühl von Ohnmacht und Hilflosigkeit. Gewalttätige Menschen fühlen sich im Grunde ihres Herzens oft klein, einsam, unverstanden und hilflos. Schwäche gegenüber den eigenen Kindern zu zeigen, kann uns sehr beschämen. Wir wollen als Eltern, vor allem als Väter souverän sein. Wir hätten gerne alles im Griff. Wir haben Angst, ihre Achtung zu verlieren, wenn wir uns hilflos zeigen. Deshalb versuchen wir, unsere Scham durch eine coole Fassade, durch Imponiergehabe oder eben durch Gewalt zu verstecken. Damit bauen wir aber eine Barriere zwischen uns auf. Wir sind für sie nicht mehr berührbar. Wir sind nicht mehr echt. Kinder besitzen aber ein untrügerisches Gefühl für Echtheit. Mit unserer Fassade verbergen wir zwar unsere Scham vor unseren Kindern, aber wir stehen nicht mehr in persönlichem Kontakt mit ihnen. Wir hätten sie verloren und sie hätten uns verloren.

Außerdem zementiert ein Gewaltverhältnis das Ungleichgewicht zwischen Eltern und Kindern. Hier die Eltern, die das Sagen haben, dort die Kinder, die zur Gehorsam und Ohnmacht verdammt sind. Dies unterminiert auf lange Sicht die Eltern-Kind-Beziehung. Das eine Kind rebelliert. Das zweite macht sich aus dem Staub, sobald es volljährig wird. Das Dritte resigniert und läuft mit gebrochenem Rückgrat herum. In allen drei Fällen verlieren wir den persönlichen Kontakt zu unseren Kindern.

Was können wir stattdessen tun? Wir können unseren Stolz überwinden und ihnen gestehen, dass wir uns falsch verhalten haben; dass es uns gerade schlecht geht; dass wir eine Auszeit brauchen. Wir können zugeben, dass wir auch keinen Rat wissen. Manchmal können die Kinder uns sogar weiterhelfen. Dies schwächt nicht unsere Autorität als Eltern. Kinder können gut zwischen echter und falscher Autorität unterscheiden. Sie akzeptieren eine Autorität, die authentisch ist. Wir müssen ihnen nichts vorspielen. Dann ist die Kommunikation zwischen uns und unseren Kinder wieder frei. Nähe ist wieder möglich.

Männlicher und weiblicher Narzissmus

Das größte Hindernis für ein positives männliches Selbstwertgefühl besteht darin, dass ein Mann versucht, jemand anders zu sein als er ist. Der narzisstische Größenwahn, den wir bei vielen Männern beobachten können, dient der Kompensation ihrer Minderwertigkeitsgefühle. Ein narzisstischer Mann *muss* sein eigenes Ich immer in den Vordergrund stellen, weil er sonst Angst hätte, nicht beachtet zu werden und unterzugehen. Um nicht in Bedeutungslosigkeit zu versinken, braucht er ständig die Bewunderung anderer. Um nicht ohnmächtig dazustehen, muss er sich mit aller Gewalt Respekt verschaffen: Wenn die anderen ihn schon nicht bewundern, sollen sie ihn wenigstens fürchten. Ständig ist er darauf bedacht, sein brüchiges Selbstwertgefühl hochzuhalten: »Ich, ich, ich!«

Zum männlichen Aufgeblasensein gehört spiegelbildlich die Bereitschaft der Frau, den Mann zu bewundern oder zu fürchten. Weiblicher Narzissmus beruht im Grunde auf dem gleichen Minderwertigkeitsgefühl wie beim männlichen Narzissmus. Nur versucht die Frau, ihr niedriges Selbstwertgefühl dadurch zu kompensieren, indem sie sich einem Mann an den Hals wirft, den sie bewundern (und fürchten) kann. Denn in der patriarchalischen Gesellschaft gilt eine Frau alleine nichts. Sie gewinnt erst an der Seite eines angesehenen Mannes an Wert und Status. Sie leiht sich sozusagen von ihm ihren Eigenwert, so wie er sich im Lichte ihrer Bewunderung und ihrer Furcht sonnt. Auf diese Weise ergänzen sich männlicher und weiblicher Narzissmus.[12]

Der narzisstische Mann braucht nicht nur seine Partnerin, um sich überlegen und mächtig zu fühlen. Zu ihr gesellen sich die gemeinsamen Kinder. Diese eignen sich hervorragend zur Aufrechterhaltung seines Selbstwertgefühls. Denn sie sind noch stärker von ihm abhängig, sind ihm körperlich und geistig unterlegen und sind ihm zumindest in den Anfangsjahren ausgeliefert. An ihnen kann er sich in seiner Macht und Autorität beweisen. Auch die Frau wird stärker vom Mann abhängig, wenn sie Kinder bekommt. Sie muss ihre eigene Berufstätigkeit reduzieren oder aufgeben, um für die Kinder zu sorgen. Dadurch ist sie finanziell auf ihn angewiesen. Außerdem wird sie ihn nicht so leicht verlassen können, weil sie dann entweder die Kinder mitnehmen oder bei ihm zurücklassen müsste: Kinder werden in diesem Fall leicht zu Geiseln.

In unseren Tagen zerbröckelt der männliche Narzissmus jedoch zunehmend. Was früher als maskulin galt – sich hart machen, Zähne zusammenbeißen, drauf schlagen und sich durchsetzen –, hat sich in der zivilen Gesellschaft als brüchige Fassade entlarvt. Wo Männer früher in Ehekonflikten auf ihre physische Überlegenheit und die ökonomische Abhängigkeit ihrer Frauen zählen konnten, sehen sie sich heute mit selbstbewussten Partnerinnen konfrontiert, die finanziell auf eigenen Füßen stehen können und, wenn es darauf ankommt, bereit sind, den Mann zu verlassen und die Kinder mitzunehmen. Das bedeutet, dass Männer sowohl im Privatleben als auch in Politik und Gesellschaft lernen müssen, sich mit ihrem Gegenüber als gleichberechtigte Partner zu verständigen.

Die Liebe und Anerkennung durch den Vater
Dies setzt ein gesundes Selbstbewusstsein voraus. Daher ist das Wichtigste für einen Mann, am eigenen Selbstwertgefühl zu arbeiten. Ein gutes männliches Selbstbewusstsein hat als Kernbotschaft das, was ein guter Vater seinem Sohn sagt: *»Du bist in Ordnung. Ich liebe und schätze Dich – so wie Du bist!«*

Eine solche OK-Botschaft gilt uneingeschränkt und bedingungslos. Sie ist unabhängig von Leistung, Verdienst oder Status. Denn sie ist auf die *Person* des Sohnes ausgerichtet: »So wie Du bist, bist Du OK.« Er muss nichts Anderes sein als er selbst. Er muss sich nicht anstrengen oder verbiegen, um sich die Liebe und Anerkennung des Vaters zu verdienen. Er kann schlicht und einfach er selbst sein.

Zu sich selbst zurückkehren, in sich selbst seine Heimat finden, ist das Wichtigste, was ein Mann für sich und seine Umwelt tun kann. Wenn ein Mann sich selbst genügt, wenn er sich wertschätzen kann, dann muss er sich und anderen nicht ständig beweisen, wie großartig er ist. Sich selbst zu lieben ist das beste Heilmittel für den männlichen Narzissmus.

III. VORBEREITUNG AUF DIE VATERSCHAFT

Wozu Kinder? Über den Sinn des Vaterwerdens

Ein Cartoon: Charly Brown liegt mit seinem Hund Snoopy auf der Couch. Da kommt seine Schwester Sally herein und sagt: »Diese Dose Hundefutter kostet neunundachtzig Cent. Dieses tiefgefrorene Essen für dich heute Abend kostet drei Dollar fünfzig – Mami und Papi sollten dich gegen einen Hund eintauschen!« Charly Brown schaut Snoopy an und sagt: »Lach nicht so doof!«[13]

Auf der Straße begegne ich immer mehr jungen Menschen mit ihren Kleinsthunden, auch *Pocket Dogs* genannt. Sehr praktisch. Diese passen in eine Handtasche, können mühelos im Auto, im Zug oder im Flugzeug mitgenommen werden, und wenn sie nach 10 Jahren beginnen, alt und gebrechlich zu werden, kann man sie einschläfern lassen und einen neuen kaufen. Ein perfekter Kinderersatz. Und viel billiger als ein Kind!

Es gehen auch junge Eltern mit ihrem Kinderwagen an mir vorbei. Viele sehen gestresst und unausgeschlafen aus. Warum haben sie sich bloß ein Kind statt eines Hundes angeschafft? Ein Kind großzuziehen verschlingt doch Unsummen an Geld. Wo ein Paar es gerade noch schafft, ihre Kinder durchzufüttern, hat das kinderlose Paar nebenan ihren Luxusbungalow gebaut und ein schickes Cabriolet vor die Tür gestellt. Außerdem: Kinder zu haben braucht Zeit, die man nicht hat, ein beständiges Zuhause, das die berufliche Mobilität einschränkt, und einen Partner oder eine Partnerin, den/die man nicht so ohne Weiteres auswechseln kann.

Wozu also Kinder heute? Nach rein ökonomischem Gesichtspunkt lohnen sich Kinder nicht. Ist es bloß Sentimentalität, sich Kinder zu wünschen? Wieso will man/frau das schöne flotte Leben aufgeben, um Familie zu haben?

Was gewinnt ein Mann, wenn er Vater wird?
- Ein Zuhause
- Liebe und Intimität
- Kinder und Enkelkinder, die er liebt und die ihn lieben
- Durch das familiäre Vernetzt- und Eingebundensein ist man nie mehr alleine.
- Das Leben bekommt einen Sinn und eine klare Ausrichtung.
- Das Älterwerden wird zu einem natürlichen Vorgang, wenn man sieht, wie Kinder und Enkel groß werden.
- Im Alter erfährt man mehr persönliche Fürsorge (materiell, pflegerisch und emotional).
- Man wird erwachsen.
- Das Leben wird real. Idealistische Vorstellungen und die Illusion von Machbarkeit und Kontrolle fallen ab.
- Man bekommt die Chance, die eigene Kindheit zu verarbeiten, indem man sich in seinen Kindern widergespiegelt sieht.
- Man wird dankbarer, bescheidener und demütiger den eigenen Eltern gegenüber.
- Man bekommt die Chance, es anders zu machen als die Eltern.
- Man macht die Entdeckung, dass das Leben nicht linear, sondern zirkulär verläuft, in einer größer werdenden Spirale, ohne Anfang, ohne Ende.
- Damit entwickelt sich eine natürliche Spiritualität.
- ... und nebenbei bekommt man auch noch die Bestätigung der eigenen Zeugungsfähigkeit, die etwas ganz Anderes ist als sexuelle Potenz.

Erik Erikson, der bedeutendste Forscher des Lebenszyklus, hat drei wesentliche Entwicklungsstufen im Erwachsenenalter definiert. Diese sind *Intimität, Generationsfolge/Generativität* und *Integrität.*

Intimität und Beziehungsarbeit: Dem ersten großen Thema des Erwachsenseins, der *Intimität,* begegnen wir in der Partnerschaft: Sind wir bereit, uns voll auf eine einzige Person einzulassen, oder haben wir Angst vor Nähe? Ist unsere Liebe stark genug, um Konflikte und Differenzen durchzustehen?

Angst vor Nähe ist jedoch nicht nur ein individuelles Problem, sie wird auch sozial erzeugt und geprägt: In einer Welt, in der Erfolg, Jugendlichkeit und Spaßhaben zu den wichtigsten gesellschaftlichen Werten erhoben werden, werden intime Beziehungen immer mehr in den Dienst kurzfristigen Vergnügens gestellt. Daran zerbrechen viele Beziehungen, weil wir nicht gelernt haben, an einer intimen Beziehung zu arbeiten.

Generativität – Kinder bekommen, Eltern werden: Die Etablierung einer intimen Beziehung ist auch deshalb wichtig, weil sie die Voraussetzung für die nächste Lebensstufe bildet: die *Generationsfolge* oder *Generativität.* Wir erreichen diese, wenn wir Kinder bekommen und Eltern werden.

Das Thema der Generativität droht in unserer Zeit immer mehr in Vergessenheit, ja in Verruf zu geraten. Zu behaupten, dass die Erfahrung, Eltern zu sein, für die Entwicklung einer reifen Persönlichkeit notwendig sei, wird in einer immer mehr von Singles und kinderlosen Paaren dominierten Welt von vielen nicht gerne gehört. Es könnte einen an den Mangel, der unter der Maske von Fröhlichkeit und Gut-drauf-Sein verborgen liegt, erinnern.

Eine kinderfreie oder kinderarme Gesellschaft hat aber nicht nur aus biologischer Sicht keine Zukunft, sie hat auch keine *Hoffnung* mehr. Sie arbeitet nicht mehr auf eine bessere Zukunft für die Kinder und Kindeskinder hin, sie kann sich nur noch, in narzisstischer Eigenliebe eingesponnen, um sich selbst drehen. Eindrücklich ist mir nach der Reaktorkatastrophe in Tschernobyl 1986 der Ausspruch eines Mannes in Erinnerung geblieben: »Ich habe keine

Angst vor der Radioaktivität. Bis die paar radioaktiven Isotope, die über uns abgeregnet sind, bei *mir* wirken, bin ich schon längst tot!« Er hatte keine Kinder.

Integrität und spirituelle Entwicklung: Nach alter hinduistischer Lehre besteht unser Lebenszyklus aus drei Stadien. In der Jugend ist man ein Lernender. Im jungen und mittleren Erwachsenenalter gründet man eine Familie, zieht Kinder auf und erfüllt seine gesellschaftlichen Aufgaben. Im dritten und letzten Abschnitt legt man die weltlichen Verpflichtungen nieder, übergibt sie der nächsten Generation und geht auf Wanderschaft: auf die Suche nach dem Lebenssinn, nach dem höheren Selbst. Dies entspricht der Stufe der *Integrität* bei Erikson beziehungsweise der *Individuation* bei C. G. Jung.

An diesen Entwicklungsstufen wird uns deutlich: Familie zu leben, unsere Funktion als Kinder *und* als Eltern (oder, wenn wir kinderlos sind, eine entsprechende elterliche Funktion etwa als MentorIn, SupervisorIn oder LehrerIn) zu erfüllen, gesellschaftliche Verantwortung auch für den Fortbestand des Lebens zu übernehmen, ist ein wesentlicher Schritt auf dem Weg zur spirituellen Reife. Sie kann nicht übersprungen werden.

Die Entwicklung eines Jungen von der Geburt bis zur Vaterschaft

Das Erlernen von Intimität und Bindungsfähigkeit
Intimität ist etwas, das jeder Mensch von der ersten Sekunde seines Lebens an lernt. Die psychische Entwicklung eines Jungen zum Vater beginnt bereits mit der Beziehung zwischen seinen Eltern: Lieben sich die Eltern? Wollen sie ein gemeinsames Kind? Ist das Kind erwünscht? Ein Kind braucht nicht viel, um sich wohl zu fühlen. Wenn seine Bezugspersonen es lieben und seine Grundbedürfnisse nach Schutz und Nahrung ausreichend befriedigen,

erwirbt es ganz automatisch die Fähigkeit, als Erwachsene/r das eigene Kind anzunehmen und zu lieben.

In der *Bindungstheorie*, die vom britischen Psychoanalytiker John Bowlby formuliert und von seiner Kollegin Mary Ainsworth durch die Beobachtung von Müttern mit ihren Kindern empirisch überprüft wurde, gibt es *vier Bindungsqualitäten*:

1. *Die sichere Bindung:* Sicher gebundene Menschen haben als Kind Bezugspersonen gehabt, die angemessen auf sie eingingen und verlässlich waren. Diese konnten die Signale des Kindes richtig deuten (diese Fähigkeit wird *Feinfühligkeit* genannt) und ihm geben, was es brauchte. Sie waren da, wenn das Kind Nähe brauchte. Sie ließen es aber auch in Ruhe, wenn es allein für sich spielen wollte.

Sicher gebundene Menschen haben Selbstvertrauen und können auf eigenen Beinen stehen. Gleichzeitig gehen sie gerne und vertrauensvoll intime Beziehungen ein. Selbständigkeit und Bindung sind für sie kein Gegensatz: sie können ihr Leben gut für sich führen und können gleichzeitig Nähe und Intimität genießen. Sie können ihren eigenen Kindern die Pflege und Zuwendung geben, die sie selbst in ihrer Kindheit erhalten haben.

2. *Unsicher-vermeidende Bindung:* Unsicher-vermeidend gebundene Menschen wurden als Kinder viel allein gelassen. Sie haben erfahren, dass keiner für sie da war, dass ihre Bezugspersonen nicht an ihnen interessiert waren oder keine Zeit für sie hatten. Sie haben gelernt, mit ihrem Leben allein fertig zu werden – äußerlich erscheinen sie als »pflegeleicht«, innerlich leiden sie unter ihrer Einsamkeit, haben aber davor resigniert, jemals jemanden zu finden, der sich für sie interessiert. Sie fühlen sich nicht liebenswert.

Menschen mit einer unsicher-vermeidenden Bindung gehen später höchstens Vernunftsbeziehungen ein. Viele bleiben Singles. Manche heiraten, weil es sozial erwünscht ist, oder aus Pflichtgefühl, weil sie ein Versprechen abgegeben oder ein Kind gezeugt haben. Das sind die »Schattenväter« oder die überbeschäftigten

Mütter, die äußerlich viel für ihre Kinder tun, aber innerlich abwesend sind. Nähe macht ihnen Angst.

3. *Unsicher-ambivalente Bindung:* Unsicher-ambivalent gebundene Menschen wuchsen mit unsicheren und bedürftigen Müttern auf. Das Kind spürt, dass es sich nicht auf die Mutter verlassen kann. Daher muss es sie permanent im Auge behalten. Es registriert ihre kleinsten Stimmungsschwankungen. Es lernt, sich an sie anzupassen, damit es zumindest ein wenig Aufmerksamkeit bekommt. Mit der Zeit wird es völlig abhängig von der Mutter, es klammert sich an sie, ohne sich wirklich sicher zu fühlen.

In ihren späteren Beziehungen klammern sich unsicher-ambivalent gebundene Menschen an ihren Partner, später an ihre Kinder. Ihr Lebensziel ist die allumfassende Symbiose – aber diese ist illusionär, weil sie eine gute Symbiose nie erfahren haben. Sie zwingen den Partner und die Kinder dazu, immer da zu sein und sich ständig um sie zu kümmern, ohne dass sie je satt werden.

4. *Desorganisierte oder desorientierte Bindung*: Desorganisiert bzw. desorientiert gebundene Menschen wuchsen mit schwer gestörten Müttern auf, die traumatisiert, psychisch krank oder drogen- beziehungsweise alkoholabhängig waren. Das Kind wird von der Mutter entweder misshandelt und missbraucht, oder es bekommt die namenlose Angst einer traumatisierten Mutter ständig mit.

Desorientiert gebundene Menschen haben es schwer, später eine intime Beziehung aufzubauen. Wenn sie eine Partnerschaft eingehen, löst die Nähe alte traumatische Ängste von früher aus. Sie greifen dann ihren Partner, später ihre Kinder an, weil sie in ihnen den bedrohlichen Feind sehen. Eine Psychotherapie ist in solchen Fällen dringend erforderlich.[14]

Wenn wir diese vier Bindungsqualitäten anschauen, wird uns klar, wie unsere Kindheit unser späteres Verhalten in der Liebe und der Familie prägt. Viele Partnerschaftskonflikte wie Angst vor Nähe, Gewalt oder Untreue in der Ehe werden auf diesem Hintergrund verständlich. Die betroffenen Menschen sind oft unter Bedingungen aufgewachsen, die eine sichere Bindung erschwert oder unmöglich gemacht haben, zum Beispiel wenn das Kind unerwünscht war, die Eltern sich früh getrennt haben, der Vater gefehlt hat, die Mutter depressiv war, ein krankes Geschwister zu versorgen war, beide Eltern im Geschäft eingespannt waren, die Kinder misshandelt oder missbraucht wurden, chaotische familiäre oder soziale Zustände geherrscht haben.

> **Fallbeispiel:** Warum ein Mann nicht ja sagen kann zum Kinderwunsch seiner Freundin
> *Ein Mann in seinen Dreißigern kann nicht ja sagen zu dem Kinderwunsch seiner Freundin. Er sagt: Er sei nicht frei. Er hat aus einer früheren Beziehung bereits einen Sohn, der bei dessen Mutter lebt. Bei der Aufstellung streckt sein Sohn die Hand nach ihm aus. Der Klient schaut aber gar nicht zu seinem Sohn, sondern windet sich vor schlechtem Gewissen vor seiner aktuellen Freundin, die ihn inständig bittet, zusammen ein Kind zu bekommen. Der Therapeut stellt nun, parallel dazu, den Klienten als Kind mit seinen Eltern auf der anderen Seite des Raumes auf. Sein kindliches Ich möchte zu seiner Mutter, aber seine Mutter dreht sich von ihm weg und schimpft auf den Vater: Dieser solle sich um den Sohn kümmern. Der Vater ist jedoch lieber beruflich beschäftigt.*
>
> *Der Therapeut führt den Klienten zu seinem Kind-Ich, das nach der Mutter weint. Der Klient fühlt aber nichts. Daraufhin stellt der Therapeut sein weinendes Kind-Ich hinter ihn. Da fasst sich der Klient ans Herz und sagt, er müsse sich vor irgendeinem Gefühl schützen. Sein Kopf beugt sich langsam herunter. Der Therapeut bittet ihn, seiner Körperbewegung zu folgen. Er krümmt sich zusammen und geht langsam in die Hocke. Er sagt, er befinde sich in einer dunklen Höhle. Er sei zwar alleine, aber nicht unzufrieden.*

Der Therapeut deutet dies als eine embryonale Stellung: Er hockt im Uterus, ist umschlossen von der Mutter, aber sie ist seelisch nicht bei ihm. Er ist in sich abgeschlossen, in einer Art schizoider Haltung (»schizoid« nennen wir die innere Haltung eines Menschen, der ganz für sich alleine lebt, weil er als Kind Vernachlässigung oder Ablehnung erfahren hat). Daher bittet ihn der Therapeut, im Gedanken seiner Mutter ein Signal zu senden: »Mama, wo bist du?«

Die bisher abgewandte Mutter dreht sich nun langsam zu ihm, kommt näher, schaut das kauernde Kind vor ihr an und streckt ihm langsam eine Hand aus. Er ergreift ihre Hand und hält sich fest. Die andere Hand hält er immer noch über seinem Herzen. Nun fängt der Mann endlich zu weinen an. Er weint und hält sich an der Mutter fest. Seine Mutter legt eine Hand auf seinen Kopf. Er streckt langsam die Beine und richtet sich auf. Es sieht fast so aus, als werde er geboren (mit der Streckung der Beine und des Kopfes, der bei der Geburt vorangeht). Schließlich steht er vor der Mutter, die ihn hält. Er legt ihre Hand nun auf sein Herz. Er wird ruhiger.

Sein eigener Sohn hat angefangen, ungeduldig mit den Füßen auf den Boden zu tapsen. Der Therapeut bittet den Klienten, dem Sohn zu sagen: »Ich brauche noch Zeit. Bitte habe noch etwas Geduld, bis ich ganz bei meiner Mutter angekommen bin.«

Nun schaut der Klient (mit seiner Mutter hinter sich, die ihn immer noch hält) auf seine jetzige Partnerin, die sehnsüchtig nach ihm schaut. Der Klient bittet sie ebenfalls zu warten, bis er ganz bei seiner Mutter angekommen ist. Vorher könne er noch nicht mit ihr ein eigenes Kind bekommen.

Die Partnerin sieht immer noch sehnsüchtig aus. Da sie so kindlich allein dasteht, schlägt ihr der Therapeut vor, ihre Mutter hinter sie zu stellen. Als sich aber eine Stellvertreterin für ihre Mutter ihr von hinten nähert, schubst sie diese weg.

Da wird es klar, weshalb sie so verzweifelt Mutter sein möchte:

Sie lehnt ihre eigene Mutter ab und möchte selber eine bessere Mutter werden. Der Klient erkennt nun die Widersprüchlichkeit in dem Kinderwunsch seiner Partnerin. Er kann ihr nun ihr eigenes Mutterproblem lassen und selber schauen, dass er von seiner eigenen Mutter die Bemutterung bekommt, die er braucht.

Kommentar: In dieser Aufstellung wird deutlich, wie die schwierigen Mutterbeziehungen beider Partner sie daran hindern, ein gemeinsames Kind zu bekommen. Der dringende Kinderwunsch der Frau resultiert aus ihrem ungelösten Konflikt mit ihrer Mutter, während ihr Partner sich noch wie ein ungeborenes Kind fühlt, das erst einmal von seiner eigenen Mutter angenommen zu werden braucht.

Nachtrag: Der Klient meldete sich nach einem Jahr wieder und sagte freudig, seine Partnerin sei schwanger.

Schwierige Familienkonstellationen in der Kindheit: Es gibt bestimmte Familienkonstellationen, die ein Kind besonders stark an die Herkunftsfamilie binden. Dadurch fühlt sich das Kind nicht mehr frei und hat Schwierigkeiten, eine eigene Partnerschaft und Familie aufzubauen. Dies betrifft besonders solche Familien, in denen wichtige Familienmitglieder fehlen oder ausgefallen sind. Das Kind wird dann in deren Position wie durch ein Vakuum hinein gezogen, um sie zu ersetzen.

Ödipale Bindung: In einer *ödipalen Beziehung* steht der Sohn zu nahe bei der Mutter, weil die Mutter den Vater nicht liebt oder weil der Vater durch äußere Umstände (Arbeit, Krieg, Krankheit oder frühen Tod) fehlt. Manchmal liebt die Mutter einen anderen Mann, den sie nicht bekommen konnte. Dann fehlt ihr der Liebespartner. Um diese Lücke auszufüllen, stellt sich der Sohn an die Seite der Mutter. Manchmal ist die Mutter an ihren eigenen Vater gebunden. Das heißt, sie befindet sich selbst schon in einer ödipalen Beziehung zu ihrem eigenen Vater. In ihrer Ehe lehnt sie dann ihren eigenen Mann unbewusst ab und zieht stattdessen ihren Sohn an sich. Der auf solche Weise ödipal an seine Mutter gebundene Sohn wird später als Erwachsener seine Ehefrau ebenfalls nicht ganz als Partnerin annehmen können (weil die Mutter bereits an erster Stelle in seinem Herzen steht). Stattdessen bindet er seine Tochter an sich. Auf diese Weise wird die ödipale Bindung von Generation zur Generation weitergegeben, vom Mutter-Sohn an die Vater-Tochter, von der Vater-Tochter an den nächsten Mutter-Sohn.

Parentifizierung: Etwas Ähnliches passiert, wenn der Mutter oder dem Vater ein Elternteil fehlt. Wenn zum Beispiel der Großvater im Krieg gefallen ist und die Mutter vaterlos aufgewachsen ist, trägt sie eine tiefe Vatersehnsucht in sich. Wenn sie einen Sohn bekommt, spürt dieser die Bedürftigkeit der Mutter und sorgt wie ein liebevoller Vater für sie. Ein solches »Beeltern« der eigenen Eltern nennen wir *Parentifizierung*. Ein parentifiziertes Kind übernimmt die Elternrolle für seine Eltern. Durch diese frühe Verantwortung muss es zu früh erwachsen werden. Später kann es sich als Erwachsene/r nicht vom Elternhaus lösen und eine eigene Partnerschaft und Familie aufbauen.

Dazu kommt, dass ein parentifiziertes Kind selbst zu wenig elterliche Liebe erfahren hat. Daher kann es später seine eigenen Kinder nur schwer beeltern. Selbst wenn es seine Kinder liebt, hat es nicht das elterliche »Handwerkzeug« von seinen eigenen Eltern erlernt. Dadurch »vererbt« sich der Mangel an Väterlichkeit beziehungsweise Mütterlichkeit leicht von einer Generation zur nächsten, solange die Betroffenen nicht therapeutische Hilfe in Anspruch nehmen.

Fallbeispiel: Lösung einer ödipalen Beziehung zwischen Mutter und Sohn

Eine ältere Frau fragt sich, ob die Tatsache, dass ihr erwachsener Sohn keine Partnerin und Familie hat, etwas mit ihr zu tun haben könnte. Sie hat zwei Kinder, einen Sohn und eine Tochter, ein absolutes Wunschkind. Den Sohn hat sie vorehelich während ihres Studiums bekommen, eine Katastrophe für ihre katholische Familie. Sie hat den Sohn nach seiner Geburt zu ihrer Mutter gegeben. Später heiratete sie den Vater des Sohnes und nahm den Sohn wieder zu sich. Sie bekam dann noch eine Tochter. Diese war drei Monate lang ein Schreikind.

Als der Sohn in die Pubertät kam, trennte sie sich von ihrem Mann. In dieser Zeit hatte sie ihre Probleme mit dem Sohn besprochen. Er war ihr Vertrauter und sehr verständnisvoll. Dann hat sie wieder geheiratet, und zwar ihren Jugendfreund. Er war ihre große Liebe, aber sie durfte ihn nicht heiraten, weil er evangelisch war.

Zur Familiengeschichte: Ihr Großvater war Offizier im Zweiten Weltkrieg. Der Vater, Ältester von mehreren Kindern, sollte eigentlich Priester werden. Am Ende seines Theologiestudiums hat er jedoch nicht Priester werden wollen und heiratete stattdessen die Mutter, die aus evangelischem Haus kam, aber zum katholischen Glauben konvertierte.

Bei der Familienaufstellung kam heraus, dass der Großvater als Wehrmachtsoffizier im Zweiten Weltkrieg Schuld auf sich geladen hat. Zur Sühne sollte deshalb sein Sohn, der Vater der Klientin, Priester werden. Der Vater gibt dem Großvater deshalb einen Stein für diesen Auftrag. Danach kann er seine Tochter endlich wahrnehmen (vorher hat er nur seinen Enkel, aber nicht seine Tochter gesehen). Die Tochter hat sich immer nach der Liebe ihres Vaters gesehnt. Nun sinkt sie vor ihm auf den Boden und lässt sich von ihrem Vater halten.

Sie erkennt, dass sie aus Sehnsucht zu ihrem Vater das Gleiche getan hat: Ihr erster Partner, den sie liebte, war evangelisch (wie

ihre Mutter). Aber sie durfte ihn nicht heiraten, da ihr Freund nicht bereit war zu konvertieren. Nachdem sie nun endlich bei ihrem Vater angekommen ist, bittet sie ihn, diesen ersten Freund nehmen zu dürfen, auch wenn er evangelisch ist. Der Vater gibt ihr seinen Segen und sagt: »Das ist ein guter Mann für dich.«

Die Klientin bittet nun ihren Ex-Mann, den sie heiratete, nachdem sie sich von ihrem ersten Freund hat trennen müssen, um Verzeihung, dass sie ihn nicht geliebt hat. Sie dankt ihm, dass er ein guter Vater für ihre beiden Kinder gewesen ist. Ihr Ex-Mann akzeptiert ihr Entschuldigung. Nun können sie endlich gemeinsam Eltern für ihre Kinder sein.

Der Sohn, der die ganze Zeit zugeschaut hat, bricht zusammen, als er erkennt, dass die Mutter den Vater nie geliebt, aber ihn, den Sohn, dazu benutzt hat, um sich bei ihm auszuweinen. Er gibt ihr zwei große Steine zurück, einen für das nicht Bemuttertwerden, als er klein war (sie hat ihn an die Großmutter abgegeben), und einen zweiten dafür, dass sie ihn als Vater- und Partnerersatz benutzt hat. Die Mutter bedauert dies sehr und nimmt den Sohn in den Arm, zusammen mit ihrem Mann. Sie sagt ihm: »Du bist mein Sohn, du bist richtig. Dein Vater ist auch der richtige Vater für dich. Was zwischen deinem Vater und mir war, das lösen wir selbst. Das muss dich nicht belasten.« Der Sohn kann nun endlich Kind sein. Es wird klar, weshalb er bisher keine eigene Partnerin finden konnte: Er war noch zu sehr an seine Mutter als Vater- und Partnerersatz sowie als Trostspender gebunden.

Es wird auch verständlich, weshalb ihre Tochter ein Schreikind war. Als es offensichtlich wurde, dass die Mutter eigentlich einen anderen Mann liebte als den Vater, wurde es der Tochter eng um den Hals – als müsste sie schreien.

Adoleszenz oder Junggesellenzeit – die Vorbereitungszeit fürs Vatersein

Zwischen der Geschlechtsreife in der Pubertät und dem Erwachsenenalter liegt die Phase der *Adoleszenz*. Dies ist die Zeit, in der der junge Mann das Elternhaus verlässt und in die Welt hinausgeht. Es ist die Zeit der Wanderjahre, die Zeit, in der der Jüngling »seine Hörner abstößt«. Diese Redewendung bezieht sich auf ein altes studentisches Aufnahmeritual, in dem der als Bock verkleidete Neuling die Hörner an einer Tür abstoßen muss, um seine tierischen Instinkte symbolisch hinter sich zu lassen.[15]

Diese »tierischen Instinkte« beziehen sich auf die starken *sexuellen und aggressiven Energien*, die den Pubertierenden mit aller Macht überfallen. Die mächtigen Triebkräfte treiben ihn hinaus in die Welt. Groß und muskulös geworden, muss er, wie ein junger Hirsch, in einem neuen Revier den Gebrauch der ihm neu erwachsenen »Hörner« lernen.

Zu dieser Zeit braucht er die Führung erfahrener Männer, die ihn im Gebrauch seines Körpers und seiner sexuellen Potenz anleiten und begleiten. Daher spielt der sportliche Wettkampf und auch Kampfsport eine so wichtige Rolle in diesem Alter. Auch die Unterweisung in die Kunst der Liebe ist wichtig. In früheren Zeiten gingen Väter mit ihren heranwachsenden Söhnen zu Kurtisanen, um sie in die Kunst der Liebe einführen zu lassen. Heute werden Heranwachsende im Internet mit Pornos überschwemmt, die ihnen ein oft pervertiertes Bild von Sexualität vermitteln.

Da beides, der Bordellenbesuch wie die Pornografie, mit der Ausbeutung von Frauen zu tun hat, müssen wir uns fragen, wie eine angemessene Einführung in die Sexualität heute aussehen könnte. Hier liegt eine große Aufgabe für ältere Männer. Ich habe persönlich die Erfahrung gemacht, dass *Männergruppen* gut geeignet sind, um die Erfahrungen, die man im Laufe eines Männerlebens macht, mit anderen Geschlechtsgenossen zu teilen. Das gegenseitige Verständnis und Mitgefühl ermöglicht uns, auch schambesetzte Bereiche unseres Innenlebens anzuschauen. In meiner Männergruppe waren wir erstaunt darüber, wie ähnlich unsere ersten sexuellen Erfahrungen waren. Wenn wir mit anderen Männern unsere sexuellen Wünschen und Phantasien, wie obskur oder pervers sie auch sein mögen, austauschen können, werden wir entdecken, dass hinter all dem das Grundbedürfnis nach Liebe, Intimität und Glück steht. Wir finden dann Wege, unsere tiefsten Bedürfnisse und Sehnsüchte gegenüber einer Frau, die wir lieben, auszudrücken, statt sie suchtartig auf Frauen verachtende Weise auszuagieren. Dann vereinen sich Liebe und Sexualität.

Die *Abnabelung vom Elternhaus* stellt den entscheidenden Schritt im Erwachsenwerden dar: Zum ersten Mal ist der junge Mann nicht mehr abhängig von den Eltern. Niemand wacht mehr darüber, wann er aufzustehen und wann er ins Bett zu gehen hat. Er ist endlich sein eigener Herr. Wenn er dann auch noch sein erstes Geld verdient und nicht mehr vom finanziellen Zuschuss der Eltern abhängig ist, hat er endlich das Gefühl, auf eigenen Füßen zu stehen und richtig erwachsen zu sein.

Gleichzeitig spürt der junge Mann, wie einsam es in der Fremde sein kann, fern von der vertrauten Heimat. Was macht er am Feierabend oder am Wochenende? Jetzt liegt es an ihm, sich um neue Kontakte zu kümmern und *ein eigenes soziales Umfeld* zu etablieren. Er muss aus dem Haus gehen, um reale Kontakte zu finden. Er ist wie eine junge Pflanze, die sich auf fremdem Boden neu verwurzeln und akklimatisieren muss, um langsam heimisch zu werden.

Nun ist die Zeit für den jungen Mann gekommen, bleibende *Freundschaften* zu begründen. Anders als Kindheit- und Jugendfreunde, die oft durch Nachbarschaft oder Elternkontakte gestiftet werden, sind die Freundinnen und Freunde, die man als junger Erwachsener gewinnt, von ähnlichen Neigungen und Interessen geprägt. Freundschaften sind, neben der Lebenspartnerschaft, die einzigen Beziehungen, die wir frei wählen. Vielleicht liegt die

Bedeutung von Jugendfreundschaften darin, dass man in der gleichen Aufbruchssituation steht: »Jetzt geht's los! Jetzt beginnt das Leben! Kommst Du mit?« Wenn man in dieser Zeit einen Menschen findet, der in die gleiche Himmelsrichtung schaut und dorthin strebt, fühlt man sich bestärkt auf dem neuen Lebensweg. Daher halten Freundschaften aus dieser Lebensphase oft lebenslänglich.

Der junge Mann macht seine *ersten sexuellen Erfahrungen*. Diese sind nun anders als jene, die er gemacht hat, als er noch im Elternhaus lebte. Dort war er noch von den Einschränkungen und der Überwachung vonseiten der Eltern und der Nachbarschaft abhängig. Nun ist er niemandem gegenüber verantwortlich und kann mehr wagen.

Intimität will gelernt sein. Wie wir gesehen haben, wurde die Grundlage dafür bereits in der Eltern-Kind-Beziehung gelegt. Jedoch unterscheidet sich die erotische Liebesbeziehung von der Eltern-Kind-Beziehung dadurch, dass hier zum ersten Mal eine umfassende Nähe angestrebt wird: Man möchte in der Partnerschaft nicht nur sexuelle Erfüllung finden, man sucht auch den geistigen und seelischen Gleichklang mit jemandem, mit dem man sein ganzes Leben teilen möchte.

Gleichzeitig muss der junge Mann sich um seine *berufliche Zukunft* kümmern. Ein Junge bekommt schon von klein auf die Botschaft, dass es wichtig für ihn sei, einen guten Beruf zu finden und genügend Geld zu verdienen. Dies ist ein fester Bestandteil männlicher Sozialisation. Ja, man könnte es fast als ein archaisches Grundelement männlicher Identität ansehen: »Als Mann musst du arbeiten gehen, um deine Familie zu ernähren!« Zusammen mit der Aufgabe, im Ernstfall Haus und Hof zu verteidigen, gehört es zur männlichen Pflicht, materiell für seine Familie zu sorgen. Wie stark dieses Gebot im männlichen Bewusstsein internalisiert ist, zeigt sich an der Scham, die viele arbeitslos gewordenen Männer und Väter empfinden. Es ist eine ähnliche Scham, wie sie Frauen befällt, wenn ihnen vorgeworfen wird, sie würden ihre Kinder und ihren Haushalt vernachlässigen, egal wie emanzipiert sie auch sind.[16]

Wir mögen solche Normen heute als überholt und antiquiert ansehen. Wenn wir uns jedoch vergegenwärtigen, wie verwundbar Mütter während Schwangerschaft, Geburt und Stillzeit sind und wie wichtig ihnen der Beistand ihrer Lebenspartner in dieser frühesten Phase der Familienbildung ist, kann man verstehen, weshalb ein junger Ehemann und Vater auch heute um die materielle Sicherung seiner Familie kümmern sollte. Dies ist schon in Friedenszeiten wichtig. Umso mehr gilt dies in Zeiten der Not oder kriegerischer Auseinandersetzungen. Hier ist tatsächlich der Mann gefordert, »seinen Mann zu stehen«.

Aus dem gleichen Grund geht es in der Adoleszenz junger Männer darum, ihre *männliche Aggression* konstruktiv einzusetzen. Wir haben gesehen: Männer sind größer und muskulöser gebaut als Frauen. Auch von ihrer hormonellen Ausstattung sind sie physiologisch stärker auf Aggression angelegt. Damit diese sich nicht gegen die Umwelt oder gegen Schwächere richtet, ist es in der Sozialisation von Jungen und Männern essenziell wichtig, dass sie lernen, ihre Kräfte zu bändigen und konstruktiv einzusetzen. Dazu gehört unbedingt eine ethische Schulung. Hier können männliche Mentoren und Trainer, die den jungen Mann gerade in dieser Lebensphase begleiten, segensreich wirken.

Es gehört heute wie früher zu den wichtigsten Überlebensstrategien einer Familie, dass der Mann in krisenhaften Zeiten dafür sorgt, dass seine Frau und seine Kinder geschützt sind und wohlbehalten durchkommen. Angesichts siebzig Jahren Frieden in Europa vergessen wir nur allzu leicht, wie außergewöhnlich solch eine lange Friedenszeit in der Geschichte der Menschheit ist, und dass Krisen- und Notzeiten wieder ausbrechen können. Wenn wir genauer hinschauen, steht der heutige Frieden in Europa auf tönernen Füßen.

Die lange Friedensperiode, die wirtschaftliche Prosperität der Nachkriegsjahrzehnte und der allmähliche Niedergang der patriarchalischen Gesellschaftsordnung haben zur Folge, dass die Unterschiede zwischen den Geschlechtern immer mehr verschwimmen. Heute wissen junge Männer nicht mehr, wozu sie in der Gesellschaft gebraucht werden. Sie verlieren Sinn und Orientierung. Dadurch werden sie anfällig für die Verführung durch Medien, Konsum und Drogen. Als Gegenreaktion wenden sich viele junge Männer rechtsradikalen und fundamentalistischen Gruppierungen zu. In der gesellschaftspolitischen Diskussion über Wege aus dieser Gefahr halte ich es auch für notwendig, in jungen Männern den Sinn für die Familie, die ursprünglichste aller Gemeinschaften, zu erwecken.

Der Weg in die Selbständigkeit, in die Liebesbeziehung und den Beruf stellen Lebensstufen dar, die ein junger Mann zu erklimmen hat. Dabei wird er merken, dass es nicht überall glatt geht. Er wird Rückschläge und Enttäuschungen erleben. Zunächst mag er den Grund für seine Misserfolge auf die aktuellen Lebensumstände oder Beziehungen schieben: Wenn es mit dem Job nicht klappt, liegt es am Chef. Wenn er sich mit dieser Freundin nicht versteht, sucht er sich eine andere. Irgendwann merkt er aber, dass seine Liebes- und Arbeitsbeziehungen immer dem gleichen Muster folgen. Er beginnt sich zu fragen, ob es denn vielleicht an *ihm* liege, dass er immer wieder an die gleichen Frauen gerät oder mit den gleichen Arbeitsproblemen zu kämpfen hat. Er fasst sich ein Herz und sucht sich einen Coach oder einen Therapeuten, um herauszufinden, wieso er immer wieder dieselben Fehler macht. Damit beginnt eine *Auseinandersetzung mit der eigenen Kindheit.*

Dies ist die Chance, die sich in der Vorbereitungszeit auf eine künftige Partnerschaft und Familie bietet: dass man das, was unverarbeitet in der Kindheit liegen geblieben ist, neu anschaut, bearbeitet und versteht, um frei fürs jetzige Leben zu werden. Denn das, was wir in den nahen Beziehungen in unserer Kindheit (vor allem in unseren Beziehungen zu unseren Eltern) nicht verarbeitet haben, wird wieder auftauchen, wenn wir als Erwachsene einem Liebespartner und unseren eigenen Kindern gegenüberstehen.

Auf diese Reise durch die Vergangenheit werden wir das Kind, das wir einst gewesen sind, wieder entdecken. Beim Erwachsenwerden haben wir dieses *innere Kind* oft aus dem Blick verloren. Wir tun so, als seien wir erwachsen, obwohl ein Teil von uns in uns immer noch traurig oder wütend ist und nach unserer Aufmerksamkeit schreit. Ohne dieses innere Kind sind wir nur scheinerwachsen. Die schwedische Kinderbuchautorin Gunilla Bergström hat Menschen »erwachsig« genannt, die ihr inneres Kind verloren haben. Ihnen fehlt das Unschuldige, das Lebendige, das Begeisterungsfähige. Erst wenn wir unsere Kindheit wiedergefunden haben, sind wir *ganz*. Dann können wir wieder lachen und weinen, kämpfen und lieben.

Gerade in der männlichen Sozialisation wird diese unschuldigkindliche Seite in uns oft als »weibisch« und »unmännlich« beiseite gewischt. Wir werden dann besonders ernst, hölzern und stumm. Wenn wir diese Seite in uns wieder beleben, tun wir nicht nur unserer Partnerin einen Gefallen. Wir tun auch uns selbst einen Gefallen, weil wir uns selbst mehr fühlen, weil wir unsere Erlebnisfähigkeit im Spiel wie in der Sexualität erweitern, weil wir einfach mehr wir selbst sind. Nicht zuletzt werden unsere späteren Kinder davon profitieren, wenn wir das Kind in uns wieder zum Leben erwecken.[17]

Vom Junggesellen zum Vater

Wir haben nun die Vorbereitungen des jungen Mannes auf das Vatersein angeschaut. Er hat sich vom Elternhaus gelöst, beruflich hat er seinen Platz gefunden, er verdient mehr als er persönlich braucht, auch in seinen sexuellen Beziehungen hat er genügend Erfahrung gesammelt, um zu wissen, welche Frau zu ihm passt und welche nicht. Nun braucht nur die »Richtige« vorbeizukommen. Es ist ein unerklärliches Phänomen: Viele Paare berichten, dass der oder die »Richtige« genau zum »richtigen« Zeitpunkt in ihrem Leben aufgetaucht ist. Man kann dies als glücklichen Zufall ansehen. Ich sehe dies eher als ein energetisches Phänomen an, bei dem zwei Personen mit der gleichen Schwingung miteinander in Resonanz treten und sich zueinander hingezogen fühlen. Sie haben von ihrem Familienhintergrund, von ihrem Lebenslauf, von ihrem Wesen her vieles gemeinsam, sodass sie im Partner ihr Spiegelbild sehen.

Zurück zum jungen Mann: Er begegnet tatsächlich einer Frau, bei der alles stimmt. Sie teilen ähnliche Interessen und Vorlieben, sexuell passen sie wunderbar zusammen, am liebsten würden sie jede Minute zusammen verbringen. Die lange Suche hat nun ein Ende. Nun könnten sie zusammenziehen, einen gemeinsamen Hausstand gründen, vielleicht sogar an Kinder denken.

Aber halt! Der junge Mann hält inne und zögert. Will er überhaupt diese neue Lebensstufe erklimmen? Er ahnt instinktiv, dass der Schritt ein endgültiger sein wird. Ist er bereit, seine geliebte Freiheit gegen eine umfassende Bindung einzutauschen? Ist er sich *seiner Selbst* sicher, dass er treu sein kann? Ist er sich *ihrer* sicher, dass sie bei ihm bleiben würde? Auch räumlich müsste er sich entscheiden und sich mit seiner Partnerin auf einen gemeinsamen Wohnort einigen. Er müsste auf viele seiner Freizeitaktivitäten verzichten. Frau und Kind werden seine ganze Aufmerksamkeit beanspruchen.

IV. VATER WERDEN, VATER SEIN

Vater zu werden bedeutet für jeden Mann, mit dem eigenen Vater konfrontiert zu werden. Wie war sein Vater zu ihm? Alle bisher vergrabenen Gefühle des Sohnes tauchen wieder auf: Bewunderung, Sehnsucht und Liebe auf der einen, Hass, Abscheu und Verachtung auf der anderen Seite. Die lange verdrängte Frage der Identifikation mit dem ersten Mann im Leben eines Sohnes drängt sich auf. Hat der Sohn den Vater positiv wahrgenommen, wird er sich fragen, ob er je aus dessen Schatten heraustreten und die vom Vater gesetzte Messlatte erreichen kann. War der Vater ein Versager, muss der Sohn befürchten, ähnlich zu scheitern und dem Spott der Umwelt ausgesetzt zu sein.

Nicht weniger Männer sagen sich: »Ja, ich will Vater werden, aber ich will unbedingt ein *besserer* Vater werden als meiner!« Damit wollen sie sich – und nicht zuletzt ihrem eigenen Vater – beweisen, dass sie es besser machen würden als »der Alte«. Aber es heißt: Gegensätze ziehen sich an. Wenn man partout nicht sein will wie der Vater, läuft man erst recht Gefahr, so zu werden wie er! Realistischer ist es, zu wissen, dass jeder junge Vater bei sich solche Gefühle, Einstellungen und Verhaltensweisen entdecken wird, die er auch von seinem Vater kennt. Ob wir wollen oder nicht, bleibt der Vater unser erstes männliches Vorbild. Wir werden immer wieder positive und negative Seiten von ihm in uns selbst finden, mit denen wir uns auseinandersetzen müssen.

Dies berührt das nächste Thema: Wenn ein junger Mann Vater wird, tritt er automatisch in die *Tradition seiner Familie*. In der Junggesellenzeit war er noch frei, sich außerhalb der Familientradition zu bewegen. Sobald er Vater wird, tritt er in die Reihe der

Väter und Vorväter, die hinter ihm stehen. Dies kann ihn mit Stolz erfüllen, wenn er die Familientradition als eine positive, lebensspendende Kraft erlebt. Es kann aber auch Widerwillen und Scham in ihm hervorrufen, wenn er nichts Gutes von seiner Herkunftsfamilie erfahren hat. Es gibt außerdem Familientraditionen, die die Nachgeborenen belasten, wenn etwa Schuld und Schulden an die nächste Generation weitergegeben werden, oder wenn mit dem Familiennamen ein generationenschwerer Auftrag verbunden ist, zum Beispiel eine Traditionsfirma weiterzuführen oder den hoch angesehenen Namen der Familie in Ehren zu halten.

Mit dem Vaterwerden rückt der junge Mann auch eine Generation weiter. Ein Single fühlt sich im Grunde alterslos. Mit einem Kind wird man plötzlich von einer Minute zur anderen in die *nächste Generation* katapultiert. Ein Kind stellt seine Eltern in eine total andere Zeitperspektive. Mit jedem Jahr, das es größer wird, werden sie ebenfalls um ein Jahr älter. Sie können ausrechnen, wie alt sie sein werden, wenn es in die Schule kommt, wenn es das Elternhaus verlässt, wenn es eigene Kinder bekommt. Damit rückt das Alter unübersehbar näher.

Der junge Mann wird all dies zu bedenken haben, wenn er Vater wird. Er ahnt, dass er mit der Vaterschaft ein ganz neues Kapitel in seinem Leben aufgeschlagen hat. Die Zukunft liegt zwar verheißungsvoll vor ihm, sie birgt aber viele unvorhersehbare Wendungen und Gefahren. Er nimmt Abschied nicht nur von seiner Junggesellenzeit. Er nimmt auch Abschied von Kindheit und Jugend. Bis hierhin ist das Leben nur Vorbereitung gewesen. Jetzt wird's ernst. Ab jetzt trägt er Verantwortung – für sich und die Seinen. Jetzt wird er erwachsen.

Schwangerschaft – Die Entscheidung für oder gegen das Kind

Die Schwangerschaft ist eine entscheidende Station in einer Liebesbeziehung, vielleicht sogar die wichtigste. An diesem Punkt entscheidet sich, ob das Paar langfristig zusammenbleiben wird oder nicht, vor allem wenn es sich um die erste Schwangerschaft in einer Beziehung handelt. »Willst du ein Kind mit mir oder nicht? Wenn ja, bist du auch gewillt, es mit mir großzuziehen und mit mir durch Dick und Dünn zu gehen? Wenn nein, warum sind wir noch zusammen? Hat unsere Beziehung überhaupt eine Zukunft?« Ein Kind zusammen zu bekommen bedeutet, eine gemeinsame Zukunft miteinander zu teilen. Eine Liebesbeziehung lebt man im Hier und Jetzt. Ein Kind bekommt man für die Zukunft.

Es kann viele Gründe geben, die gegen ein gemeinsames Kind sprechen: Der Hauptgrund: Der Partner ist nicht der richtige. Bisher mochte man über manches hinweggesehen haben, was einen gestört hat. Aber mit einer Schwangerschaft legt man sich fest. Wer bis hierher noch unsicher war, für den ist hier die letzte Chance abzubiegen: *last exit*.

Manchmal hat man zwar das Gefühl, zusammenbleiben zu wollen, aber die Schwangerschaft kommt zur falschen Zeit. Man steckt noch in der Ausbildung oder im Studium. Man lebt noch bei den Eltern. Oder man ist finanziell noch nicht in der Lage, eine Familie zu gründen. Manchmal sind es andere Bindungen, die einen daran hindern, ganz »Ja« zu der jetzigen Partnerschaft zu sagen: Man ist zum Beispiel innerlich noch mit einem Elternteil »verheiratet« oder fühlt sich ihm verpflichtet (siehe ödipale Beziehung). Oder man hat sich noch nicht vollständig von einer früheren Liebesbeziehung gelöst. So gibt es viele Gründe, wieso man gerade *jetzt* kein Kind gebrauchen könnte.

Aber ein Kind kommt selten zur richtigen Zeit. Trotz Pille und Geburtenregelung kommen die meisten Kinder, wann sie wollen – oder auch nicht. Manche Paare warten jahrelang vergebens auf ein Kind. Andere werden schon beim ersten Mal schwanger. Wieder andere bekommen ein Kind, wenn man sich gerade entschieden hat, sich zu trennen. Jede Schwangerschaft nötigt die Eltern von neuem, sich zu entscheiden und dies ist so schwer, weil es nur ein Entweder-Oder gibt.

Die Entscheidung gegen das Kind
Eine Entscheidung gegen das Kind kann auf verschiedene Weise zustande kommen. Am einfachsten ist die Entscheidung, wenn beide Partner sich einig sind, dass sie das Kind nicht wollen. Danach geht es hauptsächlich um die Frage, wie und wo man die Abtreibung vornehmen lässt. Auf den ersten Blick scheint eine solche gemeinsam gefällte Lösung einfach zu sein.

Eine einseitige Entscheidung liegt vor, wenn der Mann kein Kind will und die Frau darin einwilligt, obwohl sie sich durchaus vorstellen könnte, das Kind zu behalten. Sie traut sich nicht zu, das Kind allein zu bekommen, oder sie möchte den Mann nicht verlieren, wenn sie gegen seinen Willen das Kind behält. In diesem Fall könnte sie unbewusst einen Groll gegen ihren Partner entwickeln. Beim Mann könnte umgekehrt ein Gefühl der Schuld entstehen, weil er seine Partnerin in dieser alles entscheidenden Angelegenheit im Stich lässt.

Gelegentlich kommt es auch vor, dass die Frau sich mit ihrem Kinderwunsch durchsetzt, obwohl der Mann dagegen ist. Der Mann fühlt sich machtlos, weil es *ihr* Bauch ist und er keine Verfügungsgewalt darüber hat. Er hat nur die Möglichkeit, sich ganz von Frau und Kind loszusagen und die Verantwortung für alles Weitere abzulehnen. Oder er macht widerwillig mit und bleibt. Aber innerlich spürt er einen Vorbehalt gegenüber der Partnerin und dem Kind, der sich negativ auf die weitere Beziehung auswirken kann. Früher war eine Schwangerschaft ein Heiratsgrund. Selbst wenn das Paar sich nicht liebte, blieb man um der Ehrenrettung willen zusammen. Auch dies kann zur Belastung für die familiären Beziehungen werden.

Dann gibt es noch die Möglichkeit, dass die Frau sich klar für einen Abbruch entscheidet und den Mann überhaupt nicht nach seiner Meinung fragt. Eine solche einseitige Entscheidung trifft den Mann hart. Hier wird er mit der grundsätzlichen Ohnmacht des Mannes konfrontiert. Selbst wenn er das Kind wollte, hat er keine Chance. Sie allein hat es in der Hand, darüber zu entscheiden, ob sie das Kind behält oder nicht. Dies könnte ihn veranlassen, sich zu trennen.

Es gibt auch Abtreibungen in einer bestehenden Familie. Dies kommt zum Beispiel vor, wenn die Eltern schon viele Kinder haben und nicht mehr die körperliche, emotionale oder finanzielle Kapazität für ein weiteres Kind haben. Oder das Paar steckt gerade in einer tiefen Beziehungskrise, in der sie an eine Trennung denken. Manchmal fühlt sich die Frau nicht ausreichend von ihrem Mann unterstützt und möchte die alleinige Verantwortung für noch ein Kind nicht tragen. Eine Abtreibung in einer bestehenden Beziehung ist genauso gravierend wie ein Schwangerschaftsabbruch zu Beginn einer Partnerschaft und sollte deshalb gemeinsam verarbeitet werden.

Der Schwangerschaftsabbruch
Ein Schwangerschaftsabbruch hat im Grunde die gleiche Bedeutung wie eine Geburt. Selbst wenn er heutzutage als ein relativ einfacher Eingriff gilt, ist es seelisch ein gewaltiger Schritt. Wie bei einer Geburt betrifft ein Abbruch alle drei unmittelbar Beteiligten: Fürs Kind bedeutet er den Tod, für die Mutter das Ende ihrer kurzen Schwangerschaft, für den Vater das Ende seiner kurzen Vaterschaft.

Wir wollen nicht darüber spekulieren, wie es für das Kind

ist, abgetrieben zu werden. Ich möchte hier nur meine Erfahrung aus Familienaufstellungen wiedergeben. In Familienaufstellungen kann man nicht anwesende Personen, also auch Verstorbene durch Teilnehmer aus der Gruppe darstellen lassen. Wenn abgetriebene Kinder aufgestellt werden, gibt es ganz unterschiedliche Aussagen von ihren Stellvertretern: Einige berichten, dass sie in Frieden ruhen, andere spüren noch die Angst und die Schmerzen bei der Abtreibung, wieder andere sind darüber erleichtert, dass sie nicht ins Leben kommen mussten, zum Beispiel weil die Eltern in chaotischen Verhältnissen leben. Aber alle abgetriebenen Kinder möchten von ihren Eltern gesehen und anerkannt werden. Sie möchten von diesen als ihr Kind wahr- und angenommen werden. Gleichzeitig möchten sie den ihnen zustehenden Platz in der Geschwisterreihe unter den lebenden Geschwistern einnehmen, sei es als Erstgeborenes, mittleres oder jüngstes Kind. Wenn dies geschieht, kann die Seele des abgetriebenen Kindes zur Ruhe kommen. Die Familie fühlt sich dann vollständiger.

Nach dem Schwangerschaftsabbruch

Solche Familienaufstellungen zeigen, wie wichtig es ist, Schwangerschaftsabbrüche angemessen zu verarbeiten. Geburten sind freudige Ereignisse, Abtreibungen sind schmerzliche Erfahrungen. Dazu sind sie auch noch mit Scham- und Schuldgefühlen besetzt. Es ist daher eine ganz natürliche Reaktion, wenn man einen Schwangerschaftsabbruch lieber schnell hinter sich lassen und vergessen möchte. Dabei wird leider oft übersehen, dass seelische Wunden zurückbleiben können, die selbst nach Jahrzehnten noch schmerzen. Bei vielen Menschen, die abgetrieben haben, herrscht ein Gefühlswirrwarr aus Schuldgefühlen, Scham, Trauer, Zweifel, Erleichterung, Wut und dem Gefühl, versagt zu haben. Diese Gefühle betreffen die Beziehung zum Kind, die Beziehung zum Partner und zu sich selbst, gelegentlich auch die zu den eigenen Eltern. Die meisten Betroffenen haben kaum jemanden, mit dem sie sich über dieses einschneidende Ereignis sprechen können. Vor allem ihre Scham- und Schuldgefühle hindern sie daran, sich zu offenbaren. Es sind eher Frauen, die den Schritt aus dem Schweigen wagen. Viele Mütter fühlen sich mit dem abgetriebenen Kind weiterhin seelisch verbunden. Sie machen sich Vorwürfe, dass sie es haben töten lassen. Manche vernachlässigen darüber ihre heutige Beziehung zu ihren lebenden Kindern.

Väter reagieren im Allgemeinen »cooler«, zumindest oberflächlich betrachtet. Da ein Mann eine Schwangerschaft nicht körperlich spüren und das Kind in den ersten Wochen überhaupt nicht wahrnehmen kann, ist seine Vaterschaft nicht so greifbar. Vielleicht bedauert er den Verlust des Kindes, vielleicht ist er auch erleichtert. Wenn er fürsorglich ist, begleitet er seine Partnerin zum Eingriff. Aber selbst dann erlebt er den Schwangerschaftsabbruch nicht am eigenen Leib. Viele Männer glauben deshalb, mit dem Schwangerschaftsabbruch sei nun alles wieder beim Alten. Sie erholen sich schnell von dem Schrecken.

Leider ist dies nicht so. Die Folgen spürt man erst nach und nach. Das Paar entfremdet sich. Die Gefühlsintensität in der Beziehung lässt nach. Jeder geht seiner eigenen Wege, bis man sich irgendwann trennt. Was ist geschehen?

Dazu müssen wir uns vergegenwärtigen: Ein Kind bekommt man immer gemeinsam. Es ist das Produkt beider Eltern. Elternschaft ist das, was ein Paar am stärksten zusammenschweißt. Daher ist ein Nein zur gemeinsamen Elternschaft in vielen Fällen auch ein Nein zur Partnerschaft. Bei den meisten Paaren geschieht dies eher unbewusst. Vom Kopf her wollen sie weiter zusammenbleiben, aber gefühlsmäßig haben sie sich eigentlich gegen die Beziehung entschieden. Dies zeigt sich im Verlauf der nächsten Monate und Jahre. Die Beziehung kühlt ab. Man driftet auseinander. Irgendwann merkt man, dass man sich nichts mehr zu sagen hat.

Ein weiterer Grund für die zunehmende Distanzierung des Paares könnte darin liegen, dass man nicht gemeinsam getrauert hat. Auch der Verlust eines ungeborenen Kindes, sei es durch einen Abbruch oder eine Fehlgeburt, ist ein tiefer menschlicher Verlust. Dieser Verlust will, wie jeder menschliche Verlust, betrauert werden. Die Trauer wird manchmal durch die gleichzeitigen Schuldgefühle überdeckt. Man fühlt sich schuldig, das eigene Kind getötet zu haben. Man versucht die Schuldgefühle loszuwerden, indem man die Schwangerschaft und den Abbruch verdrängt. Damit blendet man aber auch die Trauer aus, die mit dem Verlust des Kindes verbunden ist. Es kommt einem ja auch so widersprüchlich vor, dass man um das Kind trauert, das man nicht haben wollte. Man ist Täter und Opfer zugleich. Man hat etwas zerstört, was vielleicht hätte schön sein können. Wenn man solche Ambivalenzen akzeptiert, kann man einen Schwangerschaftsabbruch psychisch verarbeiten und für sich abschließen. Dazu ist manchmal therapeutische Unterstützung erforderlich. Wenn die Partner es nach einem Abbruch schaffen, ihre widersprüchlichen Gefühle miteinander zu teilen – ihre Trauer, ihre Erleichterung, aber auch ihre Schuldgefühle –, dann kann diese Erfahrung sie einander näher bringen und versöhnen. Wenn sie Verständnis für sich und den Partner finden, kann dieser schmerzliche Prozess ihrer Beziehung Tiefe verleihen. Dann gehört diese Erfahrung zu ihrer gemeinsamen Geschichte und findet dort ihren würdigen Platz, egal, ob sie zusammenbleiben oder getrennte Wege gehen.

Die Geburt

Das gemeinsame Erleben der Geburt des Kindes
Früher wurden Väter von der Geburt ausgeschlossen, sie mussten »draußen« warten. Die Bilder werdender Väter, die in banger Erwartung im Krankenhausflur hin- und herlaufen, gehören zum Glück der Vergangenheit an. Ein Vater kann heute ganz dabei sein.

Er kann seine Frau bei der Geburt begleiten und ihr beistehen. Sie können gemeinsam durch den ganzen Geburtsprozess gehen.

Die Geburt ist wie das Durchschreiten einer existenziellen Pforte. Hier zeigt sich die Natur in ihrer Urgewalt, wie ein Sturm, der über Mutter und Kind hereinbricht. Für den werdenden Vater, der seine Frau dabei nur begleiten kann, ist es ein erschütterndes Erlebnis. Er erlebt seine Frau von der elementaren Kraft ihrer Wehen erfasst; er spürt ihre Angst, aber auch ihren Mut. Er kann nichts tun, außer bei ihr zu sein und sie durch diesen unglaublichen Prozess zu begleiten. Die Geburt mitzuerleben erfüllt den Mann mit Ehrfurcht vor seiner Frau, wie sie das gemeinsame Kind zur Welt bringt. Sie gemeinsam zu durchleben schweißt das Paar innig zusammen. Mit der Geburt ihres Kindes werden sie zugleich als Eltern geboren.

Dabei bereitet die Geburt dem Vater ein einzigartiges Geschenk: Eine Mutter kann den Augenblick der Geburt nur spüren, aber der Vater kann sehen, wie das Kind aus dem Mutterleib schlüpft – ein Wunder! Dies ist der Augenblick des *Erkennens* seines Kindes: »Das ist unser Kind!« Das ist das erste Mal, dass der Vater das Kind, das die ganze Schwangerschaft hindurch nur durch den Mutterbauch zu erahnen und zu ertasten war, direkt sehen und berühren kann. In diesem Moment entsteht die elementare Bindung zwischen Vater und Kind. Wenn der Vater das Kind der Mutter in den Arm legt und sie zu dritt kuscheln, fühlen sie sich zum ersten Mal als Dreiergruppe: Vater-Mutter-Kind. »Wir drei!« Eine Familie ist geboren.

Ich bin mir sicher, dass das Kind seine Eltern genauso elementar wahrnimmt. Vielleicht weniger kognitiv als gefühlsmäßig. Das Kind hat soeben seine Geburt ähnlich gewaltig erlebt wie seine Mutter. Es hat diesen lebensbedrohlichen Prozess überlebt. Es ist gut durch den Geburtskanal durchgekommen. Eben war es noch im Mutterleib, wo es neun Monate lange sicher und geborgen gelegen ist. Nun liegt es draußen, von fremden, ungefilterten Geräuschen umgeben, dem ungewohnten Tageslicht ausgesetzt. Aber es liegt in den Armen seiner Mutter, es riecht sie, spürt ihre Berührung und hört ihre Stimme, nun ungefiltert. Und da ist auch noch ein Zweiter da, einer, der genauso zärtlich zu ihm spricht und es liebkost. Das Kind spürt: Ich bin gut angekommen.

Nun verstehen wir, weshalb es so wichtig ist, dass der Vater bei der Geburt dabei ist. Dieses Erlebnis schweißt das Paar zusammen, es verbindet alle drei zu einer untrennbaren Einheit. Mann und Frau nehmen das Kind als das Produkt ihrer Liebe an. Das Kind fühlt sich von Vater und Mutter willkommen geheißen. Es ist angekommen. Hier ist sein Zuhause. Wenn man Liebe sichtbar machen könnte, wäre sie wie ein strahlender Ring um diese Drei.

Die erste Begegnung mit dem Neugeborenen
Der Augenblick, in dem der Vater sein Kind zum ersten Mal sieht, ist ein zutiefst bewegender Moment. Er hat neun Monate lang auf diese Begegnung gewartet, mit all seinen Hoffnungen und Ängsten. Wird das Kind gesund sein? Ist es ein Mädchen oder ein Junge? Wie wird es aussehen?

Der Vater mag sich in diesen Wochen und Monaten viele Vorstellungen gemacht haben, wie das Kind sein könnte, aber auf diesen Moment, wo es geboren und *da* ist, war er nicht gefasst. Was vorher nur Phantasie und Wünsche, Hoffnungen und Befürchtungen waren, ist auf einmal *Wirklichkeit*. Das Kind ist so und nicht anders. Es ist eine existenzielle Begegnung zwischen Vater und Kind: Dieses Kind, das in seinen Armen liegt, ist kein x-beliebiges Kind. Es ist *sein* Kind.

Es ist eine Begegnung auf vielen verschiedenen Ebenen: Zum einen sieht der Vater das Kind wie in einem Spiegel: Ist es ein Junge? Sieht es mir ähnlich? Auf dieser narzisstischen Ebene wird der Vater mit sich selbst konfrontiert. Mag er sich selbst, so wie er ist? Kann er ganz Ja zu sich selbst sagen, oder hat er Vorbehalte? Ist er stolz, einen Sohn bekommen zu haben, oder lehnt er ihn (und damit sich selbst) ab? Das Geschlecht des Kindes hat neben der eigenen Identität auch mit der Familientradition zu tun: Werden Jungen darin bevorzugt? Sind sie die Stammhalter? Welchen Wert misst man Töchtern zu?

Wenn das Kind der Mutter ähnlich sieht, hat die spontane Reaktion des Vaters möglicherweise etwas mit seiner Beziehung mit seiner Frau zu tun. Freut er sich darüber, dass das Kind ihr ähnelt, oder ist er eher enttäuscht oder gar neidisch?

Auch die Sorge um die Gesundheit des Kindes spielt bei der ersten Begegnung zwischen Vater und Kind eine Rolle. Vielleicht hat er sich während der Schwangerschaft Sorgen um die Gesundheit des Kindes gemacht. Hat das Kind die Geburt gut überstanden? Hat es eine Behinderung?

Die erste Begegnung zwischen Vater und Kind ist aber auch eine Begegnung zwischen zwei ganz unterschiedlichen Personen. Das Kind ist nicht bloß ein Duplikat seiner Eltern. Es ist ein Wesen für sich. Jedes Kind bringt schon bei der Geburt eine eigene Persönlichkeit mit. Es unterscheidet sich deutlich von seinen Geschwistern. Wie geht es dem Vater mit diesem Menschen, der nun in sein Leben tritt? Fühlt er eine spontane Zu- oder Abneigung ihm gegenüber? Ist er ihm vertraut oder fremd?

Alle diese unterschiedlichen Beziehungsebenen sind bei der ersten Begegnung zwischen Vater und Kind wirksam. Daher wundert es nicht, dass der Vater in diesem Moment von einem Strom heftiger Gefühle erfasst wird – Gefühle, die auch widersprüchlich sein können: Freude, Glück, Erschrecken, Erleichterung, Enttäuschung, spontane Liebe, spontane Abneigung – alle diese Empfindungen strömen durch den Vater hindurch, ohne dass er sie beeinflussen oder kontrollieren kann. Diese ersten Gefühle werden von nun an sein Verhältnis zum Kind prägen. Daher ist es wichtig, dass er sich mit ihnen auseinandersetzt, besonders wenn es sich um negative Gefühle wie Erschrecken, Enttäuschung oder Ablehnung dem Kind gegenüber handelt. Sonst könnten sie einem unvoreingenommenen Zugang zum Kind ernsthaft im Wege stehen.

Narzisstische Spiegelung: Vaterstolz und Vaterscham
Vaterstolz und -scham haben weniger mit der Person des Kindes zu tun als mit dem Selbstbild des Vaters: Sie reflektieren sein Selbstgefühl, so wie er sich selbst wahrnimmt. Eine solche narzisstische Spiegelung kann positiv oder negativ ausfallen. Der Stolz des Vaters kann ins Grenzenlose schießen, sodass er maßlos wird in seinen Erwartungen ans Kind. Er könnte alle seine eigenen unerfüllten Wünsche in das Kind projizieren, sodass er das Kind nur als seine eigene Fortsetzung sieht, aber nicht als eine eigenständige Person wahrnimmt. (Dies ist zum Beispiel der Fall, wenn ein Vater seinem Sohn den eigenen Vornamen mit dem Zusatz »Junior« gibt.) Die narzisstische Identifikation mit dem Kind kann jedoch auch in Scham, das Gegenteil von Stolz, umschlagen. Wenn der Vater sich selbst als Versager fühlt, wird er möglicherweise die eigenen Kinder ebenfalls als minderbegabt oder unfähig sehen. Andere Väter können es nicht ertragen, von ihren Kindern überholt zu werden. Dieses Defizit in ihrem eigenen Selbstgefühl versuchen sie zu kompensieren, indem sie das Kind meist unbewusst abwerten und entmutigen.

Der Blick des Vaters kann sogar von früheren Generationen stammen. Wenn ein junger Vater auf sein Kind schaut, übernimmt er nicht selten den Blick *seines* Vaters auf ihn selbst, besonders wenn es sich um einen Sohn handelt. Wenn sein Vater ihn als Kind abgelehnt hat, wird er seinen Sohn vielleicht auch mit Skepsis betrachten. Wenn sein Vater ihn als Baby angehimmelt hat, wird er seinen Sohn ins Herz schließen. Es ist, als würden Vaterstolz und Vaterscham von Generation zu Generation weitergegeben werden.

Narzisstische Spiegelungen geschehen spontan und unwillkürlich. Dadurch besteht die Gefahr, dass der Vater das Kind, wie es real ist, gar nicht mehr wahrnimmt, sondern es nur nach seinem inneren Bild behandelt. Der Vater ist aber, neben der Mutter, die mächtigste Definitionsinstanz fürs Kind, ähnlich wie in der biblischen Schöpfungsgeschichte, wo es heißt: »Und Gott schuf den Menschen nach seinem Bilde«. Deshalb kann der Blick des Vaters sich so tief in die Seele des Kindes prägen, dass es sich völlig mit dem in es hineinprojizierten Bild identifiziert. Dann lebt es nicht mehr *sein* Leben, sondern ein Leben nach der Vorstellung des Vaters. (Der britische Psychoanalytiker Winnicott spricht hier vom »falschen Selbst« im Gegensatz zum »wahren Selbst«.) Daher ist es so wichtig, dass der Vater sich seiner narzisstischen Spiegelung bewusst wird und diese zu sich »zurücknimmt«. Erst dann ist er fähig, das Kind als ein eigenständiges, von ihm losgelöstes Wesen anzusehen und zu achten.

Der Vater in der Säuglings- und Kleinkindzeit

Die Geburt ist für Mutter und Kind eine existenzielle Erfahrung. Sie ist die Pforte, durch die das Kind ins Leben tritt. In einem gewaltigen, für Mutter und Kind überwältigenden Vorgang wird das Kind aus dem Mutterleib hinausgepresst. Es verlässt die schützende Höhle im Uterus, die es bis dahin sicher umhüllt hat und gelangt in eine unendlich weite Welt. Das so körperlich entbundene Kind braucht nun die unmittelbare Nähe und Wärme der Mutter, damit es nicht schutz- und hilflos einer unvertrauten Umwelt ausgeliefert ist. Wenn es körperliche Geborgenheit und liebevolle Zuwendung erfährt, kann es gut »ankommen«.

Für die Mutter ist es eine große Erleichterung und Freude, das Kind in ihre Armen zu schließen. Die ganze Ungewissheit während der Schwangerschaft – ob sie das Kind bis zum Geburtstermin in sich halten kann, ob das Kind und sie die Geburt gut durchstehen, ob das Kind gesund ist – all diese Sorgen fallen von ihr ab.

Sie kann sich endlich zurücklehnen und sich mit dem Kind zusammen ausruhen.

Die Zeit nach der Geburt ist eine ganz wichtige. In dieser Zeit formt sich die neue Familie: Das Kind kommt in seiner neuen Umgebung an; die Mutter erholt sich von Schwangerschaft und Geburt; Mutter und Kind lernen sich kennen; Vater und Mutter gewöhnen sich an ein Leben zu dritt und lernen, das Kind zu versorgen. Es ist eine stille, gleichzeitig eine intensive Zeit. Still, weil der Säugling die meiste Zeit schläft. Intensiv, weil alles vollkommen neu ist.

In dieser Zeit braucht die Familie auch so etwas wie einen Kokon, der sie umhüllt und vor der lärmenden Welt abschirmt. Dafür kann die Unterstützung einer erfahrenen Hebamme äußerst hilfreich sein. Sie versorgt die Mutter nach der Geburt medizinisch, steht ihr beim Stillen und Versorgen des Babys bei, begleitet sie in ihrer hormonellen Umstellung und zeigt dem Vater, wie er sich um Mutter und Kind kümmern kann.

Die Gorilla-Funktion: Der Vater als Schutz für die Mutter-Kind-Dyade

Eine ganz wichtige Funktion des Vaters besteht darin, den freudigen Ansturm von Verwandten und Freunden abzufangen, damit Mutter und Kind nicht gestört werden. So wie einst der Uterus das Kind vor der Geburt sicher gehalten hat, sollte der Vater nach der Geburt die Mutter-Kind-Einheit beschützen. In dieser Zeit bildet sich die seelische Bindung zwischen Mutter und Kind, die so wichtig ist für das Gefühl der Sicherheit und Geborgenheit des Kindes in der Welt. Die Mutter-Kind-Dyade ist aber eine sehr verletzliche Einheit. Sie kann durch Umwelteinflüsse empfindlich gestört werden. Mutter und Kind brauchen den väterlichen Schutz vor allem in dieser Zeit.

Ich habe vor vielen Jahren mit meiner Frau und unseren Kindern den Zoo besucht. Die Gorillamutter hat gerade ein Kind bekommen. Alle Besucher drängen sich vor die Glasscheibe, um das niedliche Kind zu sehen. Dahinter sitzt aber der gewaltige Gorillamann. Er blickt finster und drohend in die Menschenmenge, mit einem Blick, der unmissverständlich signalisiert: »Kommt ja keinen Schritt näher – sonst habt ihr es mit mir zu tun!«

Die Zuschauer finden, er stört. Er hindert sie daran, einen guten Blick auf Mutter und Baby zu erhaschen. Meine Frau schaut aber den riesigen Gorilla an, dann wendet sie sich zu mir und sagt: »So hätte ich dich gebraucht, als ich die Kinder bekam!«

Wo war ich damals nach der Geburt unseres ersten Kindes? Ich habe gejubelt. Ich habe Freunde nach Hause eingeladen, um das Wunder zu sehen. Ich habe mich um die äußeren Dinge des Lebens und um die materielle Absicherung der Familie gekümmert. All das war wichtig. Aber ich habe meine Frau und unser Kind nicht abgeschirmt vor der Welt, damit sie ungestört zusammen sein konnten.

Unsere Tochter und ihr Mann haben es ganz anders gemacht. Sie haben uns zwar nach der Geburt ihres Kindes die freudige Nachricht übermittelt, aber dann haben sie sich für die ersten Wochen vollkommen zurückgezogen. Sie sind dem Rat ihrer Hebamme gefolgt und haben die Zeit genutzt, um ganz und gar für sich und das Kind zu sein. Meine Frau und ich waren zwar ein wenig enttäuscht, dass wir das Enkelkind nicht gleich sehen durften. Aber im Nachhinein finden wir es richtig, wie sie es gemacht haben. Wir sehen heute, wie sicher sich unsere Enkeltochter bei ihren Eltern fühlt und wie selbstbewusst sie in die Welt geht.

Es ist gar nicht so einfach für den jungen Vater, sich als Dritten im Bund zu fühlen. Er spürt die einzigartige Intimität zwischen Mutter und Kind beim Stillen. Er sieht, wie zärtlich sie es in den Arm nimmt. Er bemerkt, wie das Kind die ganze Aufmerksamkeit seiner Frau in Anspruch nimmt. Dadurch kann sich bei ihm Gefühle von Neid und Eifersucht einschleichen. Eifersucht entsteht, wenn man sieht, wie eine Person, die man liebt, sich jemand anderem zuwendet. Bisher hat die Liebe seiner Frau ihm gegolten. Nun sieht er, wie sie ihre ganze Aufmerksamkeit dem Kinde schenkt. Besonders beim Stillen spürt er die innige Verbindung zwischen beiden. Nicht selten berichten Frauen, dass sie besonders beim Stillen eines männlichen Babys erotische Gefühle bekommen. Daher ist die Eifersucht des Mannes nicht ganz unbegründet. Dazu kommt, dass die sexuelle Lust der Frau nach der Geburt und während der Stillzeit sehr gering ausgeprägt ist, sodass der Mann die gewohnte Intimität mit seiner Frau vermisst.

Gleichzeitig könnte der Vater auch neidisch auf die Mutter werden. Er hat das Kind genauso lieb und möchte es ebenfalls füttern, wickeln und herumtragen. Von diesen Aufgaben kann er das meiste übernehmen. Nur das Stillen, das kann er nicht. Der *Brustneid* (das nicht stillen Können) und der *Uterusneid* (die Unfähigkeit, schwanger zu werden) des Mannes sind zwar weniger bekannt als der *Penisneid* der Frau, sie kommen aber genauso häufig vor.

Solche Eifersuchts- und Neidgefühle sind durchaus natürlich. Der junge Vater kann sie in sich wahrnehmen, anstatt sie zu verdrängen. Wenn er sie als eine natürliche Reaktion auf die Mutter-Kind-Beziehung akzeptiert, kann er besser damit umgehen. Vielleicht wird er sich erinnert fühlen an seine einstige Beziehung als Kind zu seiner Mutter. Vielleicht wäre er auch gerne von dieser in den Arm genommen und gestillt worden. Wenn er erkennt, dass seine Neid- und Eifersuchtsgefühle aus der Vergangenheit stammen und nichts mit der gegenwärtigen Situation zu tun haben, kann er besser zwischen dem Gestern und dem Heute unterscheiden und seine unangenehmen Gefühle besser akzeptieren. Er kann sich der Liebe sowohl seiner Frau und seines Kindes versichern und braucht weder neidisch noch eifersüchtig mehr zu sein. Stattdessen kann er nun drangehen, beide in ihrer Einheit nach außen zu beschützen, so wie der Gorilla-Mann im Zoo es für seine Gefährtin und sein Kind getan hat.

Triangulierung: Der Vater als das andere Gegenüber fürs Kind
Wenn ich von der Bedeutung der Mutter-Kind-Dyade spreche, dann ist der Vater keineswegs überflüssig. Der Vater ist nicht nur der wichtigste Ansprechpartner für die Mutter, sondern auch die zweitwichtigste Bindungsperson für den Säugling. In der Kleinkindforschung hat man herausgefunden, dass das Kind spezifisch auf den Vater reagiert. Vor dem Vater zeigen Kleinkinder zum Beispiel nicht die sonst gegenüber Fremden übliche Acht-Monats-angst. Väter fassen ihre Kinder anders an als Mütter. Ihr Körperkontakt ist robuster, »handfester« (wenn sie zum Beispiel die Kinder hoch in die Luft werfen und auffangen). Väter gehen mit ihren Kindern auch mehr in die Außenwelt, im Tragetuch tragen sie sie zum Schlafen nach draußen, sie zeigen ihnen die Natur und erklären ihnen Naturphänomene.

Fürs Kind bildet der Vater den Gegenpol zur Mutter. Er lädt das Kind ins Abenteuer, ins Unbekannte ein und gibt ihm Halt und Sicherheit im unvertrauten Milieu, während die Mutter eher den Hafen der Sicherheit und Geborgenheit verkörpert, zu dem das Kind zurückkehrt, wenn es müde ist, wenn es Angst hat oder wenn es sich wehgetan hat. Durch Vater und Mutter erfährt das Kind beide Pole: Progression und Regression, Hinauswachsen und sich Ausruhen. Diese für die Kindesentwicklung wichtige Dreiecksbildung nennt die Psychoanalyse *Triangulierung*, durch die eine *prä-ödipale Dreiecksbeziehung* entsteht.

Durch eine erfolgreiche Triangulierung lernt das Kind, angstfrei aus der mütterlichen Sphäre in die *Autonomie* hinauszugehen. Es überwindet die ausschließliche Mutter-Kind-Symbiose und lernt, wie es später als Erwachsene/r nicht nur eine Zweierbeziehung, sondern auch eine Dreierbeziehung mit Partner/Partnerin und Kind leben kann. Wenn die Mutter das Kind zum Vater gehen lässt, lernt das Kind, sich angstfrei anderen Menschen anzuvertrauen und Fremdes für sich zu entdecken. Wenn es jederzeit zur Mutter zurückkehren kann, gewinnt es die Sicherheit, dass es nicht automatisch den geliebten Menschen verliert, wenn es eine innige Beziehung zu einer anderen Person aufbaut. Durch eine erfolgreiche Triangulierung entsteht Raum zwischen Mutter und Kind. Die Welt wird größer, bunter, interessanter, lebendiger.

Wenn kein Vater da ist, bleibt das Kind oft zu lange und zu eng mit der Mutter verbunden. Besonders bei einer ängstlich-klammernden Mutter kann die Mutterbindung zum Gefängnis fürs Kind werden. Wenn das Kind beginnt, von der Mutter weg zu krabbeln, braucht es Raum, um sich zu entfalten. Es sucht nach anderen Anregungen und Beziehungen außer der Mutter. Wenn die Mutter dies nicht zulässt und kein Vater als alternative Bindungsperson da ist, bleibt das Kind bei der Mutter, bisweilen bleibt es »in« der Mutter, wie von ihr verschluckt. (Symbolisiert wird dieses bedrohliche Mutterbild zum Beispiel im Märchen »Hänsel und Gretel«, in dem die Hexe Hänsel aufessen will.) Es lernt nicht, die »gute Mutter« von der »bösen Mutter« zu unterscheiden und kann sich nicht gegen die Mutter wehren, wenn sie ihm nicht gut tut. Durch diese Gemengelage kann im schlimmsten Fall eine Borderlinestörung entstehen. Das Kind bleibt in tödlicher Loyalität an die Mutter gebunden, unfähig, ohne die Mutter zu überleben, aber auch unfähig, eine eigenständige Person zu werden.

Der Vater bietet dem Kind also eine Alternative zur Mutter. Dies kann lebensnotwendig sein, wenn die Mutter z. B. psychisch gestört oder gewalttätig gegenüber dem Kind ist. Dann bedarf es einer dritten Person, die fähig ist und die Autorität besitzt, das Kind von der unfähigen oder destruktiven Mutter zu retten. Diese Erfahrung ist wichtig für Menschen, die Gewalt in der Partnerschaft erleben. Wenn sie als Kinder keine Erfahrung eines »rettenden Dritten« machen konnten, sehen sie keine Möglichkeit, sich vom gewalttätigen Partner zu entfernen. Sie bleiben in der destruktiven Dyade gefangen.

Wie lebensnotwendig der Vater sein kann, zeigt sich auch, wenn die Mutter nach der Geburt in eine *postpartale Depression* oder

Wochenbettdepression fällt. Eine solche Depression kommt bei 10–20 % aller Mütter vor - diese Frauen werden durch die Geburt ihres Kindes urplötzlich mit ihrer eigenen traumatischen Geburt und Kindheit konfrontiert. Die Mutter wird depressiv und teilnahmslos und kann sich nicht ausreichend ums Neugeborene kümmern. Hier wird der Vater dringend dazu gebraucht, dass er sich des Kindes annimmt und der Mutter zur medizinischen oder therapeutischen Behandlung verhilft. Selbst bei den milderen Formen von Stimmungstiefs, die vorwiegend durch den drastischen Abfall des mütterlichen Östrogenspiegels nach der Geburt verursacht werden und bis 70 % aller Wöchnerinnen treffen kann, ist es gut, dass der Vater da ist und bei Bedarf einspringen kann. Da er der Mutter am nächsten steht, bekommt er als Erster mit, wenn es ihr nicht gut geht, wenn sie dringend Schlaf oder eine Babypause braucht. Damit ist er derjenige, der Erste Hilfe leisten kann.[18]

Die Triangulierung gibt dem Kind auch die Möglichkeit und den Raum, für sich selbst zu sein. Wenn es sich sicher an Mutter und Vater gebunden fühlt, kann es alleine oder mit anderen Kindern spielen, während die Eltern sich als Paar zurückziehen oder etwas zu zweit unternehmen. Übermäßige Eifersucht vonseiten des Kindes ist meistens ein Zeichen für eine unsichere Bindung in der Kindheit.

Die spaltende Dreiecksbeziehung – die Kehrseite der Triangulierung
Die positive Wirkung der Triangulierung kann sich jedoch nur entfalten, wenn eine grundlegende Voraussetzung gegeben ist: Vater und Mutter müssen sich in ihrer Elternfunktion als *gleich wichtige und sich ergänzende Gegengewichte* anerkennen. Indem sie sich gegenseitig respektieren und als gleich wichtig fürs Kind achten, schaffen sie den Raum und die Offenheit dafür, dass sich jedes der drei Mitglieder im Familiendreieck frei zu den beiden anderen Mitgliedern bewegen kann. Vater und Mutter freuen sich,

dass das Kind sowohl zu Ihnen selbst als auch zum Partner eine nahe und eigenständige Beziehung aufbaut und unterhält. Sie gönnen dem Partner die gleiche liebevolle Beziehung zum Kind wie Sie es selbst erleben. Wenn Sie Neid und Eifersucht in sich spüren, können Sie diese Gefühle im Zaum halten. Sie fühlen sich nicht ausgeschlossen, wenn das Kind und der Partner eine liebevolle Beziehung leben.

Eine solch großherzige Haltung können die Eltern jedoch nur entfalten, wenn sie selber

- in ihrer Kindheit *genügend Liebe* empfangen haben
- in der Kindheit von *beiden* Eltern geliebt worden sind
- keine schweren *Rivalitäts- und Konkurrenzkämpfe mit ihren eigenen Geschwister* haben
- ihren Partner lieben und achten
- sich der Liebe ihres Kindes sicher sind.

Wenn diese Voraussetzungen nicht gegeben sind, kommt es zu *spaltenden Dreiecksbeziehungen*:

- Wenn eine junge Mutter oder ein junger Vater früher als Kind wenig Liebe erfahren hat, könnte er oder sie versucht sein, die Zuneigung des Kindes ganz für sich zu beanspruchen.
- Wenn die jungen Eltern in ihrer Kindheit heftige Geschwisterrivalität erlebt haben, könnten sie die frühere Konkurrenz auf ihre jetzige Beziehung übertragen und versuchen, das Kind an sich zu reißen.
- Wenn sie den Partner nicht lieben oder sich von diesem nicht geliebt fühlen, werden sie ihm die Liebe des Kindes nicht gönnen.
- Wenn sie sich der Liebe ihres Kindes nicht sicher sind, brauchen sie ständig die Bestätigung, dass das Kind sie lieber mag als den Partner.

- In seltenen Fällen ist der Vater oder die Mutter so kindlich bedürftig, dass sie nicht das Kind, sondern den Partner eng bei sich behalten und eine symbiotische Beziehung mit *ihm* leben, unter Ausschluss des Kindes. In solchen Konstellationen verbringen die jungen Eltern zum Beispiel lange Urlaube zu zweit und überlassen das Kind einem Kindermädchen oder den Großeltern.

In allen diesen Fällen spielt der emotionale Mangel der Eltern eine Hauptrolle. Aus eigener Bedürftigkeit wird das Herz eng. Man giert nach der Liebe des Kindes (oder des Partners) und spürt einen heftigen Schmerz, wenn man die beiden anderen eng beieinander sieht. Solche Neid- und Eifersuchtsgefühle haben ihre Wurzeln meist in der eigenen Kindheit. Wenn man sie ungezügelt wirken lässt, kommt es zur *Entsolidarisierung der Eltern*. Es kommt zu Koalitionsbildungen innerhalb des Dreiecks. Dann stehen jeweils Zwei gegen Eins. Bei einer solchen spaltenden Dreiecksbildung wird das Kind zur einen oder anderen Seite gezogen.

In vielen Fällen ist die Mutter zunächst im Vorteil, weil sie die erste und engste Beziehung zum Baby hat. Sie kann sich mit dem Kind gegen den Vater abschotten oder ihn gar ausschließen. Der Mann rächt sich, indem er zum Beispiel gewalttätig gegen Frau und Kinder wird. Indem er Frau oder Kind misshandelt oder missbraucht, bemächtigt er sich dessen, was er nicht freiwillig geschenkt bekommt. Er tauscht dann Macht gegen die ihm verweigerte Liebe ein. Andere Männer gehen fremd und suchen Liebe und Trost woanders. Häufig kommt es zur Trennung der Eltern.

In solchen destruktiven Familiendreiecken solidarisiert sich das Kind meist mit der misshandelten Mutter, besonders wenn es eine Tochter ist. Es identifiziert sich mit der scheinbar schwächeren Mutter und verteufelt den Vater. Erst später im Erwachsenenalter merkt das Kind, dass es womöglich von der Mutter als Verbündete/r gegen den Vater missbraucht worden ist. Dann kann es zu einer späten Annäherung zwischen dem erwachsenen Kind und dem Vater kommen.

In manchen Fällen fällt die Mutter aus, sei es, dass sie infolge einer körperlichen oder psychischen Krankheit (zum Beispiel postpartaler Depression) nach der Geburt geistig oder physisch abwesend ist, sei es, dass sie in dieser Zeit einen schweren Verlust erleidet, sei es, dass sie das Kind ablehnt. Dann übernimmt der Vater ihren Platz als engste Bindungsperson des Kindes. Ein Vater kann im Alltag die fehlende Mutter ersetzen. Jedoch merkt das Kind irgendwann im Erwachsenenalter, dass ihm etwas ganz Ursprüngliches gefehlt hat: die allererste Bezugsperson, die es im Uterus getragen hat. Wo ist sie bloß abgeblieben? Das Kind wird tief in sich eine Leere und Einsamkeit spüren, die es sein ganzes Leben begleiten könnte und es daran hindert, eine wirklich innige Beziehung zu leben.

> **Fallbeispiel:** Der gewalttätige Großvater steht zwischen Mutter und Großmutter, die Mutter stört ihrerseits den Kontakt zwischen Tochter und Vater
> *Eine Frau, glücklich verheiratet und Mutter mehrerer Kinder, berichtet von großen Problemen mit ihrer Mutter. Die Mutter habe sich immer in die Erziehung ihrer Kinder eingemischt und sei ihr gegenüber auch sonst so negativ eingestellt gewesen, dass sie den Kontakt gänzlich abgebrochen habe. Sie habe sich besser mit dem Vater verstanden. Aber die Mutter sei immer dazwischen gestanden und habe ihren Kontakt zum Vater gestört oder unterbunden.*
> *Aus der Familiengeschichte berichtet die Klientin, dass ihre Mutter einen furchtbaren Vater gehabt habe. Dieser Großvater sei ein richtiger Sklaventreiber gewesen und habe die Großmutter und die Mutter tyrannisiert.*
> *Bei der Familienaufstellung kam tatsächlich heraus, dass die Mutter wie Espenlaub vor dem Großvater zitterte und sich hinter*

ihrem Mann vor ihm verstecken musste. Bei der Frage, weshalb der Großvater so despotisch war, stellte sich heraus, dass er seine Mutter früh verloren hatte. Später verlor er auch noch eine Frau, die er sehr geliebt hatte. Als der Therapeut diese Geliebte neben ihn stellt, blüht er förmlich auf. Er strahlt wie ein glückliches Kind und ist nun überhaupt nicht mehr bedrohlich für seine Tochter, die Mutter der Klientin.

Nun kann die Mutter endlich zur Großmutter gehen. Vorher hat der despotische Großvater eifersüchtig darüber gewacht, dass die Mutter keine Unterstützung von ihrer Mutter bekam. Jetzt, nachdem der Großvater neben seiner ehemaligen Geliebten friedlich geworden war, konnten sich Mutter und Großmutter gefahrlos einander nahe sein. Mit der Großmutter im Rücken wird die Mutter offener und liebevoller zu der Klientin. Diese bittet die Mutter um Erlaubnis, zu ihrem Vater gehen zu dürfen. Die Mutter hat jetzt nichts mehr dagegen (vorher hat sie, nach dem Vorbild ihres Vaters, ebenfalls den Kontakt zwischen ihrer Tochter und ihrem Mann unterbunden).

Die Klientin umarmt ihren Vater. Sie wird ganz klein und bedürftig. Der Vater hält sie und ist froh, seine kleine Tochter endlich im Arm halten zu können. Danach streckt die Tochter ihre Hände auch nach der Mutter aus. Mutter und Tochter kommen wieder zusammen und versöhnen sich. Nun stehen Großmutter, Mutter, Vater und Tochter endlich einträchtig zusammen.

Das soziale Umfeld nach der Geburt

Betty Estelle, eine erfahrene amerikanische Kollegin, hat einmal gesagt: Damit es einem neugeborenen Kind gut geht, bedarf es mindestens sieben Betreuungspersonen. Dies ist eine wichtige Aussage angesichts der Tatsache, dass die meisten Kleinfamilien heute nur noch aus drei Personen bestehen: Vater-Mutter-Kind. Bei der intensiven Pflege, die ein Säugling braucht, vor allem wenn es die Nacht nicht durchschläft, gelangen beide Eltern schnell an die Grenzen ihrer Belastbarkeit. Nach Monaten unterbrochener Nachtruhe sind sie erschöpft und »mürbe«. Man erkennt Mütter und Väter kleiner Kinder an den Ringen unter ihren Augen und der Blässe im Gesicht. Sie haben das Gefühl, alles zu geben, und doch ist es nicht genug.

Wenn wir den Grundsatz ernst nehmen, dass ein Kind mindestens sieben Betreuungspersonen braucht, damit es *allen* gut geht, müssen wir für ein gutes soziales Umfeld um die Familie sorgen. Gibt es Großeltern, die das Kind stunden- oder tageweise übernehmen können? Gibt es ledige oder kinderlose Verwandte und Freunde, die bei Bedarf einspringen können? Gibt es Nachbarn, die sich freuen würden, das Kind zu übernehmen? Leben in der unmittelbaren Nachbarschaft ebenfalls Familien mit kleinen Kindern, mit denen man die Kinderbetreuung teilen kann? Mehrgenerationenhäuser und -siedlungen können der Vereinsamung junger Familien vorbeugen. Solche persönlichen Stützpunkte sind neben öffentlichen Kinderkrippen und -tagesstätten von eminenter Bedeutung für das Glück und den Zusammenhalt junger Familien.

Multitasking: Die familiäre Arbeitsteilung

Gleich nach der Geburt formiert sich die Familie neu. Eigentlich formt sie sich erst dann. Wie man zusammenlebt und sich die Arbeit teilt, wird nun zur entscheidenden Frage.

Die Metamorphose eines kinderlosen Paares zu einem Elternpaar vollzieht sich am stärksten in der Arbeitsteilung. Bei den meisten Paaren sind beide Partner vorher einer beruflichen Tätigkeit nachgegangen und haben ihr eigenes Geld verdient. Diese Unabhängigkeit beizubehalten, wenn Kinder da sind, wäre theoretisch wünschenswert, ist jedoch kaum realisierbar, vor allem wenn mehr als ein Kind zu versorgen ist.

Denn die Versorgung eines Säuglings und Kleinkindes ist ein Vollzeitjob. Diese Arbeit lässt sich zwar teilweise an andere delegieren: Großeltern, Tagesmutter, Kinderkrippe. Bei einer solchen pragmatischen Sichtweise übersieht man aber die Tatsache, dass das Kind während seiner ersten Lebensjahre die Bindung zu seinen engsten Bezugspersonen aufbaut. Umgekehrt bauen Eltern in dieser so kostbaren Zeit ihre Bindung zum Kind ebenfalls auf. Ein Kind ist kein Auto, das man bei anderen abstellen kann. Selbst ein Auto überlässt man nicht ohne weiteres einem Fremden! (Bei Menschen, die in der DDR aufwuchsen und früh in Kinderkrippen geschickt wurden, stelle ich häufig eine geringe bis mangelhafte Bindung zu ihren Eltern fest.)

Wenn die Betreuung eines Kindes vor allem Sache der Eltern ist, erhebt sich die Frage: Wer von beiden soll dies übernehmen? Theoretisch wäre die Antwort leicht: beide! Jedoch übersehen wir dabei die biologische Tatsache, dass es die Mutter ist, die das Kind neun Monate in sich trägt, zur Welt bringt und stillt. Schwangerschaft, Geburt und Stillzeit machen die Mutter zur ersten Bezugs- und Betreuungsperson des Kindes. In dieser Zeit ist der Vater nur ein teilnehmender Dritter.

Natürlich können sich die Eltern in der Pflege des Kindes abwechseln. Die Mutter braucht ihre Erholungspausen und Zeiten, um für sich allein zu sein. Aber es sollte klar sein, dass die Mutter während dieser empfindlichen Entwicklungsphase des Kindes die Hauptbezugsperson ist. Der Vater kann und soll selbstverständlich seine Beziehung zum Kind aufnehmen und pflegen. Aber seine Hauptfunktion besteht darin, für die Mutter zu sorgen und sie zu entlasten. Die daraus resultierende Arbeitsteilung – die Mutter ist in der ersten Zeit fürs Kind zuständig, der Vater für die äußere Versorgung – ist von der Natur vorgegeben. Sie kann zwar sozial modifiziert, aber nicht außer Kraft gesetzt werden. Dies hat eine Unterbrechung der Berufstätigkeit der Mutter zur Folge. Außerdem wird mit jedem weiteren Kind ihr beruflicher Wiedereinstieg schwieriger:

ihre berufliche Tätigkeit wird immer wieder unterbrochen. Daher tendieren Familien mit mehreren Kindern mehr zur traditionellen Arbeitsteilung, während Frauen in verantwortlichen beruflichen Positionen entweder keine Kinder oder nur ein Kind haben.

Außerdem entfaltet gerade an dem Punkt, wo ein Paar Kinder bekommt, eine außerordentlich starke gesellschaftliche Rollenzuschreibung ihre Wirkung: In der patriarchalischen Ordnung wird Muttersein per se als das ureigenste Lebensziel von Frauen definiert. Mütter, die sich weigern, ihren Lebenssinn ausschließlich im Großziehen von Kindern zu sehen, werden als »Rabenmütter« diffamiert: Sie würden ihre Männer und ihre Kinder verraten und sie im Stich lassen. Viele Frauen übernehmen unbewusst diese geschlechtliche Diskriminierung und bekommen heftige Schuldgefühle, wenn sie für sich das Recht nehmen, ihre Berufstätigkeit ebenso wichtig oder wichtiger als die Kindererziehung zu nehmen.[19]

Es kommt noch ein gewichtiger Grund für die ungleiche Arbeitsteilung dazu: die ungleiche Bezahlung von Frauen und Männern bei gleicher Qualifikation. Da in der Regel der Mann mehr verdient, geht er arbeiten. Die Frau gibt ihre Arbeit auf, manchmal für immer.

Irgendwann realisiert das Paar, dass es mit viel weniger Geld auskommen muss als vorher. Kinder großzuziehen kostet nicht nur Zeit und Energie, sondern auch eine Menge Geld. Gesetzliche Fördermaßnahmen wie Elternzeit, Elterngeld, Kindergeld oder Wohnungsbauprämie können das Weniger an finanziellen Mitteln zwar mildern, jedoch nicht wettmachen. Dies stellt den verdienenden Elternteil (meistens den Vater) unter erheblichen Druck. Er muss mehr arbeiten, weil er nun für drei verdienen muss. Die Klage der Mutter, dass sie ihn kaum noch sehe, ist zwar verständlich, sie macht ihm jedoch noch mehr Schuldgefühle. Viele Väter würden gerne weniger arbeiten und mehr bei Frau und Kind sein, wenn der Arbeitgeber dies zuließe und der Verdienst stimmte.

Es ist daher im Interesse aller, dass Erziehungs- und Erwerbsarbeit langfristig zwischen Vater und Mutter gleich verteilt sind. Nicht nur, damit Väter ihren Kontakt zu den Kindern intensivieren können, sondern auch, weil eine einseitige Ausrichtung auf Kindererziehung Mütter intellektuell und kommunikativ austrocknen lässt. Es ist auch im Interesse des Paares, dass beide imstande sind, einzuspringen, falls einer der Partner ausfällt. Außerdem verdient jeder Partner weiterhin sein eigenes Geld, falls sie sich trennen sollten. Nicht zuletzt profitiert auch die Wirtschaft davon, wenn die brachliegenden beruflichen Möglichkeiten von Müttern ausgeschöpft werden.

Hindernisse für eine egalitäre Arbeitsteilung
Viele junge Eltern sind für eine egalitäre Arbeitsteilung. Dieser steht jedoch eine Vielzahl gesellschaftlicher Rahmenbedingungen im Wege, die junge Paare daran hindern, Familien- und Erwerbsarbeit gleichberechtigt aufzuteilen. Es sind dies:

- das Lohngefälle zwischen Männern und Frauen (Frauen verdienen bei gleicher Qualifikation durchschnittlich 20 % weniger als Männer)
- das Ehegattensplitting (Steuervorteil bei ungleichem Verdienst der Ehepartner)
- das Fehlen einer Existenz-Grundsicherung für beide Geschlechter
- die Abnahme an sozialversicherungspflichtigen Beschäftigungsverhältnissen
- die Zunahme an prekären Arbeitsverhältnissen
- die Starrheit von Arbeits- und Produktionsprozessen
- das Fehlen von flexiblen Arbeitszeitmodellen besonders für Männer
- das Fehlen einer Frauenquote in hohen und den höchsten beruflichen Positionen

- der Mangel an und die Unsicherheit von Krippenplätzen
- der Mangel an betrieblichen Kinderkrippen und Kindergärten

Um diese Mängel zu beheben, wäre eine stärkere finanzielle und logistische Unterstützung nicht nur von privater Seite, sondern von der Gemeinschaft (dem Staat und der Wirtschaft) notwendig, damit junge Paare sich die Zeit nehmen können, um als Familie zusammenzuwachsen. *Eine kinder-, mütter- und väterfreundlichere Einstellung in der Gesellschaft ist dringend gefragt. Es geht dabei nicht bloß um eine bürokratisch regulierbare gleichförmigere Verteilung der Arbeit zwischen Mann und Frau. Es geht vor allem um den Abbau der tief verwurzelten Verachtung der Frau und der von ihr verrichteten Reproduktionsarbeit in der patriarchalischen Tradition. Eine solche grundlegende Veränderung kann nur in einem gesamtgesellschaftlichen Diskurs geschehen.*

Der spannende Übergang von der patriarchalischen Ordnung zu einer egalitären Gesellschaft
Wir befinden uns in einer außerordentlich spannenden (und auch spannungsreichen) Übergangsperiode, was die familiäre Arbeitsteilung angeht. Wir sind im Begriff, uns von der traditionellen patriarchalischen Ordnung zu verabschieden und uns zu einer egalitären Gesellschaft zu entwickeln. Dabei laufen viele verschiedene Entwicklungslinien durcheinander. Die Interessen von den verschiedensten Seiten überkreuzen sich und geraten leicht miteinander in Widerstreit. Es sind dabei die Interessen und Bedürfnisse der Kinder, der Frauen/Mütter, der Männer/Väter, der Wirtschaft und der Gemeinschaft/des Staates zu berücksichtigen.

Um einen Überblick über diese verwirrende Vielfalt an Bedürfnissen und Interessen zu gewinnen, habe ich in den folgenden Tabellen versucht, beide Systeme gegenüberstellen – die traditionelle familiäre Arbeitsteilung und die egalitäre Arbeitsteilung.

Traditionelle (patriarchalische) Arbeitsteilung

	Vorteile	Nachteile
Kinder	Verlässlichkeit und Beständigkeit in der Kinderbetreuung Bindungssicherheit Personelle, örtliche und zeitliche Konstanz (gleiche Betreuungspersonen, gleicher Wohnort, geregelter Lebensrhythmus)	Frauenorientierung in der Kinderbetreuung (in Familie, Kindertagesstätte, Kindergarten, Schule) Keine männlichen Vorbilder (besonders für Jungen) Einseitige geschlechtsspezifische Erziehung Festgelegtsein in tradierten Geschlechtsrollen Eintönigkeit, Abhängigkeit
Frauen und Mütter	Klar definierte Rolle (die jedoch viele junge berufstätige Frauen davor abhält, Kinder zu haben)	Überforderung und Überverantwortlichkeit in Haushalt und Kindererziehung Einseitigkeit im Tageslauf Intellektuelle und kommunikative Unterforderung und Abstumpfung Entfremdung von der Arbeitswelt Zunehmende Hilflosigkeit in der außerfamiliären Welt Materielle Abhängigkeit vom Mann

▶

	Vorteile	Nachteile
Frauen und Mütter		Unterwerfung gegenüber der männlichen Dominanz, gepaart mit untergründigem Groll und Zorn
		Armutsrisiko nach Scheidung und im Alter
		Abnahme des Selbstwertgefühls und Selbstvertrauens, Selbstverachtung (weiblicher Narzissmus)
		Süchte als Ersatzbefriedigung (Essen, Rauchen, Konsum usw.)
Männer und Väter	Klar definierte Rolle	Entfremdung von der Familie
	Dominanz über Frau und Kindern	Entfremdung von den Kindern
	Aufgeblasenes Selbstbewusstsein (männlicher Narzissmus)	Berufliche Überlastung
		Süchte (Arbeit, Alkohol, Sex)
	Verachtung der Frau und der Haushalts- und Erziehungsarbeit	Innere Abhängigkeit von der Fürsorge der Frau, die immer mehr zur »Mama« für den Mann wird
		Fremdgehen, Doppelleben
		Untergründige Schuldgefühle gegenüber der Partnerin

	Vorteile	Nachteile
Paarbeziehung/Familie	Äußerlich geachtete Familie	Ungleichheit und Abhängigkeit führen zu Spannungen in der Paarbeziehung und im Verhältnis zwischen Vätern und Kindern
		Verlust der erotischen Beziehung zwischen den Partnern, dadurch Gefahr außerehelicher Beziehungen und Affären
		Trennung und Scheidung bei zunehmender Emanzipation der Frau, anschließende »serielle Partnerschaften« des Mannes mit immer jüngeren Frauen
Wirtschaft	Verlässlichkeit der männlichen Arbeitskraft	Überbewertung der Produktionsarbeit
	Verlässlichkeit der Arbeitszeiten und Arbeitsabläufe	Mangel an Flexibilität in Arbeitsabläufen, die räumlich, zeitlich und personell flexibel gestaltet werden können
		Überbewertung der Ökonomie gegenüber Ökologie, Gerechtigkeit und Mitmenschlichkeit

	Vorteile	Nachteile
Wirtschaft		Das Potenzial von Frauen und Alten kann nicht voll ausgeschöpft werden Unterbezahlung der Frauenarbeit gegenüber Männerarbeit
Gemeinschaft/Staat	Autoritärer Staat	Entwertung der Reproduktionsarbeit (Kindererziehung, Altenpflege, soziale Fürsorge) Verwaltung von Ungleichheiten und Ungerechtigkeiten Entsolidarisierung der Gesellschaft Tendenz zu autoritären Strukturen

Egalitäre Arbeitsteilung

	Vorteile	Nachteile
Kinder	Männliche und weibliche Betreuungspersonen und Vorbilder stehen für Jungen und Mädchen zur Verfügung Vorbild in Gleichberechtigung	Verlust an personeller, örtlicher, und zeitlicher Konstanz (ständiger Wechsel der Betreuungspersonen, des Aufenthaltsortes, des Tages- und Wochenrhythmus) Unruhe, Stress

	Vorteile	Nachteile
Kinder		ADHS-Risiko bei ungünstigen Familienverhältnissen
Frauen und Mütter	Ganzheitliche Beanspruchung in Familien- und Erwerbsarbeit Materielle Selbständigkeit Materielle Absicherung bei Trennung und im Alter Gesundes Selbstbewusstsein	Hetze zwischen Familie, Haushalt und Erwerbsarbeit Ausbeutung anderer Frauen als Hilfskräfte (Großmütter, Reinmachefrauen, Tagesmütter, Erzieherinnen), solange Reproduktionsarbeit schlechter bezahlt wird als Produktionsarbeit
Männer und Väter	Ganzheitliche Beanspruchung in Familien- und Erwerbsarbeit Entlastung von Erwerbsarbeit Bessere Beziehung zu den Kindern und Anbindung an die Familie Mehr Selbstzufriedenheit, Demut und Bescheidenheit	Verlust der patriarchalischen Privilegien

	Vorteile	Nachteile
Paarbeziehung/Familie	Gelebte Partnerschaft zwischen zwei gleich starken und gleich verantwortlichen Partnern Bei Ausfall eines Partners kann der andere Partner leichter einspringen Gegenseitiger Respekt Gegenseitiges Verständnis	Wenn beide Eltern arbeiten, wird viel Flexibilität und Anpassung von allen Familienmitgliedern verlangt
Wirtschaft	»Wissensarbeit« kann leichter flexibilisiert werden als »Produktionsarbeit« Ausschöpfung des Arbeitspotenzials von Frauen Mehr Kreativität, Menschlichkeit und ökologische Rücksichtnahme in Produktion, Vertrieb und Konsum	Personelle, örtliche und zeitliche Flexibilität der Arbeit ist erforderlich Flexibilität ist schwerer realisierbar in Kleinbetrieben und in maschinellen Produktionsprozessen Höhere Entlohnung von Frauenarbeit und Reproduktionsarbeit (Erziehung, Pflege, Fürsorge)

	Vorteile	Nachteile
Gemeinschaft/Staat	Kinder-, frauen- und männerfreundlichere Gesellschaft	
	Gleichstellung von Produktions- und Reproduktionsarbeit	
	Allgemeine Wohlfahrt	
	Stärkung der Demokratie	

Vergleicht man beide Tabellen, dann überwiegen die Vorteile der egalitären Arbeitsteilung gegenüber ihren Nachteilen. Denn Ungleichheit in der Arbeits-, Einkommens- und Machtverteilung zwischen den Partner führt leicht zu einseitigen Abhängigkeiten und partnerschaftlichen Spannungen, die in Trennung und Scheidung enden können. Freilich wird sehr viel Anstrengung von allen Seiten verlangt, um die gewohnten Einstellungen und Haltungen zu ändern. Vor allem muss man darauf achten, dass die Kinder bei allem Hin und Her zwischen Eltern und Betreuungsstätten nicht unter die Räder kommen (Wohlstandsverwahrlosung, ADHS-Risiko vor allem in ungünstigen Familienverhältnissen).

Für den Kampf um eine gerechtere Arbeitsteilung genügt es nicht, dass nur Frauen ihre Rechte einfordern. Gerade in der Arbeitswelt brauchen wir mehr mutige Männer, die bei ihren Arbeitgebern flexiblere Arbeitszeiten und Teilzeitarbeit beantragen und durchsetzen. Männliche Vorbilder sind gefragt, die in der Arbeitswelt kulturbildend wirken. Viele Arbeitgeber reagieren positiv auf solche Vorstöße. Sie haben realisiert, dass Unternehmen langfristig nur gedeihen können, wenn sie sich an die gesellschaftlichen Realitäten anpassen und die Bedürfnisse und Interessen der Beschäftigten berücksichtigen. Dies fördert deren Zufriedenheit und den betrieblichen Frieden.

Hier nur ein kleines Beispiel: Das derzeitige Familienministerium hat den interessanten Vorschlag eines *Familienarbeitszeit-Modells* nach dem Vorbild der Elternzeit vorgelegt: Demnach hätten beide Eltern nach der Elternzeit die Möglichkeit, mit einer für beide Partner gleichen, reduzierten Stundenzahl zu arbeiten. Zum Beispiel gehen Mutter *und* Vater jeweils 75% ihrer bisherigen Arbeitszeit arbeiten. Der Staat würde ihnen einen Teil des ausgefallenen Lohns ersetzen. Mit diesem finanziellen Anreiz könnten Mütter mehr arbeiten gehen, während Väter ihre Arbeitszeit senken könnten. Beide würden in reduziertem Maße weiterarbeiten können und hätten die gleiche zeitliche Möglichkeit, sich um Kinder und Haushalt zu kümmern. Das Familieneinkommen und eine gleich verteilte Familien- und Erwerbsarbeit wären gewährleistet. Auch die Wirtschaft würde profitieren, weil beide Eltern zusammen mehr Arbeitszeit aufbrächten als wenn nur ein Elternteil Vollzeit und der andere gar nicht oder nur Teilzeit arbeitet.

Gesellschaftliche Innovationen benötigen demnach den Einsatz aller beteiligten Personen und Institutionen. Solch große kulturelle Veränderungen brauchen Zeit und Geduld. Es bedarf mehr als einer Generation, um die Veränderungen, die im Familien-, Mutter- und Vaterbild stattfinden, zu vollziehen. Langfristig würde dies helfen, die Paarbeziehung zu stärken und die Familie zu stabilisieren.

Die vielen Entwicklungsstränge während der Elternschaft

Wenn wir Eltern werden, durchlaufen wir eine Zeit der Umwandlung. Es ist eine Zeit, in der verschiedene Entwicklungsstränge parallel ablaufen. Sie sind meist ineinander verflochten und nicht so leicht voneinander unterscheidbar. Außer der Arbeitsteilung, die wir im letzten Kapitel angeschaut haben, handelt es sich um folgende Entwicklungslinien:

Die aktuelle Lebenssituation der Eltern, ihre Lebens- und Familienplanung
Die aktuelle Lebenssituation spielt natürlich eine entscheidende Rolle in der Art und Weise, wie Eltern zu ihrem Kind stehen. Passt ein Kind in ihre Lebensplanung? Ein Schulmädchen, das bei seiner ersten sexuellen Begegnung ungewollt schwanger wird, wird ganz anders auf ein solches Ereignis reagieren als eine Frau, die nach vielen Versuchen endlich schwanger wird. Ein Mann, der schon viele Kinder hat und gerade arbeitslos geworden ist, wird der Ankunft eines weiteren Kindes ganz anders entgegensehen als einer, der schon lange sein erstes Kind herbeigesehnt hat.

Hier spielen viele Faktoren bei den Eltern eine Rolle: ihre Partnerschaft, ihr Alter, ihre Lebensplanung, ihre persönliche Reife, ihre finanzielle Lage, anderweitige Bindungen und so weiter. Ein Kind zwingt die werdenden Eltern, alle diese verschiedenen Einflussfaktoren unter einen Hut zu bringen und zu integrieren. Dies ist keine leichte Aufgabe. Sie müssen Prioritäten setzen und Wichtiges von Unwichtigem trennen. Sie müssen sich fragen, was für sie wirklich zählt. Sie müssen ihr Leben neu ordnen und den Alltag mit dem Kind organisieren. Diese intensive Arbeit macht junge Eltern reifer und verantwortungsbewusster.

Der Alltag mit Baby und Kind(ern)
Eine der stärksten Belastungen für Eltern stellt der Alltag mit Baby und Kind(ern) dar, vor allem, weil es sich um eine *Dauerbelastung* handelt. Ein Säugling fordert eine Tag- und Nachtbetreuung: Füttern, Wickeln, Baden, Spielen, Beruhigen. Der zuständige Elternteil muss ständig in Rufbereitschaft stehen. Mehr als Zeitungslesen oder einfache Hausarbeiten ist nicht möglich, weil man sofort auf der Matte stehen muss, wenn das Baby sich meldet. Vor allem das nächtliche Aufstehen kann die Eltern zermürben. Angesichts der überbordenden Sorge fürs Kind kommt die Selbstfürsorge oft zu kurz. Auch die Partnerschaft leidet unter dem Dauerstress. Die Eltern geben sich die Klinke in die Hand: Der eine kommt und übernimmt das Kind, während der andere zu seinem Arbeitstermin eilt. Es gibt kaum eine Atempause für sich selbst, geschweige denn eine ruhige Minute mit dem Partner.

Auch bei älteren Kindern hört der Stress nicht auf: Morgens muss man die Kinder wecken und für Frühstück und Pausenbrote sorgen. Die Kinder müssen zum Bus oder zur Schule gebracht werden. Dann erst beginnt die eigene, knappe Arbeitszeit, die viel zu schnell unterbrochen wird, weil man mittags die Kinder wieder abholen muss. Das Mittagessen muss rasch vonstatten gehen, weil danach gleich das Nachmittagsprogramm beginnt: Hausaufgaben, Musikunterricht, Nachhilfe oder Sport – all dies muss ebenfalls organisiert und koordiniert werden. Wenn die Kinder abends glücklich im Bett liegen, muss die liegen gebliebene Hausarbeit oder die Vorbereitung für den nächsten Arbeitstag erledigt werden. Für die Eltern sind dies Jahre harter Arbeit, in denen man auf vieles verzichten muss.

Die kindliche Entwicklung
Die Betreuung von Kindern unterscheidet sich von jeder anderen Arbeit: Kinder befinden sich in steter Veränderung, an die man sich als Eltern ständig anpassen muss. Ein Kind durchläuft im

Älterwerden verschiedene Entwicklungsphasen, in denen es ganz unterschiedliche Bedürfnisse an seine Eltern richtet. Ein Baby braucht etwas anderes als ein Kind im Trotzalter, ein Teenager hat andere Ansprüche als ein Kind im Grundschulalter. Wir werden in den nächsten Kapiteln sehen, was Kinder in verschiedenen Lebensaltern besonders von ihren Vätern brauchen.

Eltern durchleben, parallel zur Entwicklung ihrer Kinder, noch einmal ihre eigene Kindheit
Dies ist die faszinierendste Seite des Elternseins: Wenn wir Eltern werden, durchlaufen wir, parallel zum Werden und Wachsen unserer Kinder, alle Stadien unserer eigenen Kindheit. Wir sind doppelt, wenn wir Eltern werden: Wir sind Eltern für unsere Kinder im Hier und Jetzt. Gleichzeitig durchlaufen wir, wie auf einer Parallelschiene, unser vergangenes Leben als Kinder unserer Eltern. Ein Mann, der Vater wird und das Aufwachsen seiner Kinder verfolgt, wird sich immer in seinen Kindern wiedererkennen. Nicht selten erlebt eine gebärende Frau ihr eigenes Geburtstrauma wieder, das sie einst als Baby erlebt hat.

Das Verhältnis zu den eigenen Eltern
Wenn die eigene Kindheit wiederbelebt wird, erinnert man sich auf einmal an die eigenen Eltern, als man selbst Kind war. Man merkt plötzlich, dass man die gleichen Verhaltensweisen an den Tag legt wie einst die eigenen Eltern und erschrickt: So wollte man doch nie sein! Man merkt, wie tief sich das väterliche und mütterliche Vorbild in einem eingeprägt hat – in der Art, wie man das Kind anspricht, wie man sich gegenüber dem Partner oder der Partnerin verhält, wie man seine Wohnung gestaltet und sein Leben organisiert.

Das rührt auf und macht nachdenklich. Man durchlebt einen inneren Kampf zwischen der Solidarität mit dem inneren Kind in einem selbst und dem aufkeimenden Verständnis für die eigenen

Eltern. Und man fragt sich: Wie soll ich mich *jetzt* meinem Kind gegenüber verhalten? Man lernt auf einmal die eigenen Eltern, die man lange hinter sich gelassen zu haben glaubt, in ihrer Lebenserfahrung zu schätzen.

Dies ist ein bedeutender innerer Prozess: Wenn wir Eltern werden, haben wir erstens die Chance, unsere Kindheit und Jugend zu verarbeiten – unsere Traumata zu bewältigen, unsere Verluste zu betrauern, unsere inneren Löcher zu stopfen. Dadurch werden wir reifer. Zweitens wachsen wir gleichzeitig in die Mutter- und Vaterrolle hinein. Wir werden verantwortungsbewusster. Wir werden uns unserer Macht und unserer Ohnmacht als Eltern bewusster. Wir wachsen in unserer Liebes- und Leidensfähigkeit. Als Kinder unserer Eltern und als Eltern unserer Kinder bekommen wir ein Gespür für den Fluss des Lebens durch die Generationen hindurch. Wir werden demütiger.[20]

Die Paarbeziehung

Die Beziehung zwischen den Eltern stellt die tragende Säule einer Familie dar. Sie ist von zentraler Bedeutung für das Wohlbefinden aller Familienmitglieder. Wenn sich die Eltern lieben und zusammenhalten, kann ihre Liebe über viele Widrigkeiten des Alltags hinweghelfen. Umgekehrt nutzen selbst die günstigsten äußeren Bedingungen nichts, wenn die Partner nichts (mehr) füreinander empfinden. Ein schönes Haus kann nie eine gute Partnerschaft ersetzen.

Liebe und Solidarität sind notwendige Voraussetzungen für das Gedeihen einer Familie. Sie sind jedoch noch keine Garantie dafür, dass die Beziehung auch ein ganzes Leben lang hält. Denn nicht nur Kinder, auch Eltern machen im Laufe der Jahre eine eigene innere Entwicklung durch. Dies kann sich im Wunsch nach einem weiteren Kind oder einem neuen Beruf äußern. Der Tod der eigenen Eltern oder eine spirituelle Suche kann die bisherige Lebenshaltung in Frage stellen. Dies kann dazu führen, dass der eine oder andere Partner neue Wege ausprobieren möchte. Solange die Entwicklungslinien beider Partner parallel zueinander verlaufen, bleibt ihre Beziehung lebendig. Sie können sich gegenseitig bestärken und Mut zusprechen. Manchmal bewegen sich aber ihre Wünsche und Bedürfnisse in unterschiedliche Richtungen. Dann kann es zur inneren oder äußeren Scheidung kommen, wenn sie sich nicht umeinander bemühen.

Manchmal können auch plötzlich unerwartete Ereignisse in eine Paarbeziehung einbrechen – eine politische Umwälzung, ein Unfall, eine schwere Krankheit oder eine Liebesaffäre –, die den Zusammenhalt des Paares gefährden. Dann wird viel von der inneren Widerstandskraft der Partner und ihrer Entschiedenheit, sich der Herausforderung zu stellen, abhängen, ob die Beziehung scheitert oder gestärkt aus der Krise hervorgeht. Auch von Therapie- und Beratungsangeboten können Paare Gebrauch machen, um gut durch die Stromschnellen der Elternschaft zu kommen.

Die Familientradition
Gegenüber früheren Zeiten hat der Einfluss von Herkunft und Tradition bei den heutigen jungen Familien, zumindest oberflächlich gesehen, abgenommen. In unserer globalisierten Welt können junge Menschen eine Partnerschaft jenseits geographischer, ethnischer und konfessioneller Grenzen sowie jenseits der gängigen sexuellen Orientierung eingehen. Eine Liebesbeziehung zu beginnen ist einfach. Es macht jedoch einen gewaltigen Unterschied, ob man kinderlos zusammenlebt oder eine Familie gründet.

Wenn zwei Menschen gemeinsame Kinder bekommen, fließen zwei Familientraditionen ineinander, die miteinander in Einklang gebracht werden müssen. Kulturelle und familiäre Unterschiede treten auf einmal in den Vordergrund. Ein gutes Beispiel bieten große Feste wie Weihnachten oder Neujahr. Hier können gelegentlich unvereinbare Familientraditionen (oder auch Nicht-Traditionen) aufeinander prallen. Neben den Festen gibt die Initiation der Kinder in die religiöse oder kulturelle Tradition der Eltern oft Anlass zu heftigen Auseinandersetzungen.

Daneben gibt es noch mannigfaltige Aufträge, die die jungen Eltern von ihren Eltern, Großeltern und der Familientradition erhalten haben: Sie sollen die Treue zu einer bestimmten Familientradition halten, für männlichen oder weiblichen Nachwuchs sorgen, den Namen der Familie in Ehren halten und ihm keine Schande zufügen. Solche Aufträge oder Delegationen können bewusst oder unbewusst weitergegeben werden. Die jungen Eltern spüren manchmal ihre Wirkung erst, wenn sie gegen eines dieser unausgesprochenen Gebote verstoßen. Sie haben dann das Gefühl, ihre Herkunftsfamilie verraten zu haben.

Auf einer noch tieferen Stufe gibt es familiäre Einflüsse, die dem Bewusstsein kaum zugänglich sind: Es sind die unverarbeiteten Konflikte und Traumata vergangener Generationen, die auf die Nachkommenschaft übergehen und Kinder und Enkelkinder schwer belasten können. Es gibt Familien, in denen Geschwisterstreitigkeiten von einer Generation zur nächsten »vererbt« werden. In anderen Familien sterben fast alle männlichen Nachkommen früh. Es gibt Familien, in denen die gesamte weibliche Linie von der Großmutter bis zur Enkeltochter von ihren Ehemännern ausgebeutet und misshandelt wird. Bekannt ist auch die Weitergabe von Suchttendenzen durch die Generationen. All diese familiären Einflüsse können die Gründung einer jungen Familie belasten, wie wir es an den Fallbeispielen sehen können.

Der Einfluss der Zeitgeschichte
Die Zeitgeschichte spielt eine erhebliche Rolle für die Entwicklung der modernen Familie. Sie hat einen entscheidenden Einfluss besonders auf die Position der Väter. Wir haben am Beispiel der Weltkriege gesehen, wie das Fehlen mehrerer Vätergenerationen den Zerfall der traditionellen Familie beschleunigt hat.

Die aktuelle gesellschaftliche Situation

Die gegenwärtige gesellschaftliche Situation forciert diese Entwicklung. Die Globalisierung der Arbeitswelt fordert von jungen Menschen ständige Mobilität. Dadurch reduzieren sich viele Partnerschaften auf Wochenendbeziehungen. Wenn beide Partner ständig unterwegs sind, lässt sich die Ruhe und Stabilität, die das Aufziehen kleiner Kinder erfordert, nur schwer herstellen. Viel zu wenige Betriebe bieten ihren Mitarbeiterinnen und Mitarbeitern flexible Arbeitszeiten und Kinderbetreuung am Arbeitsplatz an.

Das neue Scheidungsrecht, das dem Elternteil, der während der Ehe wenig oder nichts verdient hat, nach einer Scheidung nur in den ersten drei Lebensjahren ihres Kindes Unterhalt vom anderen Partner gewährleistet, zwingt junge Mütter, ihre Berufstätigkeit so früh wie möglich nach der Geburt ihres Kindes wieder aufzunehmen, damit sie nach einer Scheidung nicht in Armut landen. Der besser verdienende Elternteil (meist der Mann) wird von seiner inneren Verpflichtung entlastet, im Falle einer Scheidung für den anderen Partner (meist die Frau) zu sorgen, der zuhause geblieben ist und für Haushalt und Kinder gesorgt hat. Solche Gesetze unterminieren die Solidarität unter den Partnern.

Wenn wir nun alle die Eindrücke anschauen, die auf werdende Eltern einstürmen, verstehen wir besser, weshalb Väter und Mütter oft so verwirrt sind. Sie stehen in einem Geflecht unübersehbarer Kräfte und Beziehungen, mit denen sie herumjonglieren und fertig werden müssen.

Elternsein ist eine harte Schule. Elternsein bedeutet eine ungeheure Herausforderung an unsere Toleranz, unser Selbstwertgefühl und unsere Liebes- und Leidensfähigkeit. Die Zeit mit kleinen Kindern gehört zu den härtesten im Menschenleben. Aber sie ist, wie bereits erwähnt, eine der fruchtbarsten – wenn beide Partner bereit sind, daran zu arbeiten. Dies verlangt viel Mut und Durchhaltevermögen. Es verlangt immer wieder Zeiten der Reflexion und Kommunikation, damit beide Partner nicht den Überblick verlieren. Heutzutage haben wir die Möglichkeit, unsere eigene Kindheit und unsere aktuellen Konflikte als Partner und Eltern in einer Therapie zu bearbeiten. Dies ist eine ungeheure Chance, als Individuum, als Paar und als Eltern zu wachsen.

Vergleichende Studien haben gezeigt, dass die Lebenszufriedenheit junger Paare ohne Kinder größer ist als die junger Eltern. Bei diesen wächst die Zufriedenheit jedoch mit dem Älterwerden der Kinder zusehends. Ältere Paare mit Kindern sind deutlich zufriedener und glücklicher als kinderlose Paare oder Singles gleichen Alters. Sie können auf eine einzigartige Lebensleistung – das Aufziehen von Kindern – zurückblicken. In diesem Prozess haben sie eine Menge Lebenserfahrung sammeln können. Sie sind darüber reifer, verantwortungsbewusster und demütiger geworden. Kinder zu haben bedeutet gleichzeitig eine Fortsetzung des eigenen Lebens in der Zukunft. In den Kindern und Nachgeborenen leben die Eltern ein Stück weiter. Die Projektion der eigenen Lebens-Erwartung in die Zukunft gibt uns auch die Kraft und die Hoffnung, an den heutigen sozialen und ökologischen Verhältnissen zu arbeiten und sie für die Kinder und Enkelkinder zu verbessern. Außerdem lindern Kinder und Enkelkinder die Einsamkeit im Alter und halten jung. Darum lohnt es sich für Väter und Mütter, an ihrer Partnerschaft und ihren familiären Beziehungen zu arbeiten.

Der Vater in der ödipalen Phase und der Pubertät

Zwischen dem dritten und sechsten Lebensjahr entdecken Mädchen und Jungen ihr eigenes Geschlecht. Es ist die Zeit der Doktorspiele, in denen sie den »kleinen Unterschied« entdecken und sich als männlich oder weiblich definieren. Es ist die Zeit, in der Kinder das gegengeschlechtliche Elternteil heiraten wollen, in der sie im Rollenspiel die Mutter und den Vater nachahmen. Viele Jungen dieses Alters wollen nicht mehr mit Mädchen spielen. Sie verachten Mädchen zutiefst.

In dieser Phase ist die Anwesenheit des Vaters für einen Jungen besonders wichtig, weil dieser sich von der Mutter entfernt, mit der er bisher symbiotisch verbunden war. Die Mutter ist in seinen Augen nun nicht mehr ausschließlich Mama, sie ist auch Frau – Repräsentantin des anderen, fremden Geschlechts. Damit löst er sich aus der weiblichen Sphäre und wechselt über ins männliche Lager. Wenn er mit dem Vater als »Wir Männer« gegenüber der Mutter und der Schwester als »Ihr Frauen« steht, festigt sich seine männliche Identität. In dieser Zeit kann der Vater etwas mit dem Sohn allein unternehmen. Er kann den Sohn in Fußball und Handball, ins Schachspiel und in andere Wettkämpfe einführen. Sie können auf Wanderungen, Fahrrad- und Campingtouren gehen. All dies sind typisch männliche Aktivitäten, die sowohl die männliche Identität als auch die Vater-Sohn-Bindung stärken.[21]

Mädchen müssen sich zwar nicht so stark von der Mutter abgrenzen wie Jungen. Sie bleiben in der weiblichen Sphäre und wachsen in die Frauenrolle hinein, sowohl was die Pflege ihres Äußeren betrifft als auch in hausfraulichen Tätigkeiten. Auch wenn sie sich später von solchen weiblichen Stereotypien emanzipieren werden, ist es in dieser Entwicklungsphase wichtig, dass Mädchen wie Jungen sich erst einmal klar mit ihrer Geschlechtsrolle identifizieren. In diesem Alter ist es völlig normal, dass Mädchen mit Barbies und Jungen mit Schwertern und Gewehren spielen. Dies bedeutet nicht, dass die Mädchen später Modepuppen und die Jungen Militaristen werden. Im Gegenteil: Wenn sie sich als Kinder in den stereotypischen Verhaltensweisen »ausgetobt« haben, können sie sich später viel leichter davon lösen.

Das Gleiche gilt für den Wunsch der Kinder in diesem Alter, ihren Vater beziehungsweise ihre Mutter zu heiraten. Da nutzt die »vernünftige« Feststellung von Erwachsenen: »Aber dein Vater ist doch schon mit deiner Mutter verheiratet!« überhaupt nichts. Kinder stellen sich einfach in der Phantasie vor, wie sie eines Tages erwachsen sein und als Frau oder als Mann leben würden. Die Mutter ist für sie die schönste Frau, der Vater ist der stärkste Mann der Welt – warum sollen sie nicht mit der schönsten Frau beziehungsweise mit dem stärksten Mann der Welt verheiratet sein wollen?

In diesem magischen Alter bilden sich die Lebensziele aus. Natürlich sind diese noch kindlich-naiv wie die Zeichnungen in diesem Alter. Kindliche Träume und Sehnsüchte sind so wichtig wie Märchen, weil in ihnen die Grundmotive des Lebens zum ersten Mal eine Form und einen Namen bekommen.

Da Frauen sich stereotypisch mit Schönheit und Männer mit körperlicher Stärke definieren, ist es in dieser Phase wichtig, dass Väter ihre Töchter und Söhne in diesen Eigenschaften bestätigen. Väter können ihren Töchtern kleine Aufmerksamkeiten machen und ihnen zeigen, wie schön sie sie finden. Im Blick des Vaters findet sie die Bestätigung, dass sie eine wunderbare Frau sein wird. Natürlich ist bei aller Bewunderung eine gebührende Distanz des Vaters wichtig: Die Tochter attraktiv zu finden heißt nicht, sie zu begehren. Es bedeutet nur, sie anerkennend und stolz anzuschauen.

Das Gleiche gilt für Jungen. Otto Brink, ein alter Psychiater und Familiensteller, erzählte gerne in seinen Seminaren, dass er nur wenig mit seinem Vater zu tun gehabt hätte. Aber ihm sei ein Satz des Vaters stets in Erinnerung geblieben, als dieser eines Tages den zehnjährigen Sohn in kurzen Hosen sah und ausrief: »Junge, hast du aber starke Beine!« Bis ins hohe Alter war Otto Brink stolz darauf, dass er stundenlang wandern konnte. Für Kinder sind Mutter und Vater das Maß aller Dinge. Wenn diese sie bestätigen, fühlen sie sich groß und stark, klug und schön. Dies ist die Grundlage ihrer Identität und ihres Selbstwertgefühls. Wenn diese solide angelegt ist, kann sie nichts mehr so leicht erschüttern.

Voraussetzung für eine solche Haltung vonseiten der Mutter und des Vaters ist natürlich, dass sie selbst in ihrer weiblichen beziehungsweise männlichen Identität sicher stehen. Eltern sind wie große Bäume. Wenn sie stabil stehen, können die jungen Bäume an ihrer Seite sicher emporwachsen.

Die Zeiten der grenzenlosen Bewunderung gehen jedoch vorbei. In der *Pubertät* zerspringt die Schutzhülle, die das Kind und die Eltern bis dahin in schöner Eintracht gehalten hat. Dem pubertierenden Kind werden die bisherigen Grenzen zu eng. Es bereitet sich vor, die elterliche Sphäre zu verlassen. Es sind dabei drei Bereiche, in die es vorstößt:

- Infragestellung der elterlichen und gesellschaftlichen Normen
- Suche nach der eigenen Identität, dem eigenen Lebenssinn und einer spirituellen Anbindung
- Entdeckung der eigenen Sexualität

Infragestellung der elterlichen und gesellschaftlichen Normen
Der junge Mensch löst sich aus der elterlichen Sphäre. Indem er sich distanziert, erlebt der Jugendliche zum ersten Mal Zweifel an der väterlichen Autorität. Er beginnt, den Vater auf seine Glaubwürdigkeit zu hinterfragen. Er erhebt Widerspruch gegen das, was vorher als unumstößliche Wahrheit gegolten hat.

Hier muss sich ein Vater in seiner Authentizität bewähren. Kann er Kritik aushalten? Wie geht er mit Anzweiflungen um? Flippt er aus oder bleibt er stoisch unberührt? Beides wäre unangebracht. Wenn er ausflippt, verliert er seine Fassung und Autorität. Der Pubertierende kann ihn dann nicht mehr respektieren. Bleibt er stoisch cool, ist er für den Jugendlichen nicht berührbar. Es entsteht kein Kontakt, die Vaterbeziehung verwelkt.

In den pubertären Kämpfen geht es eigentlich nicht darum, wer gewinnt und wer verliert. Es geht dem Jugendlichen hauptsächlich darum, die elterliche Autorität, die so viele Jahre als unumstößlich galt, endlich zu hinterfragen. Er will sich gleichzeitig mit dem Vater messen: Wer ist stärker? Der Jugendliche will dem Vater auf den Zahn fühlen, ob er auch wirklich fest steht oder umkippt – er macht dabei etwas Widersprüchliches: er lehnt sich einerseits an den Vater an, gleichzeitig versucht er aber, diesen wegzuschieben! Er will ihn nicht stürzen, das wäre entsetzlich. Er will ihn aber nicht als unumstößlich erleben. Wenigstens etwas soll seine Kritik bewirken!

Beide leiden in dieser Zeit entsetzlich. Die gegenseitige Idealisierung, die in der Kindheit so wunderbar war, zerbricht. Der Vater ist nicht mehr der Größte. Er ist bloß mittelmäßig. Der Sohn ist nicht mehr der Tollste. Er ist einfach nur rotzfrech. Die glatte Oberfläche bekommt Kratzer. Und das ist gut so. Denn niemand ist ideal. Aber es ist ein schmerzlicher Vorgang. Der Riese von einem Vater schrumpft zur Normalgröße. Der Sohn wächst ihm über den Kopf und schaut auf einmal auf ihn herunter. Der Vater kann den Sohn nicht mehr maßregeln oder verprügeln. Abstand entsteht zwischen beiden. Abstand, der nötig ist, sodass der Sohn sich aus dem Schatten des großen Vaters lösen kann. Er ist nötig, sodass der Vater den Sohn nicht mehr als Fortsetzung seiner selbst betrachtet, sondern als eigenständige Person achtet. Dies ist eine notwendige Vorbereitung für die Lebensreise, auf die der Sohn bald aufbrechen wird.

Ein Vater ist nicht nur Vorbild bezüglich Erfolg und Gelingen. Er ist auch Vorbild darin, wie man Enttäuschungen, Misserfolge und Niederlagen bewältigt. Wenn der Vater in der Pubertät seines Sohnes menschliche Schwächen zeigt, wenn dieser sieht, dass der Vater auch Fehler macht, dass er Enttäuschungen erlebt, aber sich davon nicht entmutigen lässt, findet er ein realistischeres Vorbild als bei einem Vater, der nur seine Sonnenseite präsentiert. Daher hat die Niederlage des Vaters im pubertären Kampf auch den Sinn, dass er in seinen Schwächen sichtbar wird. Ach ja, sagt sich der Sohn, Der Vater ist auch nur ein Mensch. Folglich brauche auch ich nicht übermenschlich zu sein. Fehler machen und Scheitern sind erlaubt.

Suche nach der eigenen Identität, dem eigenen Lebenssinn und einer spirituellen Anbindung

In der Pubertät wird der Jugendliche zum ersten Mal seiner selbst als eigenständige, unabhängige Person bewusst. Er beginnt sich zu fragen: Wer bin ich? Wer will ich sein? Was ist richtig? Was ist falsch? Ethische, spirituelle und weltanschauliche Grundsatzfragen regen sich in ihm und suchen nach Antworten. Der Jugendliche beginnt, seine eigene Persönlichkeit zu formen, denn bisher ist er vorwiegend geformt worden. Jetzt will er Gestaltender sein.

Aber was ist der richtige Weg? Zum ersten Mal steht der junge Mensch vor dieser existenziellen Frage. Die Antwort, die er findet, wird seinen zukünftigen Lebensweg entscheidend beeinflussen. Er schaut sich selbst, die Eltern, die Lehrer und die ganze Gesellschaft mit erbarmungslos kritischem Blick an. Er seziert die bisher ungefragt geltenden Regeln und Normen und prüft sie auf ihre Gültigkeit und Wahrhaftigkeit. Was ihn nicht überzeugt, wird radikal herausgerissen und über Bord geworfen. Alles oder Nichts.

Dabei übersehen die Eltern und andere Autoritäten, dass dieses rücksichtslose Herunterreißen bestehender Normen und Grenzen keinem Selbstzweck dient, sondern einen tieferen Sinn hat: Der Pubertierende sucht nach einer allgemeingültigen Wahrheit, an die er sich halten und an der er sich orientieren kann. Jeder Pubertierende ist im Herzen ein Philosoph auf der Suche nach dem Sinn des Lebens. Dies vermuten die wenigsten Eltern, wenn sie ihn Tür knallend, wüst schimpfend oder lethargisch herumlungernd sehen. Unter der Maske von Gleichgültigkeit, Frechheit und Unverschämtheit ist der Heranwachsende voller Selbstzweifel, Scham- und Schuldgefühlen. Seine Aggression täuscht eine Autonomie vor, die (noch) nicht da, aber das Ziel der Revolte ist.

In der Pubertät sucht der Jugendliche nach anderen Autoritäten außerhalb des Elternhauses. Eltern müssen ihm in dieser Phase zugestehen, dass er sich anderen Vertrauenspersonen, Peers und Mentoren zuwendet. Da diese neuen Freunde und Autoritäten oft andere Meinungen als die Eltern vertreten, müssen diese es ertragen, dass ihr Kind sich in eine ganz andere Richtung entwickelt. Gleichzeitig sollten Eltern an ihren eigenen Grundsätzen und Werten festhalten, da der Heranwachsende bei aller Kritik dennoch Glaub- und Standhaftigkeit von ihnen erwartet. Sie sollen ihm weiterhin vorleben, dass sie an etwas glauben, auch wenn er sie darin kritisiert und hinterfragt – eine paradoxe Situation.

Die Entdeckung der eigenen Sexualität
Für die meisten Jugendlichen ist Sexualität eines der wichtigsten Themen, wenn nicht das wichtigste Thema überhaupt. In der Pubertät werden aus Kindern junge Frauen und Männer. Mädchen bekommen ihre Tage, Jungen ihren ersten Samenerguss. Obwohl unsere heutige Welt voller sexueller Darstellungen ist, erleben Jugendliche ihre sich entwickelnde Sexualität ähnlich wie früher. Sie spüren ein zunehmendes Interesse fürs andere Geschlecht (manche auch fürs eigene Geschlecht), sie suchen die Nähe zu jemandem, der sie magisch anzieht, und malen sich aus, wie es wäre, mit ihm ganz intim zu sein.

Intimität beginnt jedoch nicht erst mit der Pubertät. Intimes Verhalten lernen wir von frühester Kindheit an: Wie Eltern die Nähe zum Kind pflegen, wie sie es zärtlich ansprechen und behandeln ist eine natürliche Vorbereitung auf seine spätere Begegnung mit einem Liebespartner. Entscheidend ist für ein Kind das Vorbild der Eltern: Wie sich die Eltern begrüßen, wie sie zärtlich zueinander sind, wie sie sich diskret zu zweit zurückziehen, all dies gibt dem Kind das Gefühl, dass die Eltern ein besonderes und einzigartiges Verhältnis miteinander pflegen. Die Sexualität der Eltern legt somit die Grundlage für die Art und Weise, wie ihre Kinder später als Erwachsene ihre eigene sexuelle Beziehung leben können.

Die meisten Kinder bekommen heute schon in der 5. oder 6. Schulklasse Aufklärungsunterricht, sodass ihnen viele biologische Fakten bekannt sind. Aber vieles davon ist nur Halbwissen.

Im Sexualunterricht wird oft die emotionale Komponente einer Liebesbeziehung ausgespart. Dies ist etwas, was Eltern beisteuern können, wenn sie über ihre eigenen ersten sexuellen Phantasien und Begegnungen erzählen. Denn das ist es, was verliebte Jugendliche am stärksten bewegt: die innere Erregung, die Unsicherheit, die Scham, die Angst, zurückgewiesen zu werden. Dabei sollten Eltern auf das in der Pubertät stark ausgeprägte Schamgefühl der Jugendlichen Rücksicht nehmen. Sie können in angemessener Form über sich selbst sprechen, auch über ihre eigenen Schwierigkeiten im selben Alter.

Ein Vater kann seinem Sohn zum Beispiel erzählen, wie es ihm in seinen ersten Begegnungen mit Mädchen ergangen ist. Er kann ihn auf die Notwendigkeit der Verhütung aufmerksam machen und ihm Mut machen, einem Mädchen, das ihn interessiert, näher kennenzulernen oder ihn trösten, wenn er eine Enttäuschung erlebt. Ebenso wichtig ist es, dem Sohn den Respekt vor dem weiblichen Geschlecht nahezubringen. Vor allem aber kann er ihm ein gutes Vorbild darin sein, sich als Mann gut zu fühlen.

Einer Tochter kann ein Vater, wie schon in der ödipalen Phase, zeigen, dass er sie als Mädchen schätzt, dass er sie in ihrer aufblühenden Weiblichkeit wahrnimmt und bewundert. In diesem Alter ist es wichtig, dass er auf ihre intime Sphäre achtet, indem er zum Beispiel anklopft, bevor er das Badezimmer betritt. Mit dem Respekt, den er ihr erweist, legt er die Grundlage ihrer Selbstachtung als Frau. Wenn er ihr Schmuck oder Schönes zum Anziehen schenkt, zeigt er ihr, dass er sie attraktiv findet. Gleichzeitig kann er sie zu Selbstverteidigungskursen mitnehmen und sie ermutigen, sich männlicher Anmache selbstbewusst entgegenzustellen. Wenn sie mit Freund erscheint, kann er diesen willkommen heißen und ihm gleichzeitig zeigen, wie stolz er auf seine Tochter ist. Wird sie von einem Mann beleidigt oder schlecht behandelt, stellt er sich schützend vor sie. Wenn sie ungewollt schwanger wird und die Schwangerschaft austragen möchte, steht er ihr mit seiner vollen Unterstützung zur Seite. Auf diese Weise kann ein Vater seine pubertierenden Kinder ins erwachsene Leben begleiten.[22]

Intime Beziehungen sind etwas sehr Persönliches. Daher sollten Eltern ihren Kindern ihren eigenen Freiraum lassen. Eine gute Mischung aus Vertrauen und Wachsamkeit ist notwendig, um Kinder in den zarten Anfängen der Liebe zu begleiten. Vertrauen ist gut, damit sie ihre eigenen Erfahrungen machen können. Wachsamkeit ist erforderlich, um sie vor ungewollten oder missbräuchlichen sexuellen Kontakten zu schützen. Gerade auf dem Gebiet der Liebe und Sexualität ist es wichtig, dass die Eltern miteinander darüber austauschen, wie sie mit dem jugendlichen Sohn oder der jugendlichen Tochter umgehen sollen. Denn Liebe und Sexualität sind ja gerade der Bereich, den sie als Liebespartner teilen. So können sie gemeinsam ihren Kindern den Halt geben, den diese in dieser turbulenten Zeit brauchen.

Viele Männer sind es jedoch nicht gewohnt, über Liebe und Sexualität genauer nachzudenken, geschweige denn mit anderen darüber zu kommunizieren. Als unser Sohn in die Pubertät kam, merkte ich, wie unsicher ich mich in Bezug auf sexuelle Fragen fühlte. Deshalb erfüllte ich mir endlich einen lang ersehnten Wunsch und rief mit einigen Freunden eine Männergruppe ins Leben. Gleich in der ersten Sitzung spürten wir, wie befreind es war, in einem geschützten Rahmen über uns und unsere Männerthemen zu sprechen. Wir merkten, wie ähnlich gehemmt und unsicher wir in unserer eigenen Jugendzeit gewesen sind und wie einsam wir uns damals gefühlt haben. Die Männergruppe hat mir mehr Selbstbewusstsein als Mann und mehr Respekt gegenüber Männern beigebracht. Sie hat mir geholfen, mein Vatersein bewusster zu leben. Auch heute, nach sieben Jahren, treffen wir uns regelmäßig.

Die Midlife-Crisis der Eltern inmitten der Pubertät der Kinder
Nicht selten ist es gerade die Pubertät der Kinder, die einen Vater zur Überprüfung seines bisherigen Lebens bewegt. Wenn das Kind in die Pubertät kommt, befindet sich der Vater in der Mitte seines Lebens. Nicht zufällig fällt die *Pubertät* des einen mit der *Midlife-Crisis* des anderen zusammen. Beides stellen grundlegende Erschütterungen und krisenhafte Wendepunkte dar. So wie der Pubertierende alles Kindliche von sich abschütteln möchte, so möchte der Mittelaltrige sein bisheriges Leben umkrempeln. Sowie der Jugendliche seine erste Chance zum Aufbruch wittert, ahnt der Mittelaltrige, dass es – jetzt oder nie – an der Zeit ist, seinem Lebensweg eine andere Richtung zu geben, bevor es zu spät ist. So radikal der Pubertierende sich zeigt, so grundlegend kann der Mittelaltrige sein bisheriges Leben, seine Ehe und seinen Beruf in Frage stellen.

Deshalb wundert es nicht, dass in dieser Zeit, bei Männern wie bei Frauen, die bisherige Partnerschaft oft in Frage gestellt wird, andere Beziehungen ausprobiert werden, die gewohnte Arbeit gekündigt oder eine neue Ausbildung begonnen wird. An diesem Punkt geraten viele Ehen in eine Krise. Die verhältnismäßig ruhige Seefahrt, auf der man als Familie bis dahin unterwegs war, gerät in Turbulenzen. Dies ist zwar aus der Elternperspektive verständlich, für den pubertierenden Jugendlichen aber eine Katastrophe. Denn er braucht gerade jetzt, wo in ihm alles drunter und drüber geht, Stabilität und Verlässlichkeit vonseiten der Eltern. Wenn das Schiff so schaukelt, braucht er einen Mast, an dem er sich festhalten kann. Wenn dieser aber zerbricht, fällt für ihn alles auseinander.

Parentifizierung in der Pubertät: Das Kind wird zum Berater der Eltern
Nicht selten gibt sich in solchen Situationen der Jugendliche einen Ruck und übernimmt das Steuer des Familienschiffs. Er fängt an, der Mutter als Berater zur Seite zu stehen. Er besänftigt den Vater

oder stellt sich ihm entgegen, um seinen cholerischen Ausfällen Einhalt zu gebieten. Er versucht, zwischen den Eltern zu vermitteln, wenn die Eltern nicht mehr miteinander sprechen.

Der Jugendliche wird damit aber quasi zum Elternteil seiner pubertierenden Eltern (deshalb sprechen wir von »Parentifizierung«). Das Eltern-Kind-Verhältnis kehrt sich um. Dies kann bis weit ins Erwachsenenleben des Kindes gehen. Es gibt erwachsene Kinder, die nicht heiraten oder wegziehen, nur um nahe bei den Eltern zu bleiben, damit diese nicht sich selbst oder dem Partner etwas antun. Damit verpassen sie aber ihr eigenes Leben.

Eigentlich müsste es aber andersherum gehen. Die Eltern müssen sich auf ihre Verantwortung als Eltern besinnen und die Kontrolle über das Familienschiff zurückgewinnen. Sie können sich bei Bedarf beraten oder therapeutisch helfen lassen: Eltern, die an sich arbeiten, sind ein gutes Vorbild für ihre Kinder, denn sie zeigen, dass man im Leben nie aufhört, sich weiterzuentwickeln. Sie sind gleichzeitig ein gutes Beispiel dafür, dass man bei allen Herausforderungen am Kurs festhalten kann, dass man als Paar und als Familie zusammenbleiben kann, selbst wenn der Sturm in einem und um einen tobt.

Der Vater als berufliches Vorbild

Für viele Menschen stellt der Vater das Vorbild für Beruf und Erfolg dar, bei Jungen wie bei Mädchen. Dies kommt wahrscheinlich daher, dass es bis heute meistens der Mann ist, der den Hauptverdiener in der Familie verkörpert. Ich vermute, dass sich dies verschieben wird, je mehr Frauen sich ins Berufsleben begeben und einflussreiche Positionen einnehmen werden.

Dass der Vater eine solche Bedeutung für den beruflichen Werdegang der Kinder innehat, erlebe ich immer wieder bei Familienaufstellungen. Im Allgemeinen baut sich das berufliche Fortkommen der nächsten Generation auf der vorigen Generation auf. Kinder orientieren sich an den Eltern. Wenn die Eltern erfolgreich waren, blicken die Kinder auch optimistisch in ihre berufliche Zukunft. Haben die Eltern Schwierigkeiten in Schule oder Beruf gehabt, straucheln ihre Kinder auch leicht. Besonders das Vorbild des Vaters prägt sich schon früh beim Kind ein. Liebt er seine Arbeit oder hasst er sie? Wie geht er morgens zur Arbeit, wie kehrt er abends heim? Was erzählt er von seinem Job? Welchen Stellenwert hat seine Arbeit in seinem Leben? Ist er je arbeitslos gewesen? Wie hat er es verarbeitet? All dies bekommt das Kind mit, auch wenn es scheinbar in sein Spiel vertieft ist, während die Erwachsenen über Arbeit und Geld diskutieren. Es saugt alles auf, was Vater und Mutter über sich erzählen.

Die meisten Männer definieren sich über ihren *Beruf* und ihr *Einkommen*. Sie *sind* ihr Beruf. Kaum ein Mann würde sich einem anderen Mann vorstellen mit: »Hallo, ich heiße soundso, bin verheiratet und Vater zweier Kinder«. Viel eher wird er sagen: »Hallo, ich heiße soundso und bin dieses oder jenes von Beruf.« Erst danach kommt, wenn überhaupt, der Familienstand und die Kinderzahl. Bei Frauen ist es umgekehrt. Für Männer sind der Beruf und das Einkommen das, was für Frauen Aussehen und Figur bedeuten. Ein angesehener Beruf und ein hohes Einkommen geben einem Mann nicht nur Status und Macht, sie verleihen ihm auch *Sexappeal*. Beruf, Ansehen, Einkommen sind somit Symbole für Männlichkeit und Potenz.

Die Bedeutung des Berufs des Vaters für die Kinder

Auch Kinder nehmen ihre Väter meistens in ihrem Beruf wahr. Väter verabschieden sich früh morgens, um zur Arbeit zu gehen und kehren abends müde von der Arbeit zurück. Das Zuhause ist dazu da, dass er sich kurz erholt, um am nächsten Tag wieder zur Arbeit aufzubrechen. Dadurch kristallisiert sich im Kind die Definition: Vater = Arbeit.

Die Arbeit des Vaters stellt auch die materielle Basis der Familie dar, besonders wenn er Allein- oder Hauptverdiener ist. Nicht nur das finanzielle Wohlergehen der Familie, auch ihr sozialer Status, ihre Wohngegend, ihr Bekannten- und Freundeskreis, ihr Freizeitverhalten, die schulische und spätere berufliche Zukunft der Kinder sind davon bestimmt. Von seiner Arbeit und seinem Verdienst hängt auch ab, ob die Mutter gleich nach der Geburt der Kinder mitverdienen oder im Geschäft mithelfen muss, ob die Kinder mit anfassen müssen und ob die Familie ständig mit ihm umziehen muss. Das Klima in der Familie wird ebenfalls von der Arbeitszufriedenheit des Vaters stark beeinflusst: Wenn ständig Geldsorgen herrschen, wenn der Vater länger arbeitslos und niedergedrückt ist, hängt der ganze Haussegen schief. Die finanzielle Lage der Familie kann Anlass für endlose Streitereien zwischen den Eltern sein.

Das Ansehen des Vaters färbt ebenfalls auf die Kinder ab. Wenn er einer wenig angesehenen Arbeit nachgeht, werden die Kinder von ihren Lehrern und Spielkameraden oft herablassend behandelt oder gar verspottet. Umkehrt müssen Kinder von Vätern, die eine exponierte öffentliche Stellung (etwa als Lehrer, Pfarrer oder Politiker) einnehmen, immer darauf bedacht sein, sich korrekt zu verhalten und dem Ansehen des Vaters keine Schande zu bereiten.

Dann gibt es noch Väter, die völlig in ihrem Beruf verschwinden. Dies ist besonders der Fall, (a) wenn er das Familienleben stressig findet (etwa bei kleinen Kindern oder bei Spannungen zwischen den Partnern), (b) wenn er in der Arbeit viel Bestätigung erfährt und (c) wenn er Karriere macht. Gerade in sozialen Berufen kommt es häufig vor, dass der Arzt, Psychotherapeut, Sozialarbeiter oder Pfarrer sich aufopfernd um die Menschen kümmert, die er beruflich betreut und gleichzeitig die Familie zuhause vernachlässigt. Dann entsteht das schiefe Bild, dass der Vater in der Öffentlichkeit glänzend dasteht, während die Kinder ihn tage- oder wochenlang nicht zu Gesicht bekommen. Erfolg im Beruf steht nicht selten im Widerspruch zum Familienglück.

Ein Arzt im mittleren Alter kam in Psychotherapie, weil er an heftigen Rückenbeschwerden litt. Er war stolz darauf, dass er im Laufe seines Arbeitslebens 40 000 Patienten behandelt hatte und einen Ruf als Wohltäter genoss. Sein Familienleben aber sah ganz anders aus: Seine Frau war aus dem vornehmen Anwesen, das er ihr aufgebaut hat, ausgezogen und hat sich scheiden lassen. Alle seine vier erwachsenen Kinder haben den Kontakt zu ihm abgebrochen. Er wusste nicht einmal, ob er Enkelkinder hat.

Auch ich war früh erfolgreich in meinem Beruf. Einmal bemerkte meine Frau, nachdem ich den Anruf eines Klienten beantwortet hatte: »Wenn Du mit einem Klienten sprichst, hast du eine ganz andere Stimme als wenn du mit uns sprichst!« Diese Beobachtung hat mich sehr schockiert und wachgerüttelt.

Identifikation mit dem Vater

Das Berufsbild und die Arbeitshaltung des Vaters prägen sich tief in die Seele eines Kindes ein. Sie können im späteren Leben sowohl eine Bürde als auch ein Segen für das Kind sein.

> **Fallbeispiele:** Wie die väterliche Arbeitshaltung den Sohn prägt
> *Der Sohn eines Bäckers muss früh um 4 Uhr mit seinem Vater aufstehen und diesem in der Backstube zur Hand gehen. Er ist schon müde, wenn er zur Schule geht. Sein Vater hasst seinen Beruf er wäre lieber Lehrer geworden, hat aber die Bäckerei vom Großvater übernehmen müssen. Auch die Mutter steht den ganzen Tag im Laden und hat keine Zeit für die Kinder. Diese sind angehalten, im Dorf ja freundlich zu den Kunden zu sein. All dies hilft nichts. Eines Tages muss die Bäckerei schließen und der Vater arbeitet fortan in einer Großbäckerei. Der Sohn »erbt« die Unlust und*

> *Niedergedrücktheit seines Vaters, auch wenn er heute in einem angesehen Beruf arbeitet. Das Leben erscheint ihm wie eine einzige Bürde.*
>
> *Ein anderer Junge lernt genau das Gegenteil: Sein Vater ist leidenschaftlicher Musiker und bringt dem Sohn schon früh verschiedenste Instrumente bei. Als er aber merkt, dass der Sohn mit zehn Jahren keine Lust mehr hat, in den Musikunterricht zu gehen, gibt er seinen väterlichen Ehrgeiz auf und geht mit dem Sohn lieber Fußballspielen. Der Junge wird Sportlehrer und übt seinen Beruf genauso gerne aus wie sein Vater. Er hat von seinem Vater gelernt, dass er nicht verbissen an etwas festhalten muss, das ihm nicht liegt, sondern seiner eigenen Neigung folgen darf.*

An diesen Beispielen sehen wir, dass die Identifikation eines Kindes mit seinem Vater nicht unbedingt dazu führt, dass es den gleichen Beruf ausübt wie er. Es ist eher die innere Haltung des Vaters gegenüber seiner Arbeit, die das Kind übernimmt und auf seinen eigenen Beruf überträgt, positiv wie negativ.

Der Blick des Vaters aufs Kind

Neben der Identifikation mit dem Vater ist es vor allem der Blick, mit dem ein Vater sein Kind ansieht, der dessen Selbstbild formt. Dies gilt sowohl für sein Selbstwertgefühl als auch für seine schulischen und beruflichen Leistungen:

> **Fallbeispiele:** Die Auswirkung der väterlichen Sichtweise auf die Laufbahn des Kindes
>
> *Die Tochter eines Lehrers muss sich manierlich verhalten, wenn sie sich im Dorf bewegt. Ihr Vater stammt aus einer akademischen Familie, ihre Mutter kam aus einfachen Verhältnissen. Als die Tochter ihrem Vater sagt, sie möchte studieren, lacht er sie nur aus. Ihr Bruder hätte das Zeug dazu, sie aber solle lieber eine Ausbil-*

dung machen und heiraten. Sie wird Krankenschwester, hat aber keinen richtigen Spaß an ihrem Beruf. Erst als sie nach gescheiterter Ehe in Psychotherapie geht, macht sie ihr Abitur nach und fängt mit einem Studium ihrer Wahl an.

Ein Werkzeugmacher, der selbst unter einem despotischen Vater gelitten hat, lässt seinen fünfjährigen Sohn in seiner Werkstatt mithelfen. Aber dieser muss alle Werkstücke millimetergenau bohren. Jedes Mal, wenn ihm dies misslingt, wird er als Versager beschimpft. Der junge Mann macht zwar Abitur, aber er traut sich nicht, irgendeinen anspruchsvollen Beruf zu ergreifen und endet als Botengänger.

Identifikation und Projektion

Identifikation und Projektion hängen eng miteinander zusammen. Wenn ich mich als Vater in einem Kind widergespiegelt sehe (Identifikation), neige ich dazu, in ihm die gleichen Eigenschaften wie bei mir selbst zu sehen (Projektion). Wenn ich eine negative Eigenschaft ins Kind projiziere (zum Beispiel, es sei zu weich, zu faul, zu dumm), hat dies fast immer damit zu tun, dass ich diese Seite an mir selbst ablehne und nicht wahrnehmen möchte. Was ich bei mir selbst ausblende, projiziere ich in mein Kind und sehe es wie unter einem Vergrößerungsglas. So kann ich das, was ich bei mir selbst ablehne, beim Kind bekämpfen. Das Kind kann tun, was es will, es wird mich nie zufrieden stellen können, denn ich brauche es quasi als Sündenbock dafür, dass ich mich selbst nicht leiden kann. Der oben beschriebene Werkzeugmacher ist ein solches Beispiel: Er wurde selbst von seinem Vater unterdrückt. Nun fordert er von seinem Sohn, dass dieser die höchstmöglichen Standards erfüllt. Wenn der Sohn es nicht schafft, ist nicht der Vater, sondern der Sohn der Versager. Projektion ist ein probates Mittel, die Aufmerksamkeit von sich selbst auf ein anderes Opfer zu lenken.

Delegation
Eine Delegation ist ein (unbewusster) Auftrag, den ich jemand anderem erteile. Er soll etwas an meiner statt erledigen. Delegationen können lebensbestimmend sein. Da ist zum Beispiel der Vater, der eigentlich studieren wollte, aber nach der Schule eingezogen und in den Krieg geschickt wurde. Nach dem Krieg musste er einen ungeliebten Job annehmen, um seine junge Familie zu ernähren. Er setzt nun alles dran, dass sein Sohn das studiert, was er sich einst erträumt hat, obwohl dieser ganz andere Interessen hat. Ein anderer Vater, der infolge einer Kinderlähmung behindert ist, ist unheimlich stolz darauf, dass sein Sohn Hochleistungssportler wird. Dabei übersieht er, welche unmenschliche Anstrengung es seinen Sohn kostet, die väterlichen Erwartungen zu erfüllen.

Solche Delegationen geschehen meist unbewusst. Mit seinem feinen Gespür für den Vater erfühlt das Kind dessen unbewussten Wünsche und tut alles, um den Vater zu erfreuen. Das Entscheidende ist, dass das Kind es tut, nicht weil es sein eigener Wunsch wäre, sondern weil es die Sehnsucht des Vaters ist. Überspitzt gesagt: Der Vater ist der Motivator, das Kind nur das Werkzeug. Mozart ist ein gutes Beispiel für ein solchermaßen missbrauchtes Kind. Er war hochbegabt. Aber er wurde von seinem Vater ab zartestem Alter zu unglaublich anstrengenden Reisen, Konzerten und Audienzen angetrieben. Der Sohn schuf tatsächlich die wunderschönste Musik, starb aber mit dreiunddreißig Jahren, wohl an purer Erschöpfung.

Fallbeispiel: Der Vater kann den Erwartungen des Großvaters nicht genügen und reicht sie an den Sohn und Enkel weiter
Ein netter Mann hat eine liebevolle Frau, ein schönes Haus und ein gutgehendes Geschäft. Trotzdem hat er ständig Angst, er könnte alles verlieren.

Er berichtet von einer glücklichen Kindheit, in der er viel mit seinem Vater unternahm. Dies änderte sich schlagartig mit dem Eintritt in die Schule. Sein Vater war Lehrer in der Grundschule, die er auch besuchte. Von da an war der Vater unbarmherzig mit seinen Leistungsanforderungen. Dies wurde noch schlimmer, als er ins Gymnasium kam. Er wurde vom Vater verprügelt, wenn er schlechte Noten bekam. Schließlich erreichte er, dass er die Schule mit der mittleren Reife verlassen und eine Lehre machen durfte.

Das Leben wurde für ihn kurzzeitig besser, bis er mit seiner jungen Familie ins gleiche Haus zog wie seine Eltern. Ab da übte der Vater Druck auf die Enkelkinder aus, bis die junge Familie wegzog und ein eigenes Haus baute. Nun aber hat der Sohn ständig Angst, dass alles zusammenbrechen könnte, obwohl das Geschäft gut läuft.

In der Familienaufstellung kam heraus, dass das familiäre Problem mindestens vier Generationen zurückliegt: Der Großvater des Klienten war der Älteste von neun Kindern. Sein Vater (der Urgroßvater des Klienten) war als Handlungsreisender ständig unterwegs und kümmerte sich nicht um die Familie. Der Großvater musste deshalb als Ältester für seine acht jüngeren Geschwister sorgen. Er musste jedoch erleben, dass sieben von den acht Geschwistern starben. Als Erwachsener finanzierte er seinem jüngsten Bruder noch das Studium. Als er seine eigene Familie gründete, war er eigentlich schon erschöpft. Für seinen eigenen Sohn, den Vater des Klienten, hatte er überhaupt keine Kraft mehr. Er war unbarmherzig hart zu diesem. Als der Vater in der Schule einmal sitzen blieb, sagte der Großvater zu ihm: Es wäre besser gewesen, wenn er ihn überhaupt nicht gezeugt hätte.

Der Vater war eine Frühgeburt, als Kind ständig krank und depressiv. Er gab den unaufhörlichen Druck, den er vom Großvater hatte, direkt an seinen Sohn, den Klienten weiter. Dieser durfte schulisch auf keinen Fall versagen, so wie er, der Vater, selbst versagt hatte. Er projizierte damit sein eigenes Leiden auf seinen Sohn,

> so wie sein Vater auch dessen Druck an ihn weitergegeben hatte. Der Klient litt nicht nur unter dem Leistungsdruck des Vaters. Er hat sich auch mit dem Großvater identifiziert, der sieben Geschwister verlor und ein furchtbar entbehrungsreiches Leben führte. Deshalb hat er ständig Angst, im Elend zu enden wie sein Großvater.
>
> Es gelang uns in der Familienaufstellung, diese unselige Kette zu lösen, indem jeder für sich stand und sich vom Schicksal des eigenen Vaters abnabelte: Der Vater vom Großvater, der Sohn vom Vater. Der Klient verneigte sich vor seinem Großvater und seinem Vater und würdigte sie in ihrem Schicksal. Danach war er endlich frei, für sich zu stehen. Er erkannte, dass er es in seinem Leben geschafft hat und keine Zukunftssorgen zu haben braucht.

Die kompensatorische Funktion mancher Berufe

Manchmal übernimmt das Kind bei seiner Berufswahl keinen Auftrag von den Eltern, sondern ergreift einen bestimmten Beruf, um ein Defizit in der Familie auszugleichen. Ein Kind, das mit kranken Elternteilen oder Geschwistern aufwächst, wird Arzt: Es will Kranke und Gebrechliche heilen. Das Kind einer Alkoholikerfamilie wird Therapeut: Es versucht auf diese Weise, selbst aus dem Sumpf der Abhängigkeiten herauszukommen. Ein Kind, das in seiner Familie viele Todesfälle erlebt hat, wird Seelsorger: Es möchte Trauernde trösten. Ein von seinen Eltern misshandeltes oder vernachlässigtes Kind wird Erzieher: Andere Kinder sollen es besser haben. Ein vaterlos aufgewachsenes Kind geht zum Militär oder schließt sich einer rechtsradikalen Gruppierung an: Es sucht nach männlichen Vorbildern und Idealen.

Die meisten der oben erwähnten Berufe – Arzt, Seelsorger, Psychotherapeut, Erzieher, Sozialarbeiter – sind Helferberufe. Ihre Vertreter genießen gesellschaftliches Ansehen. Jedoch verbergen sie einen gravierenden Nachteil: Sie unterstützen jene, die schwächer sind. Sie sind oben, die anderen unten. Durch diese Polarisierung vergessen sie leicht, warum sie einst diesen Beruf ergriffen haben. Sie projizieren das Leid, das sie einst am eigenen Leib erlebt haben, auf ihre Patienten und Schutzbefohlenen. Sie heilen diese, statt sich selbst zu heilen.

Vor Jahren saß ich während einer psychotherapeutischen Tagung in einer Pause in einem Lokal und überhörte ein Gespräch am Nachbartisch. Da sagte ein Kollege zu seiner Begleiterin: »Ich beneide meine Patienten. Sie sind glücklich geheilt, wenn ich sie entlasse. Ich bleibe hingegen auf meinen Problemen sitzen.«

Geld und Selbstwert

Es besteht *ein Wechselspiel zwischen persönlichem Glück und wirtschaftlichem Wohlergehen*. Nicht nur können finanzielle Sorgen einen Menschen unglücklich machen. Persönliche Unzufriedenheit und Beziehungsprobleme können umgekehrt zur Folge haben, dass man keine Lust mehr zum Arbeiten hat und keine positiven Visionen mehr entwickeln kann. In meiner psychotherapeutischen Praxis habe ich oft beobachtet, dass in Familien, in denen »der Haussegen schief hängt«, die seelischen Probleme der Familienmitglieder mit einer finanziellen Schieflage zusammentreffen. Manchmal hängen sie sogar unmittelbar zusammen: Eine Scheidung reißt nicht nur die Familie auseinander, sie kann die getrennten Partner (und damit auch die Kinder) auch in finanzielle Nöte stürzen. Wenn Eltern ihre Liebe ungleich verteilen, kann dies später zu erbitterten Erbstreitigkeiten führen.

Geld und Selbstwert hängen ebenfalls eng zusammen. Wenn ein Vater sich minderwertig fühlt, wird er auch seine eigene Arbeit nicht schätzen können. Er wird sich unter Wert verkaufen. Seine Selbstverachtung wirkt »ansteckend« auf seinen Arbeitgeber, sodass er bei Beförderungen übersprungen und eher entlassen wird. Die Schamgefühle des Vaters übertragen sich auf die ganze Familie. Selbst wenn die Kinder begabt und fleißig sind, werden sie von der düsteren Stimmung zuhause niedergedrückt. Einigen gelingt es vielleicht, dem elterlichen Bannkreis zu entfliehen und ihre eigene Existenz zu gründen. Sie wagen aber oft nicht, ihre Väter zu überholen, selbst wenn sie beruflich erfolgreich sind. Sie bekommen Schuldgefühle, wenn sie mehr verdienen und weiter kommen als ihre Väter. Dann schämen sie sich, statt stolz auf sich zu sein. Manchmal sabotieren sie sich selbst und zerstören ihre eigene Karriere, in unbewusster Loyalität zum unglücklichen Vater.

Insofern spiegeln Beruf und Verdienst eines Menschen auch den Wert wider, den er sich selbst und seiner Herkunft beimisst. Ich freue mich jedes Mal, wenn eine Person am Ende einer Therapie einen unwürdigen Job kündigt, sich für eine ihm angemessene Stelle bewirbt und einen Lohn erhält, der seiner Leistung entspricht.[23]

Väter und Töchter

Vieles von dem, was ich bisher geschrieben habe, bezieht sich auf das Verhältnis zwischen Vätern und Söhnen. In diesem Kapitel möchte ich speziell auf die Beziehung zwischen Vätern und Töchtern eingehen, da es hier einige Unterschiede zur Vater-Sohn-Beziehung gibt.

Es ist von grundlegender Bedeutung, wie sich eine Tochter von ihrem Vater als Mädchen und Frau gesehen fühlt. Der Vater ist der erste und wichtigste Mann in ihrem Leben. Die Beziehung zum Vater bestimmt viele zentralen Themen im Leben einer Frau: ihre Lebensziele, ihre Berufswahl, ihre Partnerwahl, ihren Kinderwunsch, vor allem aber: ihr Selbstbild. Selbstverständlich bezieht sie einen Großteil ihrer Identität von der Mutter. Aber sie registriert nicht nur, wie ihre Mutter lebt, sondern nimmt auch genau wahr, wie der Vater die Mutter behandelt. Daraus entwirft sie ein Bild für ihre späteren Liebesbeziehungen. Frauen sind sehr viel stärker auf Beziehung bezogen als Männer. Kleine Jungen können sich ihren späteren Lebensweg durchaus auch ohne eine tiefere Beziehung zu einer Partnerin vorstellen. Kleine Mädchen kaum.

Die Beziehung zwischen Töchtern und Vätern ist vielschichtiger als jene zwischen Söhnen und Vätern. Das hat auch damit zu tun, dass Vater und Tochter sich von Anfang an als männliches und weibliches Wesen begegnen. Dadurch kommen die Themen *Nähe und Distanz, Männlichkeit und Weiblichkeit, Eros und Sexualität* ins Spiel. Sie überlagern das Eltern-Kind-Verhältnis. Sie machen es interessanter, aber auch komplizierter.

»Wie siehst Du mich als Tochter?« – Der Vater formt das Selbstbild der Tochter als Frau

Die Tochter nimmt vom Anfang an sehr deutlich wahr, dass der Vater grundsätzlich etwas Anderes ist als die Mutter, mit der sie vom Anbeginn aufs Engste verbunden war, wie ein Stück ihrer Selbst.[24] Der Vater ist dagegen das erste *Du* für die Tochter. Er ist der erste Mann, der ihr nach der Geburt entgegentritt. Er ist damit ihr erstes *Gegenüber*. Er ist der faszinierende *Andere*. Der Vater sieht anders aus als die Mutter, er ist meist größer und kräftiger und hat eine tiefere Stimme. Er fasst sie anders an als die Mutter, seine Haut fühlt sich anders an und er riecht anders. Ohne dass sie es sich bewusst zu machen braucht, ist es das Männliche am Vater, das sie gleichzeitig fasziniert und anzieht, aber auch ängstigt. Er ist für sie *der Mann* schlechthin. Sie fühlt sich gleich von ihm als weibliches Wesen gesehen und behandelt. Als der erste Mann in ihrem Leben macht er einen tiefen Eindruck in ihrer Seele. Es ist, als würde er seinen Stempel auf ein weißes Büttenblatt aufdrücken.

Auch für den Vater ist die kleine Tochter ein *Du*, während sein Verhältnis zum Sohn mehr mit seinem eigenen *Ich* zu tun hat. Vater und Sohn spiegeln sich. *Identifikation und Projektion* spielen daher die Hauptrolle in ihrer Beziehung. Als weibliches Wesen löst die kleine Tochter im Vater hingegen eher eine *Übertragung* aus: Er sieht in der kleinen Tochter weniger sich selbst als das Abbild aller wichtigen Frauen in seinem Leben: Alle Erfahrungen, die er mit seiner Mutter, seinen Schwestern und seinen Partnerinnen gemacht hat, überträgt er auf die Tochter. Wenn man die Tochter mit einem unbeschriebenen Blatt vergleicht, so ist der Vater ein bereits voll beschriebenes Blatt, angefüllt mit all den schönen und hässlichen Erfahrungen, die er je mit Frauen gemacht hat. Sie verweben sich in seine Beziehung zur kleinen Tochter, ohne dass sie etwas dafür kann. Wenn er gelernt hat, Frauen zu lieben, wird er seine Tochter zärtlich ins Herz schließen können. Wenn er aber schlechte Erfahrungen mit dem weiblichen Geschlecht gemacht hat, wird er sie womöglich mit Ablehnung oder Geringschätzung anblicken.

Im Vater findet die Tochter die Bestätigung oder die Ablehnung ihrer Weiblichkeit
Egal ob positiv oder negativ, sein Frauenbild wird sie stark prägen. An seinem Blick liest sie ab, ob sie als *Tochter* erwünscht ist und ob sie sich später als Frau attraktiv fühlt. *Der weibliche Narzissmus, das Selbstbild der Tochter wird wesentlich gespeist vom Blick des Vaters auf sie.* Sie liest in seinen Augen wie in einem Spiegel: »Schaut er mich abschätzig an oder ist er stolz auf mich? Findet er mich attraktiv, oder hat er Angst vor meiner Weiblichkeit?«

Eine Frau, die sich von ihrem Vater respektiert und geliebt wird, findet leichter einen Job, der zu ihr passt, einen Partner, der sie liebt und Freundinnen und Freunde, die sie schätzen. Sie wird liebevoll mit ihrem Körper umgehen. Sie braucht sich nicht von Modeströmungen abhängig zu machen, um sich wohlzufühlen. Sie muss nicht eifersüchtig oder neidisch auf andere Frauen blicken. Sie ruht in sich selbst.

Umgekehrt wird eine Frau, die von ihrem Vater abgelehnt wurde, immer von Eifersucht und Neid gepeinigt sein, weil sie sich gegenüber anderen Frauen unterlegener und hässlicher fühlt. Sie wird sich dem Diktat der Mode unterwerfen. Gleichzeitig wird sie ihren Körper endlosen Diäten und Kasteiungen unterwerfen, ohne je das Gefühl zu haben, gut auszusehen. Sie wird unterbezahlte Arbeiten annehmen, die unter ihrer Würde sind. Sie wird sich vor Menschen ins Schneckenhaus zurückziehen. In ihrer Einsamkeit gibt sie sich Süchten wie Essen, Rauchen und Einkaufen hin, ohne je satt zu werden. Schließlich wird sie sich einem Partner ausliefern, der sie schlecht behandelt, weil sie meint, nichts Besseres verdient zu haben. Es ist, als würde der Vater mit seinem Blick auf seine Tochter einen Samen in sie legen. Je nachdem, wie er sie anschaut, erwächst daraus entweder eine schöne Blüte oder ein Dornengestrüpp.

Der väterliche Schutz für die Tochter
Erinnern wir uns an den Gorillamann, der seine Frau und seine Kinder verteidigt. In den Augen der kleinen Tochter ist der Vater ein solcher Gorilla: groß, Respekt erheischend, bewundernswert. Er ist ihr großer Held und Beschützer. In den Augen der kleinen Tochter steht der Vater für Männlichkeit schlechthin. Wenn er sie im Herumtoben mit sicherem Griff über die Schulter wirft und sanft zum Boden zurückbefördert, quietscht sie vor Lust und Freude, in die sich ein Quäntchen Angst mischt, die dann in das sichere Gefühl mündet: »Er wird mich nie fallen lassen!«

»Er wird mich nie fallen lassen!« – Dies ist das Gefühl, das sich jede Tochter vom Vater wünscht. Das Leben kann noch so beängstigend und unvorhersehbar sein, solange der Vater bei ihr ist, solange sie ihre Hand in seiner großen Hand spürt, fühlt sie sich geborgen und geschützt.

Ich erinnere mich an das eine Mal, als unsere Tochter in der ersten Grundschulklasse zusammen mit einem türkischen Mädchen von einem einheimischen Jungen, dem Sohn des Ortsvorstehers, als »Türkenschwein« beschimpft wurde. Als ich es erfuhr, ging ich zu seinem Vater und berichtete ihm, was vorgefallen war. Er war schockiert und versprach mir, dass so etwas nie mehr vorkommen wird. Er hielt Wort. Der Vater ist mittlerweile verstorben. Sein Sohn hat seine Nachfolge als Feuerwehrhauptmann angetreten. Er ist nun selbst Vater und grüßt mich freundlich, wenn wir uns sehen. Ein Vater muss hinter seiner Tochter stehen. Egal wo sie ist, sie soll sich absolut auf ihn verlassen können, wenn sie ihn braucht. In den kritischen Momenten, wenn sie physisch oder psychisch bedroht wird, muss er sich bewähren.

Nichts enttäuscht eine Tochter tiefer, als wenn sie erfahren muss, dass ihr Vater sie im Stich lässt. Eine Frau berichtet, dass ihr Vater sie als Kind nie vor der harschen Mutter in Schutz genommen habe. Stattdessen habe sie sich von ihm anhören müssen, wie unglücklich er sich in seiner Ehe fühle und ihn trösten müssen. Eine andere erzählt, wie sie einst von anderen Kindern auf dem Spielplatz gehänselt wurde. Ihr Vater stand dabei und unternahm nichts. Eine dritte spricht von ihrer Scham, wenn sie auf Geheiß der Mutter ihren betrunkenen Vater aus einer Wirtschaft voller grölender Männer herausholen musste.

In diesen Momenten zerbricht das Vaterbild in der Tochter. Dann verkehrt sich das Bild des Superhelden in sein Gegenteil: Der Vater steht nicht als unbesiegbarer Gorilla da, sondern als Schwächling, ja als Feigling. Die Tochter fühlt sich nicht nur ungeschützt. Sie sieht den Vater entwürdigt, und mit ihm fühlt auch sie sich gleichermaßen erniedrigt. Sie schämt sich seiner. Sie schämt sich, dass sie zu ihm gehört und seine Tochter ist. Schlimmer noch: Sie beginnt selber, ihn zu verachten. Dann verliert der Vater etwas Unwiederbringliches: den Respekt seiner Tochter.

Noch schrecklicher ist es, wenn der Vater seine Aggression, die eigentlich dazu dient, die Seinigen vor den Gefahren von außen zu schützen, nach innen gegen die eigene Familie wendet. Statt sie zu beschützen, wird er selbst zur Bedrohung für die ganze Familie. Es ist so, als würde die Polizei (»Dein Freund und Helfer«) sich in eine Schlägertruppe verwandeln. Ich weiß von einer Frau, die vor der alltäglichen Gewalt ihres Mannes auf den Balkon geflohen ist und um Hilfe geschrien hat. Sie hat einen Sohn und eine Tochter. Wie geht es den Kindern, die die Szene mitverfolgen? Was empfindet die kleine Tochter, die hilflos zusehen muss, wie der Vater die Mutter verprügelt? Wenn sie aufwächst, wird ihr Lebensgefühl womöglich das einer Frau sein, die sich nicht nur unbeschützt fühlt, sondern die jederzeit Gewalt von Männern erwartet. Sie wird entweder jegliche Nähe zu Männern meiden, oder sie wird sich jedem Partner willenlos unterwerfen. Sie kann sich aber auch mit dem Aggressor identifizieren und die Rolle des Täters übernehmen, indem sie sich einen schwächeren Mann aussucht und diesen erniedrigt oder verprügelt, als späte Rache an dem verhassten Vater.

Fallbeispiel: Der Adler
Eine alleinstehende Frau hat sich in einen Mann verliebt, dem sie regelmäßig bei ihrer Arbeit begegnet. Sie findet ihn einfach wunderbar männlich. Aber sie wagt nicht, ihn anzusprechen. Auch er macht keine Anstalt, sie anzusprechen. Mit der Zeit fühlt sie sich ganz deprimiert. Sie fürchtet sich vor einer ähnlichen Enttäuschung wie bei ihrem vorigen Partner, von dem sie sich hat ausbeuten lassen.

Eines Nachts wacht sie von einem Traum auf: Sie sieht einen riesigen Adler. Er gehört ihrem Ex-Freund. Dieser setzt den Adler auf sie an, dass er sie angreife. Sie fährt gerade in einem rosa Cabriolet mit offenem Verdeck, ist also völlig entblößt und bekommt Todesangst. Da entdeckt sie unter ihrer Fußmatte einen ganz kleinen jungen Adler, der sie gegen den großen Adler verteidigen will. Aber sie ist sicher, er würde dabei umkommen. Da sagt sie sich: Sie müsse ihren ganzen Mut zusammennehmen und ihn beschützen, indem sie sich ihrem Ex-Freund stellt. In diesem Moment wacht sie auf.

> Sie erzählt diesen Traum dem Therapeuten und sagt, der Traum erinnere sie an die Gewalterfahrungen aus ihrem Elternhaus. Ihr Vater, der behindert und arbeitslos war, sei sehr gewalttätig gegenüber ihr und ihrer Mutter gewesen. Erst seit seinem Tod habe sie sich innerlich mit ihm versöhnt. Sie habe sich daran erinnert, dass er in ihrer Kindheit ein lebenslustiger und liebevoller Vater gewesen sei, der erst später aufgrund äußerer Umstände so frustriert und aggressiv geworden sei.
>
> Der Therapeut erzählt ihr, dass es die eigentliche Aufgabe eines Vaters sei, seine Frau und seine Kinder vor Bedrohungen von außen zu schützen. Unter ungünstigen Bedingungen wende er aber seine männliche Kraft nach innen gegen die Familie. An diesem Punkt kommen der Klientin Tränen. Sie sagt: Dies sei wohl auch ihrem Vater passiert. Sie habe sich immer gewünscht, dass er sie beschützt.
>
> Daraufhin fragt der Therapeut, ob sie sich vorstellen könne, dass der Vater bei ihr wäre, wenn sie von dem riesigen Adler ihres Ex-Freundes bedroht wird. Ihr kommt sofort folgendes Bild: Ihr Vater sitzt neben ihr im Cabrio, zwischen ihnen der kleine Adler. Zu dritt fahren sie einfach weg und lassen ihren Ex-Freund und seinen Adler zurück. Sie fühlt sich wie befreit. Ihre Angst ist im Nu verflogen. Der Therapeut fragt sie, was denn nun mit dem Mann wäre, in den sie sich unglücklich verliebt hat. Sie antwortet: Sie sehe ihn allein und traurig am Straßenrand stehen und fahre an ihm vorbei. Nun finde sie ihn gar nicht mehr so begehrenswert wie vorher.

Die Selbstwürde des Vaters

An solchen Beispielen erkennen wir, wie wichtig es ist, dass der Vater sich der Achtung und der Liebe der Tochter würdig erweist. Sobald ein Mann Vater wird, ist er in den Augen seiner Kinder eine Autorität. Er muss sich dieser Rolle würdig erweisen und den Respekt seiner Kinder verdienen. Er sollte sein Leben so führen, dass seine Kinder stolz auf ihn sind und er sich seiner nicht zu schämen braucht. Dies ist ein Ansporn, sich als Mann und als Vater zu bewähren.

Die Scheu zwischen Vätern und Töchtern
Die Frage, wie der Vater sie sieht, wird eine Tochter nie direkt stellen. Da ist der Respekt, manchmal auch die Angst vor seiner Autorität zu groß. Sie versucht, es aus seinen Augen zu lesen, aus der Art, wie er reagiert, wenn sie sich ihm nähert. Sie wartet gespannt darauf, ob er sie begrüßt, wenn er von der Arbeit nach Hause kommt. Sie vergleicht die Geschenke, die er ihr macht, mit seinen Geschenken an die Geschwister. All dies registriert sie sorgfältig und formt daraus die alles entscheidende Frage: »Liebt er mich?«

Die Scheu der Tochter korrespondiert mit der Scheu des Vaters. Die Väter früherer Generationen hatten äußerst wenig mit Babys und Säuglingen zu tun. Die Kinder zu füttern und zu wickeln war Aufgabe der Mütter. Wo er schon bei einem Sohn die Babypflege lieber der Mutter überlässt, scheut er sich bei einer Tochter noch mehr davor, sie persönlich zu betreuen.

Zum Glück sind die heutigen Väter mutiger geworden. Es wachsen heute Töchter auf, die genauso liebevoll und zärtlich von ihren Vätern aufgezogen werden wie von ihren Müttern. Was ich hier beschreibe, ist das Verhältnis von heute erwachsenen Töchtern zu ihren Vätern, die noch unter traditionellen Verhältnissen aufgewachsen sind.

Vater und Tochter in der Pubertät
In der Pubertät verschiebt sich das Verhältnis zwischen Vater und Tochter. Nun wird die Tochter zur Frau. Sie blüht auf. Mädchen in diesem Alter haben einen jungfräulichen Liebreiz, der viele Männer, natürlich auch den Vater fasziniert. Für den Vater kann es verwirrend sein, die kleine Tochter, mit der er jahrelang in der Badewanne geplanscht hat, plötzlich als junge Frau wahrzunehmen. Diese Metamorphose verunsichert ihn. Er weiß nicht, wie er mit

ihr umgehen soll. Das, was andere Jünglinge und Männer anzieht, schreckt ihn fast ab. Er fühlt instinktiv, dass er nicht der Richtige ist, sich der Tochter zu nähern.

Es ist gut, dass der Vater sich in dieser Zeit unsicher fühlt, geht es doch darum, die wahrscheinlich biologisch bedingte *Inzestgrenze* wahrzunehmen und zu respektieren. In dieser Zeit vergrößert sich der Abstand zwischen Vater und Tochter (genauso wie der Abstand zwischen Mutter und Sohn), weil die Tochter in die Frauensphäre überwechselt (und der Sohn in die Männersphäre). Nun ist die Mutter diejenige, die ihr beibringt, wie sie mit ihren körperlichen Veränderungen umgehen kann. Der Vater gehört nicht mehr ins Badezimmer, wenn die Tochter allein oder mit der Mutter drin ist.

Es wird dem Vater umso leichter fallen, diese größere Distanz von der Tochter zu akzeptieren, je intensiver er die Zeit mit der Tochter als Baby und Kind verbracht hat. Dann sind sie beide »satt« geworden. Zugleich ist eine starke Beziehung zwischen Vater und Tochter in deren Kindheit der beste Schutz vor der Überschreitung der Inzestgrenze, denn dann sieht der Vater in der aufblühenden Tochter immer noch das kleine Töchterchen, das er einst so geliebt hat. Dies hindert ihn daran, sich ihr ungebührlich zu nähern.

Noch einmal zu der Schönheit der erwachsen werdenden Tochter: Der Vater soll das Frauwerden der Tochter zwar nicht ausblenden, aber er muss ihm mit Respekt begegnen. Er darf, ja er soll sie bewundern. Er darf ihr Komplimente machen und zeigen, wie schön er sie findet. Dies ist sehr wichtig für die Tochter, die sich in ihrer »neuen« Haut noch unsicher fühlt. Der Vater ist immer noch der wichtigste Mann in ihrem Leben, auch wenn ihr Interesse für andere Männer erwacht. Sein Urteil über ihr Aussehen, ihre Figur, ihre Haare, ihre Kleidung, ihr Parfum und ihren Schmuck ist eminent wichtig für ihr Selbstbewusstsein als werdende Frau, selbst wenn sie so tut, als würde es sie nicht interessieren. Ein Ignorieren oder eine abschätzige Bemerkung seinerseits kann sie tief und nachhaltig verletzen.

In dieser Zeit machen sich Väter (wie Mütter auch) Sorgen darüber, dass die Tochter von Männern bedrängt werden und ungewollt schwanger werden könnte. Während die letztere Frage wohl besser von der Mutter angesprochen werden sollte, kann der Vater durchaus aus der männlichen Sicht der Tochter erzählen, wie sie sich vor ungebetenen männlichen Avancen schützen kann. Am wichtigsten ist es, dass er selbst Respekt vor der Tochter, der Mutter und anderen Frauen zeigt. Dies gibt der Tochter das Selbstbewusstsein, dass sie als Frau Achtung und Respekt von Männern erwarten darf. Außerdem kann er ihr zeigen, wie sie sich verbal oder körperlich wehren kann, wenn ein Mann ihr zu nahe kommt. Ich habe selbst als schmächtiger Student in der Großstadt Frankfurt erfahren, wie sehr das Erlernen einer Kampfkunst mein Selbstbewusstsein gestärkt hat. Daher habe ich alle meine Kinder dazu angeregt, Selbstverteidigung zu lernen. Meine Frau hat überdies unseren Töchtern beigebracht, laut zu schreien, wenn sie von einem Mann belästigt oder bedrängt werden (Männer können laut schimpfende Frauen nicht ertragen – das erinnert sie zu sehr an ihre Mütter!).

Ein wesentlicher Punkt in der Vater-Tochter-Beziehung während der Pubertät betrifft die Veränderung der Position des Vaters. Bisher war der Vater der wichtigste Mann im Leben der Tochter. Nun ist es an der Zeit, von dieser zentralen Rolle zurückzutreten und Platz zu machen für den oder die späteren Partner der Tochter. Abschied ist angesagt. Es wird den Vater mit Wehmut erfüllen, die Tochter loszulassen und Platz für einen zukünftigen Partner zu machen. Der Respekt des Vaters für den Partner der Tochter ist auch ein Zeichen seines Respekts für die Tochter selbst. Darin zeigt er ihr, dass er ihre Partnerwahl akzeptiert und respektiert. Nur wenn er (und die Mutter) das Gefühl haben, ein Partner tut der Tochter nicht gut, darf er – mit gebührender Zurückhaltung – sie fragen, wie es ihr in ihrer Partnerschaft geht. Auch bei diesem sensiblen Thema ist es angemessener, wenn die Mutter mit der Tochter spricht. Sonst könnte die Tochter das Gefühl bekommen, der Vater mische sich in ihre Beziehung ein.

Inzest
An dieser Stelle möchte ich einige Anmerkungen zu inzestuösen Wünschen von Vätern gegenüber ihren Töchtern einfügen: Inzest wird durch drei Faktoren begünstigt:

- Der Vater hatte wenig oder keinen Kontakt mit der Tochter während ihrer Kindheit
- Die Mutter fehlt als Partnerin des Vaters und als fürsorgliche Mutter der Tochter
- Der Vater hat als Kind selbst eine ödipale oder inzestuöse Beziehung zu seiner Mutter erlebt.

Erste Bedingung für Inzest: Der Vater hatte wenig oder keinen Kontakt mit der Tochter während ihrer Kindheit:
Ein Vater, der seiner Tochter von klein auf nahe gewesen ist und sie betreut hat, wird die Tochter nie ernsthaft als Frau begehren. Denn er beherbergt in sich alle Erinnerungen an sie, vom Baby über das kleine Kind bis zur heutigen Frau. Wenn er sie heute als erwachsene Frau in den Arm nimmt, ist sie immer noch das Baby, das er einst gewiegt hat, das kleine Mädchen, mit dem er gespielt hat und das Schulkind, dem er das ABC beigebracht hat. Seine väterlichen Gefühle sind alle präsent, wenn sie als erwachsene Frau vor ihm steht. Da braucht man kein moralisches Verbot, damit der Vater sich der Tochter nicht ungebührlich nähert.

Ganz anders der Vater, der seine Tochter früh aus den Augen verloren hat, sei es, dass er schon früh die Familie verließ, in den Krieg ziehen musste oder von der Mutter aus der Familie ausgeschlossen wurde. Dann hat er keine Erinnerungsspur von seiner Tochter als Kind und von sich als fürsorglichem Vater. Wenn nun nach Jahren die erwachsen gewordene Tochter plötzlich auftaucht, steht er einer jungen attraktiven Frau gegenüber, die ihn womöglich auch noch an die junge Mutter erinnert. Dann könnte in ihm ein sexuelles Begehren aufflammen, das zu inzestuösen Wünschen und Handlungen führen kann.

Zweite Bedingung für Inzest: Die Mutter fehlt als Partnerin des Vaters und als fürsorgliche Mutter der Tochter
Eine Tochter ist normalerweise vor Inzest geschützt, wenn die Mutter als Partnerin des Vaters und als Mutter für sie anwesend ist. Wenn die sexuelle Beziehung zwischen den Eltern intakt ist, braucht der Vater seine sexuellen Wünsche nicht an die Tochter (oder eine andere Frau) zu richten. In der Pubertät braucht die Tochter außerdem vermehrt die Nähe und Fürsorge der Mutter, sowohl als Beraterin in allem, was ihre erwachende Sexualität betrifft, als auch als Schutz gegen das männliche Begehren vonseiten des Vaters, der Brüder und anderer Männer. Fällt die Mutter in dieser entscheidenden Entwicklungsphase aus – sei es, dass sie krank oder verstorben ist, sei es, dass sie desinteressiert ist, sei es, dass sie den Vater sexuell ablehnt und es nicht ungern sieht, dass dieser seine sexuellen Wünsche an die Tochter richtet –, fehlt der Tochter der wichtigste Schutz.

Dritte Bedingung für Inzest: Der Vater (oft auch die Mutter) hat als Kind selbst eine ödipale oder inzestuöse Beziehung zum gegengeschlechtlichen Elternteil gehabt
Ödipale Beziehungen »vererben sich« von Generation zur Generation. Ein Vater, der selbst von seiner Mutter ödipal besetzt oder inzestuös missbraucht wurde, ist eigentlich nicht wirklich erwachsen geworden. Er ist innerlich an seine Mutter gebunden und kann kein richtiger Partner für seine Frau sein. Wenn dann die Tochter geschlechtsreif wird, wiederholt sich das ödipale Drama von Neuem: Der Vater begehrt seine Tochter, wie er einst von seiner Mutter begehrt wurde. Es ist nicht selten, dass sowohl Vater wie

auch die Mutter ödipal besetzt sind. Dann steht die Mutter ihrem Mann ebenfalls fern und hat kein Interesse an ihm als Sexualpartner.

Alle drei Bedingungen für einen Inzest haben eines gemeinsam: Die Partnerschaft der Eltern ist nicht intakt und die Triangulierung hat nicht stattgefunden – das heißt, die dritte Bezugsperson fehlt: in der Kindheit der Tochter fehlte der Vater, in ihrer Pubertät fehlt die Mutter.

Der Vater prägt das Bild der Tochter in Bezug auf ihre intellektuellen und technischen Fähigkeiten
Der Vater prägt nicht nur das weibliche Selbstbild der Tochter. Er hat ebenfalls einen entscheidenden Einfluss auf ihre Selbsteinschätzung in Bezug auf solche Eigenschaften und Fertigkeiten, die normalerweise als typisch männlich gelten. Dies betrifft vor allem den intellektuellen und den mathematisch-technischen Bereich. Wenn der Vater seiner Tochter zum Beispiel die Fähigkeit abspricht, das Abitur zu machen, zu studieren oder einen technischen Beruf zu ergreifen, wirkt dies wie ein vernichtendes Urteil. Als wichtigster Vertreter der männlichen Autorität stünde der Vater dann wie ein Türwächter da, der der Tochter den Zutritt zu dieser von ihm als männlich definierten Domäne verwehrt.

Zur Ermutigung der Tochter gehört es auch, dass der Vater ihr zeigt, wie sie sich in der Berufswelt behauptet. In der traditionellen Familie ist der Vater der Experte für den Umgang mit Finanzen und mit Geschäftspartnern. In all diese Bereiche kann der Vater die Tochter einführen. Wenn der Vater der Tochter zeigt, wie er sich seinen Weg durch dieses Gelände bahnt, lernt sie per Identifikation, wie sie in ihrem eigenen Beruf ihre Frau stehen kann.

Fallbeispiele: Die Bedeutung väterlicher Ermutigung
Ein Klinikchef lässt alle seine Söhne studieren, seine Tochter durfte aber nicht studieren. Sie lernte als Siebzehnjährige einen Medizinstudenten kennen, heiratete ihn und schenkte ihm viele Kinder. Als ihr letztes Kind studieren geht und sie ihrem Therapeuten erzählt, wie sehr sie das Kind beneide, fragt der Therapeut, weshalb sie denn nicht selbst studiere. Sie macht daraufhin nicht nur ihren akademischen Abschluss, sondern promoviert sogar. Sie geht mit ihrer Promotionsurkunde zum Grab ihres Vaters und zeigt sie ihm.

Eine Studentin wird von ihrem Dozenten ermutigt zu promovieren. Sie hat schnell alle Forschungsergebnisse zusammen und bräuchte eigentlich nur noch die Arbeit fertig zu schreiben. Aber sie findet immer wieder diese oder jene Ausrede, ihre Doktorarbeit nicht fertigzustellen. Sie empfindet dies als eine Art Selbst-Sabotage. Nach dem tieferen Grund ihres Zögerns gefragt, antwortet sie: Ihr Vater, der eine unglückliche Ehe geführt und beruflich nichts aus sich gemacht hat, habe sie gefragt, weshalb sie denn überhaupt beruflich so hoch aufsteigen will. Er habe ihr von Kindesbeinen an eingeimpft, das Ziel einer Frau bestünde darin, ihren Mann glücklich zu machen und Kinder zu haben. Tatsächlich verwendet die Tochter heute einen Großteil ihrer Zeit damit, ihrem Freund (den sie eigentlich gar nicht liebt) beim Aufbau seines Betriebs zu helfen. Für ihre eigene Karriere hat sie keine Zeit.

Diese Beispiele zeigen, wie wichtig es gerade heute ist, dass Väter ihre Töchter ermutigen, den ausgetretenen Pfad der traditionellen Frauenrolle zu verlassen und neue Wege zu gehen: Studieren, aufsteigen und eine Position einnehmen, die ihren Fähigkeiten entspricht. Dass es nicht leicht ist, Beruf und Familie zu vereinbaren, ist klar. Es ist noch nie leicht gewesen, etwas Neues zu wagen. Man muss sich mit dem Partner zusammenraufen, die häusliche Arbeit fair verteilen, das gemeinsame Leben gut organisieren und mit dem Arbeitgeber über flexible Arbeitszeiten verhandeln. Die Eltern können die erwachsene Tochter dabei tatkräftig unterstützen.

V. VATERFERNE, VATERMANGEL UND VATERSEHNSUCHT

Sollen wir uns an den Vater anlehnen oder ihn von uns wegschieben?

Im Taiji Quan (Tai Chi) gibt es eine Figur, die »Sich Anlehnen« (kao) heißt.

Taiji Quan hat seinen Ursprung in der Kampfkunst Chinas. Im Laufe der Jahrhunderte hat sich aus dem harten Kungfu (auch Wushu genannt) ein weicher Kampfstil entwickelt, der auf einen respektvollen, ja liebevollen Umgang mit dem Gegner zielt. Statt auf Sieg und Vernichtung des Feindes setzt man auf gegenseitige Kommunikation und Verständigung. Obwohl sich der Übende weich und anschmiegsam bewegt, ist er voll zentriert und geistig wach, um auf die geringste Aktion des Gegenübers angemessen zu reagieren. Taiji Quan wurde früher auch »Schattenboxen« genannt: Für den Betrachter sieht der Taiji-Übende so aus, als würde er mit einem unsichtbaren Gegner, einem Schatten kämpfen.

Bei der Figur »Sich Anlehnen« stellt sich der Übende vor, er würde seinen Partner, der dicht neben ihm steht, mit der rechten Hand zu sich ziehen. Gleichzeitig schiebt er diesen sanft mit seiner rechten Schulter von sich weg. Das gleichzeitige Heranziehen und Wegschieben hat den Sinn, den Partner aus dem Gleichgewicht zu bringen. Dabei legt der Übende seine linke Hand schützend vor die eigene Brust, um einen Gegenangriff abzuwehren.

Ich möchte diese Bewegung als Symbol nehmen, um die Ambivalenz zu verdeutlichen, die viele Menschen in ihrer Beziehung zum Vater spüren: Auf der einen Seite möchten wir dem Vater nahe sein. Wir möchten uns an seine breiten Schultern anlehnen und Schutz und Trost bei ihm finden. Gleichzeitig haben wir Angst vor diesem großen Unbekannten, der uns in unserer Kindheit so übermächtig vorgekommen ist. Deshalb verspüren wir auch eine gewisse Scheu vor seiner Nähe. Wir möchten weglaufen und uns vor ihm verstecken – in der stillen Hoffnung, er möge uns doch finden und uns liebevoll in seine Arme schließen.

Wenn wir später älter werden, möchten wir uns mit ihm messen. Wir möchten unsere Kraft an ihm erproben und ihn wegschieben. Er soll ja wissen, dass wir keine bloße Kopie von ihm sind. Wir haben unseren eigenen Willen und Sinn. Wir möchten aber auch, dass er unserer Herausforderung standhält, dass er uns Widerstand gibt, ohne uns zu überwältigen, aber auch ohne klein beizugeben. Er soll sich uns stellen, damit wir uns Aug in Aug gegenüberstehen können. Wir wollen von ihm gesehen und als eigenständige Person anerkannt und respektiert werden, als jemand, der ihm ebenbürtig ist. Er soll stolz auf uns schauen, als sein Kind, das aus ihm hervorgegangen ist, gleichzeitig als Erwachsene/n, der/die auf eigenen Füßen steht. Wir brauchen dazu seinen Segen und sein Vertrauen. Und wir möchten eines Tages zu ihm zurückkehren können, mit den Früchten unseres Bemühens, und von ihm wieder in den Arm genommen werden.

Das ist die große Sehnsucht, die die meisten Menschen mit dem Vater verbinden.

Kehren wir zurück zu der Taiji-Figur des »Sich Anlehnens«.

Stellen wir uns vor, wie der Vater, dieser schattenhafte Gegner/Partner, auf unsere vorsichtige Annäherung reagieren wird. Schaut er überrascht oder verwundert auf uns? Lacht er uns aus? Nimmt er die Herausforderung an? Oder schüttelt er verständnislos den Kopf und dreht sich weg? Wird er unser unsicheres Anlehnen als Angriff oder Anmaßung missverstehen und uns unwirsch zurückweisen? Oder lässt er sich aus dem Gleichgewicht bringen und fällt vor uns hin?

Vor meinem inneren Auge sehe ich: Am ehesten würde er genauso unsicher dastehen. Ich sehe zwei scheue Menschen sich gegenüberstehen – beide mit dem Wunsch, sich vorsichtig anzunähern, aber gleichzeitig ängstlich darauf bedacht, ja keine Blöße zu zeigen und jederzeit bereit, einen Angriff abzuwehren.

Könnte es sein, dass unser Vater eine ähnliche Sehnsucht nach uns und unserer Nähe hat, die er nicht auszudrücken weiß? Könnte es sein, dass er sich ebenfalls vor einer Begegnung mit uns scheut?

Vaterferne und ihre Gründe

Warum haben es Väter und Kinder manchmal so schwer, eine emotionale Beziehung zueinander aufzubauen? Dass Väter oft emotional so fern, ja unerreichbar sind für ihre Kinder, hat viele Gründe. Ich möchte hier auf vier der wichtigsten Ursachen für Vaterferne eingehen:

- Die biologische Ungebundenheit des Mannes
- Die traditionelle Arbeitsteilung in der Familie
- Das Christentum
- Die patriarchalische Ordnung

Die biologische Ungebundenheit des Mannes
Der wesentlichste Grund für die Distanz zwischen Vätern und ihren Kindern liegt wohl in der Tatsache, dass Frauen schwanger werden können und Männer nicht. Für einen Mann ist die Annahme der Vaterschaft eine freie Entscheidung. Für eine Frau ist Mutterschaft Schicksal. Diese Tatsache macht die *Freiheit des Vaters* aus. Darin liegt ebenfalls *die potenzielle Ambivalenz und Flüchtigkeit des Vaters* begründet.

Die traditionelle Arbeitsteilung in der Familie
Selbst wenn der Vater bei Mutter und Kind bleibt, ist die emotionale Beziehung zum Kind lockerer als bei der Mutter. Da sie von Anfang an ein lebendes Zuhause fürs Kind war, ist es für sie eine Selbstverständlichkeit, für es ein Heim zu schaffen und dafür zu sorgen, dass es ihm an nichts fehlt. Fast alles, was wir als weibliche Eigenschaften ansehen, stammt von dieser Jahrmillionen alten weiblichen Urerfahrung: ein Kind in sich entstehen und wachsen zu fühlen und alles dafür zu tun, damit es ihm gut geht. Demgegenüber steht der Mann als Dritter daneben, manchmal auch draußen. Dies führt in vielen Familien dazu, dass die Mutter zuhause bleibt und der Vater arbeiten geht. Das ist die klassische Arbeitsteilung.

Die traditionelle Arbeitsteilung führt zu einem Ungleichgewicht in der Verteilung von Macht und emotionaler Bindung. Bei der Frau und Mutter wächst die emotionale Bindung zu den Kindern, je länger sie zuhause bleibt. Sie wird immer bestimmender im Haushalt und in der Kindererziehung, während sie sich in der Welt draußen immer hilfloser fühlt. Beim Mann vollzieht sich die entgegengesetzte Entwicklung. Er bewegt sich immer sicherer in der Außenwelt. Gleichzeitig entfremdet er sich von der Familie. Seine Macht in der Familie bezieht er vorwiegend aus der Tatsache, dass er das Geld nach Hause bringt. Diese gegenseitige Abhängigkeit wird deutlich, wenn sich das Paar trennt: Sie ist auf seinen Unterhalt angewiesen, während er nicht weiß, was er nach dem Feierabend tun soll. Sie verarmt, er vereinsamt.

Das Christentum – eine vaterlose Religion?
Warum wird das Fehlen von Vätern so selbstverständlich hingenommen? Man beklagt sich zwar darüber, aber kaum jemand betrachtet Vatermangel als einen *pathologischen Zustand*, als etwas, das *nicht normal* ist, etwas, das so *nicht zu sein braucht*. Wir meinen, Vaterlosigkeit sei normal. Dies ist eine erstaunliche Tat-

sache. Es wird kaum jemand von »Muttermangel« als einem normalen Zustand ausgehen. Wieso wird das Fehlen des Vaters in unserer Kultur als etwas Selbstverständliches angesehen? Dies hat religiöse, kulturelle und historische Gründe.

Der christliche Glaube gründet sich, wenn man die Jungfrauengeburt Jesu ernst nimmt, auf einem fehlenden biologischen Vater. War Jesus ein Mann, der seinen leiblichen Vater nicht kannte und sich deshalb umso mehr einem himmlischen Vater verbunden fühlte? Viele Charakteristika der Person Jesu könnten durchaus als Symptome für das Fehlen des Vaters und als Reaktion auf seine Vaterlosigkeit angesehen werden: seine Feinfühligkeit, sein Charisma, sein ambivalentes Verhältnis zu seiner Mutter, seine Selbstüberschätzung, die zu seinem Tod führte. Seine Geschichte vom verlorenen Sohn birgt die Vorstellung eines idealen, alles erduldenden und alles verzeihenden Vaters. Demgegenüber weist sein Schrei am Kreuz: »Mein Gott, mein Gott, warum hast du mich verlassen?« auf die Verzweiflung eines vom Vater verlassenen Kindes hin.

Seine Nachfolger lassen sich »Papa« nennen (*Papa* = Papst auf Lateinisch). Es ist schwer nachvollziehbar, dass sich zölibatär lebende Männer, die nicht heiraten und keine Kinder bekommen dürfen, »Vater« nennen lassen.

Wenn eine ganze Kultur auf der Vaterlosigkeit seines Stifters beruht, nimmt es nicht wunder, dass Vaterlosigkeit und Vatermangel als normal angesehen werden. Damit geht eine fast unmerkliche Herabsetzung der Bedeutung des leiblichen Vaters einher. Die Figur der Mutter wird in der Person der Jungfrau (!) Maria überhöht, während Josef zum bloßen Ziehvater degradiert wird.

Die patriarchalische Gesellschaftsordnung als Versuch, den flüchtigen Mann an die Familie zu binden

Manche Biologen meinen, der Mann sei biologisch so veranlagt, dass sein höchstes (beziehungsweise niedrigstes) Bestreben darin besteht, möglichst viel Nachkommenschaft zu zeugen. Von der Natur so ausgelegt, sei der Mann eigentlich ein »Wilder«, ein Ungebundener und müsse erst »domestiziert« werden.

Die engere Bindung zwischen Mutter und Kind könnte der Grund sein, weshalb man in *Matriarchatstheorien* annimmt, dass es in der Frühgeschichte Kulturen gegeben hat, in denen Verwandtschaft als Abstammung von der Mutter definiert wurde. Es gibt heute noch vereinzelte ethnische Stämme in Ozeanien, Afrika und Südamerika, in denen die Gemeinschaft aus Großmüttern, Müttern und Kindern besteht. Die ungebundenen, herumwandernden Männer werden vorübergehend zu dem Zweck aufgenommen, Nachwuchs zu zeugen. Danach sind sie wieder frei.

Eine solche Gesellschaftsform entspricht der beschriebenen biologischen Gegebenheit, dass Mutter und Kind eine Einheit bilden, während der Vater sich hinzugesellt. Dies deckt sich auch mit der Beobachtung, dass es meistens der Mann und Vater ist, der bei einer Trennung die Familie verlässt. Der Vater kommt, der Vater geht. Mutter und Kind bleiben zusammen.

Man könnte die patriarchalische oder patrilineare Gesellschaftsordnung, die bei den meisten Kulturvölkern herrscht, als eine Domestikation (wörtlich: »ans Haus gebunden Werden«) des Mannes interpretieren: Der Mann wird moralisch verpflichtet, die Mutter seiner Kinder zur Frau zu nehmen und für sie zu sorgen. Dafür bekommt er die Macht, über Weib und den gesamten Hausstand zu herrschen. So gesehen wäre die Ehe ein Gesellschaftsvertrag, der den Mann an Frau und Kinder bindet. Sie gibt allen drei Beteiligten – Mann, Frau, Kindern – gesellschaftlichen Status und Ansehen. Gleichzeitig ächtet sie diejenigen, die Kinder außerhalb der Ehe bekommen, samt ihrer Nachkommenschaft.

Die patriarchalische Ordnung band den Mann an die Familie. Sie zementierte die Arbeitsteilung zwischen Frau und Mann, indem sie die Geschlechterrollen festschrieb. Damit gab sie Mann und Frau zwar Rollenidentität und Sicherheit, aber sie zog auch gravierende Nachteile nach sich: Aus der ursprünglich sinnvollen, biologisch bedingten und zeitlich begrenzten Aufgabenteilung zwischen Mann und Frau wurde ein Macht- und Gewaltverhältnis. Damit trennte sich der Mann und Vater innerlich und äußerlich von Frau und Kindern. Als übergeordnete Instanz hatte er zwar Macht über sie, aber er gehörte nicht mehr richtig zu ihnen. Da er über ihnen stand, konnte er ihnen nicht mehr nahe sein. Richtige Intimität verträgt sich nicht mit Bevormundung, Unterdrückung und Gewalt. Die Unterdrückten distanzieren sich innerlich vom Unterdrücker und ziehen sich von ihm zurück. Der Patriarch erkaufte seine Machtposition mit der emotionalen Distanz zur Frau und zu den Kindern. Macht statt Liebe – hierin liegt einer der Hauptgründe für die Vaterferne.

Außerdem belegt die patriarchalische Ordnung Frauen mit einer einseitigen Rollendefinition: Das Muttersein sei per se das ureigenste Lebensziel jeder Frau. Dadurch entwickeln Frauen, die in ihrem Leben etwas anderes verwirklichen wollen als Kinder großzuziehen, heftige Schuldgefühle, die sie ein Leben lang plagen und zu Depressionen und psychosomatischen Erkrankungen führen können.

Der Niedergang der patriarchalischen Ordnung
Wie wir in den ersten Kapiteln gesehen haben, hatte die gesellschaftliche Entwicklung seit den Weltkriegen die patriarchalische Ordnung mehr und mehr erodiert. Die 68er Studentenbewegung, die sexuelle Revolution, die Liberalisierung des Abtreibungsparagraphen und die Frauenemanzipationsbewegung ließen die gesellschaftliche Bedeutung der Männer immer weiter schwinden. Heute ist das Fehlen des leiblichen Vaters für viele Kinder mit einer

alleinerziehenden Mutter oder in Patchworkfamilien schon alltägliche Normalität.

Diese Entwicklung ist aus traditioneller Männersicht erst einmal bedauerlich. Sie hat aber viel Positives angestoßen, das wir als Chance begreifen können. Frauen können (und müssen) auf eigenen Füßen stehen und sich finanziell unabhängig vom Mann machen, wollen sie nicht nach einer Trennung mittellos dastehen. Männer können (und müssen) vom Podest heruntersteigen und auf ihre Partnerin und ihre Kinder zugehen, wollen sie nicht überflüssig werden. Gleichberechtigung schafft Nähe zwischen den Geschlechtern. Eine liebevolle Intimität zwischen Mann und Frau und eine zärtliche Nähe zwischen Vater und Kindern ist heute lebbarer denn je.

Werden Männer und Väter entbehrlich?
Diese Chance stellt jedoch eine ungeheure Herausforderung für den Mann dar. Denn er muss sich in seiner männlichen Identität neu definieren. Früher war es einfach, sich nach der stereotypischen männlichen Norm zu richten: stark und cool sein. Heute wird er von allen Seiten kritisiert und hinterfragt. Er weiß nur, wie er *nicht* zu sein hat. Aber wie soll er denn sein? Es gibt keine Vorbilder für den neuen Mann. Er muss sich selbst erschaffen.

Als Folge dieser Rollendiffusion und Rollenunsicherheit zieht sich der heutige Mann oft zurück. Aggression und Rückzug waren ja schon immer die Selbstverteidigungsstrategie des Mannes. Da er nun nicht mehr aggressiv (sprich: gewalttätig) sein darf, zieht er sich ins Schneckenhaus zurück: ins Internet, ins Fitnessstudio, in eine Affäre. Oder er bleibt Single und gibt gänzlich auf, eine dauerhafte Beziehung aufzubauen und eine Familie zu gründen.

Es ist tatsächlich schwer, heute Mann zu sein. Aber ist es nicht genauso schwer, heute Frau zu sein? Eine Frau steht heute der gesellschaftlichen Erwartung gegenüber, sowohl als Karrierefrau als auch als Mutter erfolgreich zu sein. In beiden Geschlechtern lebt immer noch die Sehnsucht nach einer dauerhaften Partnerschaft, nach Familie und Heim. Aber es steht nicht mehr die traditionelle bürgerliche Familie als idealtypische Norm zur Verfügung. Mann und Frau müssen ihre eigene Form des Zusammenlebens finden und erfinden. Man ist heute frei – aber Freiheit heißt ja nicht nur Freiheit *von* Einschränkungen und Regeln, sondern auch Freiheit *für* ein gutes Leben. Wie soll dieses gute Leben denn aussehen?

In meinen Familienaufstellungen erlebe ich immer mehr, wie verunsichert Menschen beiderlei Geschlechter sind, wenn es um Intimität, Beziehung und Familie geht. Ich sehe, wie Familien auseinander brechen, notdürftig zusammengeflickt werden oder fraktioniert bleiben. In dem Maße, in dem Frauen unabhängiger und selbständiger werden, werden Männer und Väter immer entbehrlicher, zumindest in materieller Hinsicht. Wir nähern uns wieder dem Zustand matriarchalischer Kulturen, in denen der Vater für eine kurze Zeit in die Familie kommt und dann wieder geht. Die steigende Anzahl alleinerziehender Mütter und Patchworkfamilien belegt diese Tendenz: Der Vater geht der Familie verloren.

Dies ist ein beklagenswerter Zustand. Denn alle drei, Mutter – Vater – Kind, brauchen einander. Das Kind braucht beide Eltern, um sich vollständig zu fühlen. Die Mutter braucht den Vater, weil es eine furchtbar anstrengende und einsame Aufgabe ist, Kinder allein großzuziehen und für den Familienunterhalt zu sorgen. Und der Vater braucht seine Frau und seine Kinder, weil er sonst in den Zustand des einsamen Wolfes zurückfällt, der in seiner kalten Höhle sitzt und friert.

Die Bindung des Vaters an die Familie
Die Frage ist heute, wo die Zwänge der patriarchalischen Ordnung weggefallen sind: Wie kann ein Paar zusammenbleiben, ohne dass es durch äußere Konventionen und Sanktionen dazu gezwungen wird? Wie können Mutter und Vater als Liebespaar die anstrengende Elternzeit gut überstehen? Wie kann sich ein Vater an seine

Partnerin und seine Kinder emotional binden, dass er sich nicht als Störenfried oder als fünftes Rad am Wagen fühlt? Wie können Mann und Frau die Aufgabe der Kindererziehung, des Haushaltes und des Geldverdienens gerecht unter sich verteilen, bei gleichzeitiger Berücksichtigung der Besonderheit der Mutter-Kind-Beziehung?

Es wird erstens darauf ankommen, dass die Liebe zwischen den Partnern stimmt und während der gesamten Elternzeit gepflegt wird. Darauf werde ich im Kapitel *Partnerschaft und Elternschaft* eingehen. Zweitens ist es wichtig, dass der Vater von Beginn an in die Hinwendung zum Kind einbezogen wird. Es gibt interessante wissenschaftliche Untersuchungen, die darauf hinweisen, dass im Gehirn werdender Väter bereits während der ersten drei Schwangerschaftsmonate eine Umstrukturierung stattfindet, die in Richtung mehr Empathie und Fürsorglichkeit geht. Die Hormone in werdenden Vätern ändern sich ebenfalls in gleiche Richtung wie bei Müttern, mit einer Erhöhung weiblicher Hormone wie Cortison und Prolactin und einer Senkung des männlichen Hormons Testosteron.[25]

Dies sind Hinweise dafür, dass Väter eine ähnlich starke emotionale Beziehung zu ihren Kindern aufbauen können, wenn sie frühzeitig eingebunden sind, wenn sie sich von Beginn der Schwangerschaft an für die Entwicklung des Kindes im Mutterleib interessieren, wenn sie bei der Geburt dabei sind, wenn sie beim Füttern und bei der Pflege des Kindes einbezogen werden. Dann entsteht eine starke Bindung zwischen Vater und Kind.

Wenn diese beiden Voraussetzungen gegeben sind, die Liebe zwischen dem Paar und die Liebe zwischen Vater und Kind, dann braucht man keine Gesetze oder Gebote, damit die Familie zusammenbleibt. Dies ist eine reale Alternative zur traditionellen Familie einerseits und zur zerbrochenen Familie andererseits. Es ist aber etwas vollkommen Neues. Der Vater muss lernen, eine neue Art des Mannseins und Vaterseins zu leben, jenseits der Rolle des Patriarchen, des Alleinverdieners oder des einsamen Wolfs. Die Frau muss lernen, Kindererziehung und Haushalt auch an den Mann abzugeben und zuzulassen, dass er anders mit den Kindern und dem Haushalt umgeht.[26] Beide müssen eine neue Balance zwischen beruflicher Tätigkeit und Elternsein finden. Und beide müssen dafür Sorge tragen, dass ihre Beziehung nicht durch aktuelle Probleme und Konflikte übermäßig belastet wird. Die Paarbeziehung ist der Tragebalken einer Familie.

Fallbeispiel: Der Niedergang der patriarchalischen Ordnung und der Übergang in eine neue egalitäre Gesellschaft
Eine Frau kommt zur Familienaufstellung. Sie leide an depressiven Verstimmungen. Seit dem Tod ihres Vaters habe sie sich in die Arbeit gestürzt. Tief in sich spürt sie, dass sie vor der einstigen Voraussage ihres Vaters flüchtet, sie werde, wie er und sein Vater, an Magenkrebs sterben. Schon der Großvater habe dem Vater prophezeit, dass dieser mit 65 sterben würde. Da sei der Vater tatsächlich mit 65 an Magenkrebs erkrankt und ganz schnell gestorben. Er habe zeitlebens nur seine Arbeit im Sinn gehabt und habe nie Zeit für die Tochter gehabt. Sie habe für ihn immer »der« Beste sein müssen. Erst auf seinem Sterbebett habe er sie, zum ersten Mal, in den Arm genommen. Nun lebe sie alleine in dem Geschäftshaus, das er ihr vererbt hat. Aber seither gehe es ihr schlecht. Sie lebe nicht wirklich ihr Leben.
Wir stellen ihre Herkunftsfamilie auf. Es stellt sich heraus, dass der Vater aus einer streng patriarchalischen Familie kommt. Die Tradition wurde seit jeher vom ältesten Sohn an den nächsten weitergereicht. Aber im Ersten Weltkrieg kam der erstgeborene Bruder des Großvaters um. Der Großvater musste gegen seinen Willen den Familienbetrieb übernehmen. Er starb mit 65 an Krebs. Vor seinem Tod prophezeite er dem Vater, auch er werde mit 65 an Krebs sterben. Der Vater hatte ursprünglich zwei ältere Brüder, die das

Geschäft übernehmen sollten. Aber diese fielen im Zweiten Weltkrieg, sodass der Vater das Geschäft übernehmen musste. Auch er starb mit 65. Nun scheint die Tochter an der Reihe zu sein, sich zu Tode zu arbeiten. Tatsächlich sollte sie ein Sohn werden. Der Vater hat sie wie einen Jungen behandelt. Sie sollte ja immer »der« Beste sein.

Der Therapeut stellt die Familientradition hinter alle Männer, und tatsächlich: Der Druck der patriarchalischen Familientradition fühlt sich unüberwindbar an. Die Klientin scheint todgeweiht zu sein.

An diesem Punkt fällt dem Therapeuten etwas ein: Er sagt, als Folge der beiden Weltkriege und dem Verlust von Millionen Männern ist heute die patriarchalische Ordnung am Zusammenbrechen. Sie wird langsam ersetzt durch eine andere Gesellschaftsordnung, die auf Gleichberechtigung der Geschlechter beruht. Er stellt diese egalitäre Ordnung auf. Da wacht der Vater der Klientin aus seiner fatalistischen Resignation auf. Er verlässt die Männerreihe, die vor der patriarchalischen Ordnung steht, und geht zu der neuen Ordnung hinüber. Er hat nun endlich eine neue Orientierung gefunden und strahlt von hier aus seine Tochter an. Diese hat vorher die ganze Zeit ihren Magen gehalten. Nun rutschen ihr die Hände von selbst hinunter zu ihrem Unterleib. Sie hat plötzlich das Gefühl, schwanger zu sein!

Der Vater erkennt endlich die Tochter als Frau. Er geht zu ihr, nimmt sie in den Arm und sagt: »Andrea, meine Tochter!« Die Tochter lässt sich lange vom Vater halten und nimmt seine Liebe und Wärme auf. Dann schaut sie ihn an und antwortet: »Ja, ich bin deine Tochter. Ich bin eine Frau und ich LEBE!« In diesem Augenblick verliert die patriarchalische Ordnung, die bisher die ganze Szene dominiert hat, ihre Macht und sinkt zu Boden. Die neue, egalitäre Ordnung stellt sich hinter Vater und Tochter und schenkt ihnen ihre Kraft. Die vorher zusammengesunkene Gestalt der Tochter richtet sich auf. Sie strahlt.

Die Sehnsucht des Kindes nach dem Vater

Wir haben gesehen: Eine Mutter ist vom ersten Moment an mit dem Kind verbunden. Ein Vater ist frei und ungebunden.

Das Kind befindet sich genau in der Mitte. Einerseits ist es von Anfang an auf das Innigste mit der Mutter verbunden. Andererseits besteht das Kind aus Vater und Mutter. Es ist aus der Verschmelzung von Ei- und Samenzelle entstanden. In jeder Zelle seines Körpers ist das genetische Material beider Eltern vorhanden. Sie sind eine vollkommene und unumkehrbare Synthese eingegangen. Das Kind kann man nicht in eine väterliche und eine mütterliche Hälfte auseinanderreißen. Wenn wir ein Kind anschauen, sehen wir in ihm beide Eltern. Wir können nicht einmal sagen: Seine Augen hat es vom Vater, seine Nase von der Mutter. Nein, in seinen Augen und seiner Nase finden wir Merkmale beider Eltern, genauso wie in allen anderen Körperteilen und in seinem gesamten Verhalten.

Die Natur hat hier etwas Widersprüchliches erschaffen: Sie lässt das Kind als vollkommene Synthese von Vater und Mutter entstehen. Gleichzeitig platziert sie das Kind ganz und gar in der Mutter. Der Vater hat nach der Zeugung erst einmal nichts mit dem Kind zu tun. Menschen sind eben keine Zwitterwesen wie Schnecken, die sowohl Ei- als auch Samenzellen in sich tragen und bei Bedarf sich selbst befruchten können.

Warum sehnt sich das Kind nach dem Vater?
Zudem ist Vaterschaft etwas Vermitteltes. Wenn die werdende Mutter dem Vater nicht sagt, dass sie von ihm schwanger geworden ist, weiß er gar nichts von seinem Glück (s. das Kapitel über Kuckuckskinder). Der Vater muss also über seine Vaterschaft *informiert* werden – das ist ganz anders als die Mutter, die das Kind in sich selbst wachsen spürt. *Ohne die Mutter gibt es keine Vaterschaft.*

Das biologisch gegebene Getrenntsein von Vater und Kind ist die Grundlage ihrer Beziehung. Der Vater muss *aktiv* zum Kind gehen. Er muss es als *sein* Kind erkennen, anerkennen und annehmen. Diese Tatsache macht *die Flüchtigkeit des Vaters* aus. Sie macht auch *die Sehnsucht des Kindes nach dem Vater* aus. Die Flüchtigkeit des Vaters und die Sehnsucht des Kindes nach ihm sind zwei Seiten einer Medaille.

Jedes Kind weiß ab einem bestimmten Alter, dass es von einer Mutter und einem Vater stammt. Wenn der Vater fehlt, wird das Kind nach ihm suchen. Es braucht den Vater, um *sich selbst* zu erkennen, weil es zur Hälfte von ihm abstammt. Hier befindet sich eine seiner beiden Wurzeln. Es gibt im Kind ein natürliches Bedürfnis, Mutter *und* Vater zusammen zu erleben. Dann erlebt es sich als *Ganzes*. Es ist dieses *Gefühl der Vollständigkeit,* wofür ein Kind seinen Vater braucht. Es muss von ihm hören: »Ich bin dein Vater. Du bist mein Kind.« Das ist die Basis seiner Identität. Wenn es seiner Mutter und seinem Vater sicher ist, kann es sagen: »Ich bin das Kind meiner Mutter und meines Vaters. Ich bin!«

Das ist der Grund dafür, weshalb Adoptivkinder sich aufmachen, ihre leiblichen Eltern zu suchen, sobald sie erwachsen geworden ist, selbst wenn sie wunderbare Adoptiveltern haben. Das ist der Grund, weshalb unehelich geborene Kinder, die ihren Vater nicht kennen, sich solange unvollständig fühlen, bis sie ihren Erzeuger gefunden haben. Dies ist der Grund, weshalb Besatzungskinder nach Amerika und anderswo fahren, um nach ihren Vätern zu suchen.[27]

Die Faszination des Vaters fürs Kind
Das Kind kennt die Mutter, solange es existiert. Der Mutterleib ist seit Anbeginn schon immer seine Heimat gewesen. Deshalb beklagen sich manche Mütter, ihr Kind behandle sie wie etwas ganz Selbstverständliches, obwohl sie sich tagein, tagaus ums Kind kümmert. Aber wenn der Papa nach Hause kommt, flippt es schier

vor Begeisterung aus. Was selten ist, wird, ungerechterweise, höher geschätzt als das, was man immer um sich hat.

Anders als die vertraute Mutter tritt der Vater dem Kind als ein fremdes Wesen entgegen. Gegenüber dem Mütterlich-Weiblichen wirkt der tiefe Klang der väterlichen Stimme, der feste Griff seiner Hände, der männliche Duft seiner Haut, das Kratzen seiner Bartstoppeln ganz anders, erregend, befremdend, auf jeden Fall interessant.

Ich kann mich noch genau daran erinnern, wie ich – es war Sommer – die Haare auf dem Unterschenkel meines Vaters zum ersten Mal entdeckte. Das hat mich völlig fasziniert. Ich wusste, meine Mutter und ich hatten keine Haare an den Beinen. Wieso hat Vater solch dichtes Haar an seinen Beinen?

Die Faszination des Vaters ist gleichzeitig gepaart mit einer gewissen Furcht vor diesem männlichen Riesen. Da der Vater immer schon ein bisschen fremd ist, kann das Kind ihn weniger gut einschätzen als die Mutter. Es bekommt nur wenig von dessen außerhäuslichem Leben mit. Da das Kind so wenig vom Vater weiß, muss es sich auf das verlassen, was die Mutter ihm vom Vater erzählt. Es kennt daher viele Seiten des Vaters nur aus zweiter Hand. Und da die meisten Männer eher wenig über ihr Inneres erzählen, muss das Kind den Vater eher aus der Ferne beobachten, um herauszubekommen, wie es ihm geht. All dies schafft eine gewisse Distanz zwischen Vater und Kind. Diese Distanz wird angefüllt von einem Gemisch aus Respekt, Furcht, Neugier und Bewunderung. Wenn jemand, der einem eigentlich so nahe ist, so unbekannt bleibt, bewegen einen viele Fragen, die unbeantwortet bleiben. Der Vater ist der vertraute Unbekannte.

Die Frage, die das Kind am meisten bewegt, ist: »Wie steht der Vater zu mir? Mag er mich? Was bedeute ich ihm?« Es möchte wissen, *ob es einen Platz in seinem Herzen hat*. Wenn das Kind sich sicher ist, dass der Vater es liebt, kann er ruhig weit weg sein. Das Kind weiß trotzdem, dass der Vater an es denkt und es nicht vergisst. Ein Kind, das wenig väterliche Liebe und Nähe erlebt hat, wird diese Sehnsucht womöglich auf seine Lehrer und Mentoren übertragen, später auf seinen Liebespartner. Diese sollen ihm dann gütig zuhören und es an die Hand nehmen.

Es gibt Märchen, in denen ein Kind so klein ist, dass es »Däumling« oder »Däumelinchen« genannt wird. Es ist so klein, dass es in die Tasche einer Jacke passt. Dies ist die Sehnsucht mancher Kinder: Sie möchten vom Vater in seine Brusttasche wie in einen Kängurubeutel gesteckt werden. So können sie ihm ganz nahe sein, haben es warm, fühlen sich geborgen und können gleichzeitig mit ihm in die Welt ziehen und Abenteuer erleben. Dieses Märchenmotiv sagt viel über das Erleben eines Kindes aus: über seine Winzigkeit gegenüber der Erwachsenenwelt, über seine Angst vor Gefahren aller Art, aber auch über seine Sehnsucht nach dem großen, beschützenden Vater. Das christliche Motiv von Jesus als der Gute Hirte hat ebenfalls seine Wurzel in dieser kindlichen Sehnsucht nach väterlichem Schutz und Geborgenheit.

Symptome des Vatermangels bei Männern

Der Song »The Boxer« (1970) von Simon and Garfunkel beschreibt das Lebensgefühl eines vaterlos aufgewachsenen jungen Mannes sehr genau: Seine Heimatlosigkeit, seine Einsamkeit und Orientierungslosigkeit:

> »I am just a poor boy
> Though my story's seldom told
> I have squandered my resistance
> For a pocketful of mumbles
> Such are promises
> All lies and jest
> Still, a man hears what he wants to hear
> And disregards the rest.«[28]

Er verlässt sein trostloses Elternhaus und fährt mit Fremden nach New York, der Stadt der Verheißung, die sich als Trugbild entpuppt in ihrer Kälte und Trostlosigkeit. Trost findet der verängstigte Junge nur bei Prostituierten, von jeher Mutterersatz für einsame Männerseelen. (Die Affinität vaterloser Männer zu Prostituierten ist vielleicht nicht ganz so zufällig: Ihre eigenen Mütter wurden als alleingelassene Frauen oft von der Normalgesellschaft verachtet und von Männern als Freiwild angesehen.) Der junge Mann fordert nur Niedriglohn für sich, verkauft sich unter Wert und findet dennoch keine Angebote. Er haust mit den Armen und Verlorenen. Wie der verlorene Sohn hat er Sehnsucht nach Zuhause. Er bleibt trotzdem in der Fremde, wie der Boxer, der, exponiert in der Öffentlichkeit stehend, weiterkämpft, obwohl er Niederlage um Niederlage einsteckt und aus Wut und Scham am liebsten die Bühne verlassen würde. Aber wohin soll er gehen …?

In dem Song sind fast alle Merkmale des Vatermangels bei Jungen und Männern aufgezählt:

Verlassenheit, Einsamkeit und Heimatlosigkeit: Ein Vater gibt seinem Sohn nicht nur Halt und Rat, er lebt ihm auch vor, wie ein Mann sein Leben in die Hand nimmt. Der vaterlos aufwachsende Sohn fühlt sich von seiner ersten und wichtigsten männlichen Bezugsperson im Stich gelassen. Ohne den väterlichen Halt und das väterliche Vorbild ist der Sohn wie ein Schiff, das ohne Steuerruder dem Wind preisgegeben ist und findet daher nur schwer Orientierung in seinem Leben. Selbst wenn er von seiner Mutter und anderen Frauen gut umsorgt wird, hat er das Gefühl, ihm fehle etwas Wesentliches. Je mehr er von Frauen umgeben und umsorgt wird, umso einsamer und unverstandener fühlt sich der Junge.

Schutzlosigkeit: Ihm fehlt auch der männliche Schutz des Vaters. Ein Junge ist vielen beängstigenden Situationen und Herausforderungen ausgesetzt, bei denen erwartet wird, dass er keine Angst hat. Mädchen dürfen weinen, aber Jungen werden als Heulsuse und Weichei verlacht, wenn sie weinen. Ein vaterloser Junge hat niemanden, an den er sich wenden kann, wenn er von anderen Jungen ausgelacht oder verprügelt wird. Er hat niemanden, den er fragen kann, wenn er etwas nicht versteht. Er hat niemanden, der ihn in technische Fertigkeiten einführt. Daher fühlt sich der vaterlose Mann innerlich immer ein Stück unsicher. Er hat es schwer, ganz klar zu sich zu stehen und seinen Standpunkt zu vertreten.

Orientierungslosigkeit in der Außenwelt: Ein guter Vater ist dem Sohn ein natürliches männliches Vorbild. Er zeigt ihm, wie man sich seinen Weg durchs Leben bahnt. Der Sohn hat dadurch einen Leitfaden in der Hand. Einem vaterlosen Mann fehlt diese Grundorientierung. Seine Mutter kann ihm nur eine Anleitung aus weiblicher Sicht geben. Daher steht der junge Mann oft hilflos da, wenn es um seinen zukünftigen beruflichen Weg geht.

Selbstzweifel, Minderwertigkeitsgefühle: Auf sich alleingestellt, fühlt sich der vaterlose Sohn hilflos und seinen Kameraden gegenüber unterlegen. Ohne väterliches Vorbild und väterlichem Beistand zweifelt er an vielem, was er anpackt.

Seelische und körperliche Schwäche: Wirkliche männliche Stärke kommt aus der Kraft, die man vom Vater und den männlichen Vorfahren übertragen bekommt. Wenn ein Mann dieser entbehrt, fehlt ihm oft die psychische und körperliche Stärke, die Standhaftigkeit und das Durchhaltevermögen, das er braucht, um seine familiären und außerhäuslichen Aufgaben zu erfüllen.

Tiefsitzende Angst, die durch Aggression abgewehrt wird: Jungen haben genauso Angst wie Mädchen. Aber von ihnen wird verlangt, dass sie mutig sind. Ohne väterlichen Schutz sind sie mit ihrer Angst allein und müssen sie verdrängen. Daraus entstehen als Reaktionsbildung Wut und Aggression.

Aggression ist ein bewährter männlicher Abwehrmechanismus gegen tiefsitzende Angst. Wenn man hart zuschlägt, ist es der Gegner, der Angst bekommt (Projektion der eigenen Angst). Gewalt wirkt jedoch nur auf den ersten Blick männlich. Sie verdeckt meist ein unsicheres oder gar ängstliches Selbstbewusstsein. Ein Mann, der seiner selbst sicher ist und in sich ruht, braucht nicht laut zu sein oder draufzuhauen. Er überzeugt durch sein Sein.

Eine führende, Grenzen setzende Autorität fehlt: Ein guter Vater ist für seine Kinder, besonders für seine Söhne, eine männliche Autorität, die sie führt, ihre Kraft in die richtige Richtung lenkt und ihnen Grenzen setzt. Söhne ohne Väter wissen oft nicht, was sie mit ihrer unbändigen männlichen Kraft anfangen sollen. Sie wissen nicht, diese konstruktiv einzusetzen. Stattdessen brechen sie in die Grenzen anderer ein, randalieren und zerstören Dinge mutwillig. Ihre verdrängte Sehnsucht nach dem Vater schlägt dann ins Gegenteil um: Sie verachten jegliche Autorität und fordern sie heraus – in der stillen Hoffnung, eine gute Autorität gebietet ihnen Einhalt und zeigt ihnen ihre Grenzen. Es ist wohl nicht zufällig, dass viele junge Männer, die sich von Terrororganisationen rekrutieren lassen, Angehörige von Einwanderungsfamilien in der zweiten Generation sind: Ihre Väter wurden als Einwanderer oft verachtet. Sie mussten hart arbeiten und konnten sich ihren Söhnen wenig widmen. Daraus resultiert bei diesen Wut und die Suche nach Orientierung und Vergeltung gegen die Kultur des Gastlandes, das sie erniedrigt.

Anfälligkeit für radikale pseudomännliche Führer und Ideologien: Wo das väterliche Vorbild fehlt, werden junge Männer anfällig für politisch radikale Anführer und Ideologien sowie für gewalttätige Gruppierungen (Hooligans, Terrormilizen). Viele der jungen Männer, die der pseudomännlichen Ideologie des Nationalsozialismus anheimfielen, waren vaterlos aufgewachsen.

Delinquenz und antisoziale Tendenzen: Durch den Anschluss an radikale Gruppen und kriminelle Banden findet der vaterlose junge Mann eine Möglichkeit, seinen Frust und seine Wut auszuleben. Er richtet die Enttäuschung, die ihm der fehlende Vater bereitet hat, auf die bürgerliche Gesellschaft oder auf »Vater Staat«.

Depression, Resignation: Andere vaterlos aufgewachsene Männer, die keine Möglichkeit haben, ihren inneren Frust auszuagieren, verfallen leicht in Depression und Resignation. Sie werden arbeitslos, alkohol- oder drogenabhängig und steigen sozial ab.

Tiefsitzende Scham als Mann: Der vaterlose Sohn fühlt im Inneren eine tiefsitzende Scham als Mann. Er gibt sich selber die Schuld, dass er so wenig dem männlichen Ideal entspricht. Denn Unmännlichsein bedeutet die größte Schmach für einen Jungen, genauso schlimm wie der Verdacht, schwul zu sein.

Homophile Neigung als Folge der Sehnsucht nach dem Vater: Obwohl man heute überwiegend der Meinung ist, dass die sexuelle Orientierung eines Menschen vorwiegend genetisch bedingt ist, kann die Sehnsucht nach dem fehlenden Vater einen heterosexuell veranlagten Mann veranlassen, bei anderen Männern die väterliche Zärtlichkeit zu suchen, die ihm fehlt.

Homophobie: Das andere Extrem stellt die Homophobie dar: Als Gegenreaktion auf den schamhaft verdrängten Wunsch nach der liebevollen Nähe zu Männern kann im vaterlosen Mann eine kategorische und aggressive Ablehnung jeglicher homosexueller Beziehungen entstehen. Dieses Phänomen findet man schon bei kleinen Jungen, die andere als »schwul« beschimpfen.

Pseudomännliche Fassade: Um die tiefsitzende Unsicherheit zu verschleiern, trägt der vaterlose Mann oft eine pseudomännliche Fassade zur Schau, als brutaler Schläger oder als Frauenheld. Er versucht damit, seine Männlichkeit und Potenz zu demonstrieren. Da er keine Unterstützung vom Vater erfahren hat, bittet er auch andere Menschen nicht um Hilfe, selbst wenn er es nötig hat. Er versucht, sein Leben alleine zu managen. Dies hat er von Kindesbeinen an tun müssen.

Narzissmus: Eine narzisstische Selbstverliebtheit und Selbstbezogenheit kann ebenfalls als Reaktion auf das Gefühl, vom Vater nicht gesehen und nicht geliebt zu werden, entstehen. Ein narzisstischer Mann ist darauf angewiesen, von möglichst vielen Menschen bewundert und verehrt zu werden. Die Bewunderung durch andere soll das innere Loch füllen, das der Vater hinterlassen hat.

Selbstüberschätzung und Selbstüberforderung: Dies führt nicht selten zur Selbstüberschätzung des narzisstischen Mannes, wenn er in der Öffentlichkeit oder im Kreis seiner Bewunderer steht. Damit überfordert er sich leicht in seinem maßlosen Ehrgeiz.

Perfektionismus: Ein guter Vater vermittelt dem Sohn, was möglich und was nicht möglich ist. Er bringt ihm bei, Maß zu halten und sich realistisch einzuschätzen. Ein vaterloser Mann fordert mangels eines realistischen Vorbildes eine Perfektion von sich, die er niemals erreichen kann. Daraus entsteht ein Teufelskreis aus Selbstzweifel und Minderwertigkeitsgefühlen einerseits und zwanghaftem Perfektionismus andererseits.

Unstillbare Sehnsucht: Egal, in welcher Maske der vaterlose Mann auftritt, eines haben alle Vaterlosen gemeinsam: das Gefühl, etwas nicht sein zu können, wonach sie sich am meisten sehnen, etwas, von der sie nur eine vage Ahnung haben, etwas, das sie weder benennen noch erfassen können.

Suchtgefährdung: Da der vaterlose Mann nicht weiß, wonach er eigentlich sucht, verfällt er leicht der Sucht, das heißt der Abhängigkeit von irgendeinem Mittel, das ihm einen Ersatz für das ersehnte Objekt bietet, sei es Sex, Alkohol, Arbeit oder Extremsport.

Den Vater ersetzen müssen: Viele vaterlose Söhne müssen schon früh die Aufgaben des fehlenden Vaters übernehmen – für die materielle Sicherung der Familie sorgen, auf die jüngeren Geschwister aufpassen, die Familie nach außen vertreten und so weiter. Dadurch verlieren sie ihre Kindheit und werden zu schnell erwachsen.

Übermäßige Mutterbindung, Partnerersatz für die Mutter: Vor allem muss der Sohn den Vater als Mann an der Seite der Mutter ersetzen. Die alleinstehende Mutter findet im Sohn einen Partnerersatz und bindet ihn manchmal lebenslänglich an sich. Dem Sohn fehlt der Vater als alternative Bindungsperson zur Mutter (siehe Triangulierung im Kapitel *Der Vater in der Säuglings- und Kleinkindzeit*) und klammert sich deshalb an die Mutter, um nicht verlassen zu werden. Daraus entsteht leicht eine ödipale Beziehung zur Mutter, die ihn mit ambivalenten Gefühlen erfüllt: Dem Bedürfnis nach und der Angst vor Nähe, Begierde und Ekel, Verehrung und Verachtung.

Gestörte Sexualität (Promiskuität, Potenzstörungen): Die übermäßige Mutterbindung kann beim Jungen entweder zu einer verzögerten sexuellen Entwicklung (weil die Mutter ihn klein hält) oder zu einer überschießenden Sexualisierung (bei sexueller Verführung durch die Mutter oder ältere Frauen) führen. So können Promiskuität und Potenzstörungen beide ihren Ursprung in einer gestörten Mutterbeziehung haben.

Softie oder Pascha: Das Verhältnis zu Frauen und zur Partnerin ist oft geprägt von zu großer Nachgiebigkeit (Softie) oder Großmannssucht (Pascha). Der Softie hat meist eine dominierende Mutter erlebt, gegen die er sich nicht hat abgrenzen können. Der Pascha ist oft ein Mann, der von seiner Mutter grenzenlos verwöhnt wurde.

Angst vor Nähe und Intimität: Die grenzüberschreitende Besetzung durch die Mutter hinterlässt im jungen Mann eine Angst vor wirklicher Nähe. Er geht entweder keine oder erst spät eine Liebesbeziehung ein, oder er springt von einem sexuellen Abenteuer zum nächsten, ohne wirkliche Nähe zuzulassen und ohne Erfüllung zu finden.

Instabile Partnerschaft: Selbst wenn ein vaterloser Mann sich bindet, ist seine Beziehung zur Partnerin häufig instabil. Oft geht er fremd, verschwindet in der Arbeit oder trennt sich, wenn Kinder da sind.

Instabile Vaterschaft: Ohne ein gutes väterliches Vorbild fällt es dem jungen Vater schwer, die eigenen Kinder zu bevatern. Er kopiert häufig unbewusst das bekannte Verhaltensmuster seines

Vaters, indem er sich still zurückzieht, trinkt oder die Familie verlässt.

Finanzielle Unsicherheit und berufliche Instabilität: Der Vater ist meist dasjenige Elternteil, das die Kinder in die Arbeits- und Berufswelt einführt. Fehlt er, dann hat es der Sohn oft schwer, beruflich Fuß zu fassen. Da seine Selbsteinschätzung unsicher ist, verkauft er sich entweder unter Wert oder er überschätzt sich in seinen Fähigkeiten. Dies führt leicht dazu, dass er beruflich und finanziell scheitert. Wenn ihm ein Erfolg gelingt, ist dieser oft von kurzer Dauer. Er kann ihn nur schwer halten.

Burnout: Der vaterlose Mann führt oft ein unsicheres und prekäres Leben. Es gelingt ihm selten, die Balance zwischen seinem Privat-, Familien- und Arbeitsleben zu halten, ohne dass einer dieser drei zentralen Lebensbereiche zu kurz kommt. Dieser Balanceakt kostet ihn soviel Energie und Kraft, dass er leicht ausbrennt. Es ist, als gehe er einbeinig durchs Leben, statt auf beiden Beinen zu stehen.

Symptome des Vatermangels bei Frauen

Vaterlos aufwachsende Töchter leiden grundsätzlich an den gleichen Symptomen wie vaterlose Söhne. Einsamkeit, Unsicherheit, Schutz- und Haltlosigkeit und Scham prägen ebenfalls ihr Selbstgefühl. Ihr Leiden trägt jedoch, bedingt durch ihr Geschlecht und die Stellung der Frau in der Gesellschaft, deutlich weibliche Züge:

- Frauen leiden eher nach innen, während viele Männer ihr Verwundetsein durch äußeres Agieren überspielen.
- Frauen sind im Allgemeinen mehr beziehungsorientiert als Männer. Sie beziehen das Verlassenwerden durch den Vater stärker auf sich und geben nicht selten sich selbst die Schuld dafür, dass der Vater sie im Stich gelassen hat.
- Außerdem haben vaterlos aufwachsenden Mädchen einen ande-

ren, weniger anerkannten Status in der Familie und in der Gesellschaft. Als Mädchen sind sie häufiger und stärker Diskriminierungen und Übergriffen ausgesetzt.

Beginnen wir mit dem letzten Punkt:
Näher an der Mutter, gleichzeitig weniger wertgeschätzt: In der patriarchalischen Ordnung sind Söhne wertvoller als Töchter, weil sie die Familientradition weitertragen sollen, während Töchter ab der Heirat der Schwiegerfamilie zugerechnet werden. Deshalb haben vaterlose Söhne häufig einen höheren Status inne als vaterlose Töchter. Ein vaterloser Sohn wird von seiner alleingelassenen Mutter oft als Partnerersatz angesehen und verwöhnt. Ganz anders die Tochter. Mit der Tochter identifiziert sich die Mutter. Wenn sie als unverheiratete Mutter verachtet wird, überträgt sich ihre Schande sofort auf die unehelich gezeugte Tochter.

Die Tochter spürt, dass sie unerwünscht ist. Sie fühlt sich schuldig an dem schweren Schicksal der Mutter und denkt, ohne sie hätte die Mutter ein anderes, besseres Leben gehabt. Sich selbst anzuklagen und sich selbst die Schuld zu geben, ist eine Eigenschaft, die häufiger bei Frauen anzutreffen ist als bei Männern. (Diese sind eher zornig auf den Vater, der sie verlassen hat oder auf die Mutter, die sich so etwas hat bieten lassen.)

Mutters unbeachtete rechte Hand: Aus diesem Schuldgefühl heraus stellt sich die Tochter bereitwillig in den Dienst der überbelasteten Mutter. Als deren rechte Hand hofft sie, zumindest einen Teil ihrer Daseinsschuld abzutragen. Außerdem hofft sie, dass die Mutter sie nicht so leicht wird wegschicken können, wenn sie sich unentbehrlich macht. Denn die Tochter spürt, wie unerwünscht sie ist. Die Mutter hat sie womöglich schon früh zu Verwandten weggeschickt. Manchmal holt die Mutter sie nach einer Heirat wieder zu sich zurück. In der Stieffamilie muss die Tochter dann ein Aschenputteldasein führen.

Es gibt natürlich auch alleinerziehende Mütter, die ihre Tochter lieben. Aber sie müssen oft allein für den Lebensunterhalt der Familie sorgen und haben wenig Zeit, sich um die kleine Tochter zu kümmern. Diese lebt dann das Leben eines Schlüsselkindes.

Früh Verantwortung übernehmen müssen: Daher übernehmen vaterlose Töchter schon sehr früh Verantwortung für sich und die übrige Familie. Vaterlose Töchter sind meistens äußerst pflichtbewusst und arbeitsam. Besonders wenn sie das einzige Kind oder die älteste Tochter sind, übernehmen sie von Kindesbeinen an Pflichten im Haushalt. Manche versuchen, das magere Haushalts- und Taschengeld durch Babysitten oder andere Jobs aufzubessern, während ihre Freundinnen spielen gehen. Sie können sich eine unbeschwerte Kindheit nicht leisten.

Anders sein als andere: Vaterlose Kinder fühlen sich oft anders als ihre gleichaltrigen Kameraden. Wenn noch dazu kommt, dass sie unehelich geboren sind und ihren Vater nicht kennen, geraten sie schnell in die Außenseiterrolle. Dort, wo sich andere Kinder auf ihre väterliche Unterstützung zurückgreifen können, fehlt ihnen der familiäre Rückhalt. Wie ihre alleinerziehenden Mütter tragen vaterlose Töchter häufig die Scham, nicht selten die Schande einer vom Mann und Vater verlassenen Frau.

Leistungsbereitschaft und Ehrgeiz: In Identifikation mit ihren hart arbeitenden Müttern wissen vaterlose Töchter, dass sie ihr Leben selbst in die Hand nehmen müssen, weil kein Vater da ist, der für sie sorgt. Von der Mutter haben sie gelernt, dass eine Frau für sich selbst (und später für die Familie) sorgen muss. Daher machen sie früh eine Ausbildung. Wenn sie studieren, verdienen sie ihren Lebensunterhalt selbst. Vaterlose Töchter sind häufig soziale Aufsteiger. Sie möchten nicht in die materielle Not und die soziale Schieflage kommen, in der ihre Mutter einst gelandet ist. Daher streben sie auch einen höheren sozialen Status an, von dem aus keiner mehr auf sie herunterschaut.

Innere Angst, Unsicherheit und Einsamkeit: Ihre hohe soziale Stellung und ihr Ansehen stehen dabei in deutlichem Gegensatz zu ihrem Selbstwertgefühl. In ihrem Inneren fühlen sich vaterlose Töchter oft extrem unsicher und schutzbedürftig. Ihnen fehlen der väterliche Schutz und der väterliche Halt: Es gab keine starke Schulter, an die sie sich hätten anlehnen und ausweinen können, wenn sie von Lehrern ungerecht behandelt, von Gleichaltrigen gemobbt oder von Männern angemacht wurden.

Bei vaterlosen Töchtern können wir die Funktion des Vaters als Fels in der Brandung, als Schutz- und Trutzburg am deutlichsten erkennen. Die vaterlose Tochter bekommt es viel stärker als die Mutter zu spüren, wenn der Mann im Haus fehlt. Denn die Mutter ist schon erwachsen und hat vielleicht schon gelernt, sich als Frau zu wehren. Die Tochter ist aber noch klein. Ohne einen Vater im Haus wird sie leicht zum Freiwild für bekannte oder verwandte Männer wie auch für fremde.

Es gibt niemand, der einen an die Hand nimmt und beschützt: Eine vaterlose Tochter vermisst nicht nur die Liebe des Vaters. Ihr fehlt auch der Vater, der sie in beängstigenden Situationen an die Hand nimmt und sicher durchs Leben führt. Für Kinder kann die Welt so beängstigend sein. Ein guter Vater lässt die Tochter auch nach dem Erwachsenwerden nicht im Stich. Er ist da, wenn sie im Beruf oder in der Partnerschaft in eine Krise gerät. Einer vaterlosen Tochter fehlt diese Rückendeckung. Daher kann sie im Leben weniger riskieren. Sie muss immer sich selbst absichern. Das Leben gleicht eher einer gefährlichen Gratwanderung als einem leichten Spaziergang.

Es gibt niemand, der einem die Welt erklärt und den richtigen Weg zeigt: Der Vater ist für die Tochter nicht nur derjenige, der sie beschützt, sondern auch derjenige, der sie aus dem häuslichen, mütterlichen Bereich in die große weite Welt einführt. Väter sind meistens diejenigen, die, anders als die traditionelle Mutter, ihren Lebensmittelpunkt im außerhäuslichen Bereich haben. Väter erklären ihren Kindern die Natur, sie zeigen ihnen die Sterne am nächtlichen Himmel, sie führen sie ein in die Welt der Arbeit.

Eine vaterlose Tochter fühlt sich daher oft unsicher, wenn sie sich aus der fraulichen Sphäre daheim hinausbegibt in die Welt, die auch heute vorwiegend von Männern dominiert wird. Sie hat kein männliches Vorbild erlebt, das sich in der Welt draußen behauptet. Sie muss immer selbst auf sich aufpassen, oder sie vertraut sich Männern an, die selbst unsicher sind und ihr keinen echten Halt bieten können.

Fallbeispiel: Vaterlose Töchter über Generationen
Eine Frau kommt wegen Burnout. Sie habe viele Ängste in sich: Sie habe Angst vor der Zukunft, Angst um ihr Kind und ihren Mann. Ihrer Herkunftsfamilie habe sie sich lange nicht zugehörig gefühlt.

Sie sei aufgewachsen auf einem Bauernhof, der ursprünglich ihrem Großvater gehört hat. Dieser sei im Krieg gefallen, sodass die Großmutter mit drei Kindern und dem Hof allein blieb. Ihr Vater kam ursprünglich als Knecht nach dem Krieg auf den Hof. Er hatte ein Verhältnis mit der Großmutter, das sie eigentlich nicht wollte, aber sie brauchte einen Mann, der den Bauernhof übernahm. Der Vater schwängerte außerdem die jugendliche Mutter der Klientin und heiratete sie. Diese bekam die Tochter und drei weitere Kinder. Das letzte Kind trieb sie ab, weil sie einfach keine Kraft mehr hatte.

Die Klientin beschreibt ihren Vater als brutal. Er kam aus einem Elternhaus mit einem tyrannischen und gewalttätigen Vater, ging mit 15 zur Waffen-SS und wählte später die NPD. Die Mutter habe unter seiner Gewalttätigkeit sehr gelitten.

Bei der Familienaufstellung kam heraus, dass in der mütterlichen Familie die Männer immer gefehlt haben: Die Großmutter war selbst unehelich geboren: Ihre Mutter (die Urgroßmutter der Klientin) war als Magd von einem Gutsherren geschwängert und verstoßen worden. Diese Urgroßmutter musste ihr uneheliches

Kind, die Großmutter, von ihrer Mutter aufziehen lassen, weil sie für sich und ihr Kind den Lebensunterhalt verdienen musste.

Dieses uneheliche Kind, die Großmutter der Klientin, heiratete zwar einen lieben Mann, den Großvater. Aber dieser fiel im Krieg, sodass die Großmutter wieder mit den Kindern allein blieb. Sie war auf die männliche Unterstützung ihres Knechts angewiesen, der sowohl sie als auch ihre Tochter, die Mutter der Klientin, sexuell ausbeutete. Er heiratete diese und bekam dadurch den Hof. Die Mutter war praktisch auf dem Hof gefangen: Sie musste für die Großmutter und ihre zwei jüngeren Geschwister sorgen und konnte nicht fliehen, obwohl sie es am liebsten getan hätte.

Die Mutter hat versucht, die Klientin vor dem brutalen Vater zu schützen. Als die Klientin 16 wurde, ließ die Mutter sie weggehen, damit sie nicht vom Vater missbraucht wurde. Die Tochter schlug sich durch, hatte aber nicht das Gefühl, je mit ihren Eltern verbunden zu sein.

In diesem Beispiel wird deutlich, was geschieht, wenn die Väter fehlen: Die Mütter müssen dann beide Elternfunktionen ausfüllen Sie müssen die Kinder entweder sich selbst überlassen oder sie in Pflege geben. Dadurch verlieren sie den mütterlichen »Draht« zu ihren Kindern. Sie werden sich fremd. Nicht selten sehen sich die Mütter gezwungen abzutreiben, weil sie einfach nicht die Kraft haben, für mehrere Kinder zu sorgen. (Abtreibung ist in einer Situation, in der eine Frau unfreiwillig schwanger wird und keine männliche Unterstützung bekommt, manchmal ein Akt der Selbsterhaltung und der Emanzipation aus der Abhängigkeit zum Mann.)

In der Familienaufstellung bedankt sich die Klientin bei ihrer Mutter für ihren Schutz vor dem Vater. Sie achtet die Mutter in ihrem Schicksal und löste sich von ihr. Sie lernt (in der Gestalt eines Stellvertreters) ihren im Krieg gefallenen Großvater kennen, einen liebevollen Mann. Dieser nimmt zusammen mit der Großmutter die Enkelin in den Arm. Endlich bekommt sie den männlichen Halt, der ihr immer gefehlt hat.

Als Stabilisator und Vertraute der Mutter emotional missbraucht: Vaterlose Töchter spüren: Die Mutter braucht sie als Stütze, um ihrer eigenen Angst Herr zu werden. Daher stehen sie als Mitstreiterin an der Seite der Mutter. Außerdem gibt es jüngere Geschwister, auf die sie aufpassen muss. Also beißen sie ihre Zähne zusammen, zeigen ein fröhliches Gesicht und lassen ihre Umwelt nicht wissen, wie einsam und trostlos es in ihrem Inneren aussieht. Daher finden sich vaterlose Töchter häufig in helfenden Berufen. Sie merken dabei nicht, wie sie sich ausbeuten lassen. Sie spüren nicht, wie sie sich selbst ausbeuten.

Wiederholung des einsamen mütterlichen Lebens: Der Vater ist normalerweise derjenige, der die Tochter aus der Mutter-Tochter-Symbiose herausführt und ihr zur Autonomie verhilft (siehe Triangulierung im Kapitel *Der Vater in der Säuglings- und Kleinkindzeit*). Ohne den Vater bleibt die Tochter zu eng mit der Mutter verschmolzen. Wie ein Zwilling lebt sie deren Leben nach, vor allem wiederholt sie deren Einsamkeit und Trostlosigkeit.

Nach außen mögen vaterlose Töchter durchaus selbständig erscheinen – wie ihre Mütter stehen sie im Leben ihre Frau. Aber diese Selbständigkeit erkaufen sie durch das Fehlen wirklicher Intimität mit einem männlichen Partner. Selbst wenn sie einer Partnerschaft oder Ehe eingehen, ist diese eher von Distanz geprägt. Wenn sie selbst eine Tochter bekommen, binden sie diese häufig an sich, wie ihre Mütter einst mit ihnen getan hat.

Lebenslang an die Mutter gebunden: An die Mutter sind vaterlose Töchter oft lebenslang gebunden. Vor allem wenn die Mutter nach dem Vater keiner neuen Partnerschaft eingeht oder wenn sie depressiv oder krank ist, fühlt sich die Tochter verpflichtet, auf die Mutter aufzupassen. Es kommt dann zu einer Umkehr der Mutter-Kind-Beziehung: Die Tochter bemuttert die Mutter (Parentifizierung). Diese Bindung kann sich darin zeigen, dass die Tochter keine oder nur eine lockere Partnerschaft eingeht, dass sie im gleichen Haushalt oder in der Nähe von der Mutter lebt und ständig in

»Rufbereitschaft« für die Mutter steht. Manche Töchter entfernen sich zwar äußerlich ganz weit von der Mutter – manchmal leben sie in einem anderen Land oder auf einem anderen Kontinent –, sobald aber die Mutter alt und gebrechlich wird und nach der Tochter ruft, kommt diese unverzüglich nach Hause zurück.

Ihr Verhältnis ist nicht selten von einer Hass-Liebe geprägt. Die Tochter verdankt ja der Mutter ihr Leben, daher ist sie unfähig, eine klare Grenze zu ihr zu ziehen. Dadurch ist sie anfällig für emotionale Erpressungen aller Art vonseiten der Mutter: Sobald diese signalisiert, es gehe ihr schlecht, ist die Tochter zur Stelle. Auch gegenüber anderen Hilfsbedürftigen gerät sie leicht in die Helferfalle. In ihrer Unentbehrlichkeit sieht sie die Legitimation für ihr eigenes Leben.

Hunger nach der väterlichen Bestätigung als Frau: Weibliche Identität gründet sich einerseits in der Identifikation mit der Mutter, andererseits in der Beziehung mit dem Vater. Ohne die Bestätigung des Vaters fühlt sich die Tochter äußerst unsicher in ihrer weiblichen Identität, vor allem in ihrer Beziehung gegenüber dem männlichen Geschlecht. Ihr fehlt eine Antwort auf die Frage: »Wie wirke ich auf Männer? Bin ich in ihren Augen überhaupt akzeptabel? Können sie eine Frau, die bereits von ihrem Vater verlassen worden ist, überhaupt lieben?«

Sie hat als Kind erlebt, wie der wichtigste Mann in ihrem Leben sie im Stich gelassen hat. Frauen beziehen das Verhalten von Männern oft direkt auf sich. Also gibt sich die Tochter selbst die Schuld dafür, dass der Vater sie verlassen hat: »Ich muss so furchtbar sein, dass er sich von mir abgewendet hat.« Oder: »Wenn ich nicht da gewesen wäre, wäre er bei meiner Mutter geblieben.« Oder: »Ich habe es nicht geschafft, ihn zu halten.«

Dieses negative narzisstische Selbstbild bildet künftig die Grundlage für ihre Beziehungen mit Männern. Entweder resigniert die junge Frau gleich vom Anfang an und zieht sich in ein geschlechtsloses Single-Dasein zurück, oder sie bäumt sich auf und will sich und der Welt beweisen, dass sie doch eine attraktive, ja unwiderstehliche Frau ist. In ihrem Hunger nach männlicher Bestätigung tut sie alles, um die Aufmerksamkeit und Bewunderung der Männer zu erobern. Dennoch kann alles männliche Begehren nicht ihre Sehnsucht nach dem fehlenden Vater stillen.

> **Fallbeispiel:** Marilyn Monroe
> *Marilyn Monroe, die unehelich geboren war und ihren Vater nicht kannte, war als Kind ein schüchternes, stotterndes Mädchen. Sie wurde an verschiedene Pflegefamilien und ins Waisenhaus abgeschoben. Von einem Pflegebruder wurde sie sexuell missbraucht. Als sie merkte, dass sie Eindruck auf Männer machte, legte sie sich eine ganz neue Identität zu. Sie ließ ihre Haare blondieren, ihr Gesicht operieren und legte sich einen neuen Namen zu (ihr ursprünglicher Name war Norma Jeane). Sie war eine außerordentlich gute Schauspielerin und Sängerin, und doch wurde sie fast ausschließlich als Sexsymbol angesehen. Dennoch fand sie kein Glück bei Männern: dreimal wurde sie geschieden, sie hatte Affären mit vielen berühmten Männern, einschließlich dem damaligen amerikanischen Präsidenten John F. Kennedy und dessen Bruder Robert Kennedy. Norman Mailer schrieb 1973 in seiner Biographie »Marilyn«, dass sie mindestens zwölfmal (!) abgetrieben haben soll. Sie war tablettensüchtig und starb mit 36 an einer Überdosis Schlafmittel. Man weiß bis heute nicht, ob es ein ärztlicher Behandlungsfehler, Selbstmord oder Mord war.*

Wie Marilyn Monroe suchen viele vaterlose Frauen bei Männern nach väterlicher Wärme und liebevoller Bestätigung. Sie möchten in ihrem Wesen und in ihrem Selbst gesehen und geliebt werden. Stattdessen werden sie nur als Objekt männlicher Begierde und als Projektionsfläche für die sexuellen Wünsche von Männern benutzt und missbraucht.

Sehnsucht, Enttäuschung, Verlustangst und narzisstische Wut: In diesem Teufelskreis aus gegenseitigen Projektionen braut sich in ihren Partnerschaften ein gefährliches Gemisch zusammen, bestehend aus unerfüllter Sehnsucht, tiefer Enttäuschung, unbändiger Wut gegen den Partner und gegen sich selbst, gleichzeitig begleitet von einer maßlosen Angst, den Partner zu verlieren. Dies führt nicht selten zu sich immer wiederholenden Gewalt- und Missbrauchsexzessen mit kurzzeitigen Versöhnungen, bis die Beziehung irgendwann zerbricht.

Sucht: Vaterlose Töchter suchen im Grunde nach etwas, was sie längst verloren haben: Ihren Vater. Daher landen sie leicht in Abhängigkeit und Sucht. Sucht ist die vergebliche Suche nach etwas Lebenswichtigem. Statt dieses zu finden, strandet man bei einem Ersatzobjekt. Dieses kann eine stoffliche Sucht (Nikotin, Alkohol, Drogen, Tabletten, Essen, Konsum) oder eine nicht stofflich gebundene Abhängigkeit sein (Beziehung, Sex, Fernsehen, Internet, Arbeit). Sucht führt nicht selten zur Selbstzerstörung. Heilung kann eigentlich nur die Konfrontation mit dem inneren Loch, hier dem Verlust des Vaters bringen. Darauf werden wir in den letzten Kapiteln eingehen.

VI. DIE BEZIEHUNG ZUM VATER ERNEUERN

Odyssee und Heimkehr des verlorenen Vaters –
oder: Wie können Väter zu ihren Kindern zurückfinden?

In Homers Odyssee wird die Geschichte des Odysseus erzählt, der nach der Eroberung Trojas in der Ägäis herumirrte und zahlreiche Abenteuer und Liebesbegegnungen erlebte, um nach zehn Jahren endlich in seine Heimat Ithaka zurückzukehren und mit Hilfe seines inzwischen erwachsenen Sohnes Telemachos seine treue Frau Penelope aus den Fängen ihrer Freier zu befreien.

Wie kommt es, dass Väter immer wieder, wie einst Odysseus, Frau und Kind verlassen und in die weite Welt gehen?
Was könnten die Gründe dafür sein?
Krieg: In der Odyssee zogen die Griechen gegen die Trojaner in den Krieg, weil der trojanische Königssohn Paris Helena, die Frau des spartanischen Königs Menelaos entführt hatte. Es ging den Griechen vor allen um Rache für die Entehrung Menelaos', aber auch um die Vorherrschaft in der Ägäis und um die Eroberung der Schätze Trojas. Mannesehre, Macht und Gier waren schon immer die Motive für Kriege.

Narzisstische Kränkung durch einen Nebenbuhler: Menelaos war gekränkt, weil der trojanische Prinz Paris seine Frau entführt hatte. Helena war die schönste Frau der Welt. Dass sie Menelaos wegen eines anderen Mannes verließ, musste Menelaos unglaublich in seiner Mannesehre gekränkt haben.

Narzisstische Kränkung durch die Mutter-Kind-Symbiose: Außer dem Nebenbuhler gibt es noch einen anderen Rivalen für den Mann: das Kind. Wenn sich seine Frau nach der Geburt dem Kind zuwendet, empfindet der Mann dies oft als Zurückweisung. Häufig stammen solche Eifersuchtsgefühle aus der eigenen Kindheit des Mannes: Vielleicht hat ihm die Mutter gefehlt, oder er ist von jüngeren Geschwistern entthront worden. Dann betrachtet er seine Frau als die begehrte Mutter und das Baby als rivalisierendes Geschwisterkind. Aus lauter Kränkung verlässt er Frau und Kind und sucht sich eine andere Frau, die ihm ganz gehört.

Sich nicht niederlassen können: Ähnlich wie Odysseus brechen viele Männer immer wieder auf die Suche nach Abenteuern auf, obwohl sie Frau und Kinder haben. Sie sind ständig auf der Suche. Wonach aber? Es ist etwas, was ihrer Seele fehlt. Manchmal ist es die Suche nach dem eigenen Vater oder der Heimat. Manchmal ist es ein familiärer Auftrag von den eigenen Eltern. Jedenfalls ist es nichts, was draußen, sondern tief in ihrem Inneren zu finden ist.

Patriarchalische Trennung zwischen der männlichen und der weiblichen Welt: Manchmal entfernt sich der Mann und Vater von seiner Familie, weil er die strenge patriarchalische Trennung zwischen Mann und Frau befolgt. Der Mann hat sich draußen im »Kampf ums Dasein« zu bewähren, während die züchtige Hausfrau sich um Heim und Kinder kümmert. Eine solche Überzeugung finden wir heute nicht selten in konservativen und religiösen Kreisen. Aus Angst vor dem Chaos, das Freiheit und Selbstbestimmung mit sich bringen könnte, halten sie sich an traditionellen Normen fest. Hinter dieser Haltung verstecken sich Angst, Mangel an Vertrauen und Unsicherheit, die durch die strikten Ge- und Verbote im Zaum gehalten werden müssen.

Scham, Mangel an Selbstvertrauen und Selbstwert: Viele Männer fühlen sich im Grunde ihres Herzens unsicher. Hinter ihrer stolzen männlichen Fassade fühlen sie sich klein, langweilig und unattraktiv. Manchen gelingt es gerade noch, sich in der Berufswelt zu behaupten. Aber in der Intimität der Paarbeziehung, noch mehr in der Intimität der Familie kann sich keiner verstecken. Man wird sichtbar in seiner ganzen Nacktheit. Wenn ich mich vor meiner Familie schäme, kann ich entweder fliehen (außer Haus gehen), mich zurückziehen (in mein Arbeitszimmer) oder mich verstellen (den starken Mann herauskehren und Frau und Kinder tyrannisieren, damit sie mir nicht zu nahe kommen).

In der Bibel erzählte Jesus das Gleichnis von der Rückkehr des verlorenen Sohnes. Jesus war im Grunde vaterlos. Außerdem war er selbst nie Vater. *Das Gleichnis vom verlorenen Sohn* beschreibt einen idealen, grenzenlos liebenden Vater, der dem untreuen, auf Abwegen geratenen Sohn alles verzeiht und ihn wieder ins Elternhaus aufnimmt.

Ich möchte hier die Perspektive ändern und den Blick auf den Vater richten: *Was wäre, wenn nicht der Sohn, sondern der Vater verlorengegangen wäre?* Dies war doch die Erfahrung Jesu. Dies ist doch die Erfahrung vieler heutigen Kinder: Der Vater trennt sich und gründet mit einer jüngeren Frau eine neue Familie, oder er ist zwar körperlich da, aber geistig abwesend. Das ist die Kehrseite von dem idealisierten Vater, wie wir ihn aus dem Gleichnis des verlorenen Sohns kennen. *Das sind die verlorengegangenen Väter.*

In der Odyssee ist Odysseus von seiner Familie weggesegelt und ist ganze zwanzig Jahre von der Bildfläche verschwunden. Er ist in der Weltgeschichte herumgeirrt, hat gehurt, gesoffen und sich mit Riesen und Ungeheuern geschlagen. Er hat sich benommen wie der verlorene Sohn. Und dann kehrt er reumütig heim. Sein inzwischen erwachsener Sohn Telemachos nimmt ihn ohne Groll auf (wie der Vater des verlorenen Sohns) und hilft ihm, seine Rivalen zu beseitigen und seine Frau zurückzugewinnen. *Es ist der treue Sohn, der den treulosen Vater wieder aufnimmt!*

Wenn wir diese Geschichte in die heutige Zeit versetzen, können wir uns fragen: Wie kann ein Vater, der seine Frau und seine Kinder lange vernachlässigt hat, seinen Weg zur Familie zurückfinden, dorthin, wo er hingehört und wo er gebraucht wird?

- *Sich mit seiner Scham auseinandersetzen:* Fangen wir beim wichtigsten Punkt an: bei der Scham des Mannes. Der verlorengegangene Mann und Vater muss sich fragen: Wofür schäme ich mich vor meiner Frau und meinen Kindern? Habe ich ihnen etwas Schlimmes angetan? Oder habe ich Angst, ihnen eine Seite von mir zu zeigen, die ich vor ihnen verstecken möchte? In den meisten Fällen ist es sowieso sinnlos, sich vor der eigenen Frau und den eigenen Kindern zu verstecken. Sie kennen uns in- und auswendig, und sie lieben uns trotzdem. Wir sind es selbst, die nicht wagen, uns in unseren Schattenseiten zu zeigen. Meist sind sie milder und verständnisvoller uns gegenüber, als wir es selbst sind.
- *Sich der eigenen Bedeutung als Mann und Vater bewusst werden:* Wir haben oben gesehen, dass der Mann und Vater sich angesichts der Mutter-Kind-Symbiose oft unwichtig fühlt. Das Gegenteil ist der Fall: Für die Frau ist der Mann ihre wichtigste Stütze. Für die Kinder ist der Vater die wichtigste Bezugsperson neben der Mutter. Er ist für beide unentbehrlich und unersetzbar. Er muss nicht perfekt sein. Für seine Frau und seine Kinder ist nur wichtig, dass er *da* ist, so wie er ist, mit allen seinen Schwächen und Fehlern.
- *Sich der eigenen Rolle als Mann und Vater würdig erweisen:* Wenn ein Mann sich seiner Bedeutung in der Familie bewusst wird, wächst er in seiner Würde. Würde ist etwas anderes als Stolz. Würde ist etwas Inneres. Man strahlt sie aus, wenn man in sich selbst ruht.
- *Aus der Würde erwächst eine natürliche Verantwortung:* Aus der inneren Würde erwächst eine natürliche Verantwortung. Wir fühlen uns verantwortlich für die, die wir lieben oder, in Saint-Exupérys Worten: die wir gezähmt haben.[29]
- *Anschluss an unseren eigenen Vater und unsere eigene Mutter finden:* Man kann nicht Mann und Vater sein, ohne Anschluss an seine Wurzeln zu haben. Ein Mann, der von seinem Vater abge-

schnitten ist, kann sich zwar vornehmen, ein guter Partner und ein guter Vater zu sein. Ihm könnte aber unterwegs die Kraft ausgehen, weil der Nachschub aus seinen Wurzeln fehlt. Daher ist es wichtig, sich mit der eigenen Geschichte auseinanderzusetzen.

- *Das Kriegsbeil begraben und Frieden suchen:* Männer führen Krieg, und Krieg gehört zu den größten Zerstörern der Familie. Eine Familie kann sich nur im Frieden entfalten. Deshalb ist es gerade für Männer so wichtig, sich um Frieden zu bemühen. Dieser beginnt im persönlichen Bereich, er fängt also zuhause an. Methoden wie die *Gewaltfreie Kommunikation* von Rosenberg, das *Zwiegespräch* von Lukas-Moeller oder der *Neubeginn* von Thich Nhat Hanh geben wertvolle Anregungen dafür.[30]

- *Sich endlich niederlassen und den Platz in der Familie einnehmen:* Egal, wie lange wir unterwegs gewesen sind, wir können als Mann und Vater jederzeit zu unserer Familie zurückkehren, unser Bedauern äußern und um Verzeihung bitten. Es geht um eine Wiederbegegnung, in der wir ausdrücken, was wir bisher verschwiegen oder zurückgehalten haben, in der wir uns ebenfalls für die Gefühle und Gedanken unserer Partnerin und unserer Kinder öffnen und ihnen zuhören, was sie uns zu sagen haben. Die männliche Scheu vor Kommunikation endlich ablegen. Sprechen und zuhören lernen. Dem Impuls widerstehen, aufzustehen und wegzulaufen. Wenn es zu viel wird, um eine Pause bitten, damit man wieder zu sich kommen und nachfühlen kann, was in einem vorgeht. Dann zur Kommunikation zurückkehren. Anwesend zu sein ist nicht einfach. Weil wir es gewohnt sind, wegzulaufen, ist es schwer, da zu bleiben. Aber es wird uns nichts Schlimmes geschehen. Wir können nur gewinnen. Unsere Partnerin und unsere Kinder werden dafür dankbar sein.

- *Aufhebung der Trennung zwischen dem Männlichen und dem Weiblichen:* Die patriarchalische Ordnung hat das Männliche und Weibliche sauber voneinander getrennt: Hier die starke männliche Seite, dort die schwache weibliche Seite. Es ist wie ein Kreis, den man in der Mitte durchtrennt in eine schwarze und eine weiße Hälfte:

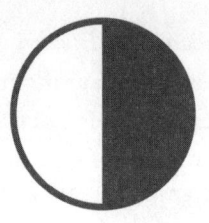

Dieses Lebenskonzept hat sich überlebt, genauso wie der strikte Feminismus. Heute geht es eher darum, dass das Männliche und das Weibliche einander durchdringen, ohne ihre Identität zu verleugnen. Das chinesische Yin-Yang-Zeichen ist ein gutes Symbol dafür: Das Männliche (Yang) und das Weibliche (Yin) legen sich weich aneinander und umspielen einander. Sie begegnen sich spiegelbildlich, ohne dass irgendeine Seite ihre Identität verliert. Vor allem befindet sich in der Mitte des Männlichen das Weibliche, und in der Mitte des Weiblichen das Männliche. Sie gehören nicht nur zueinander, sondern sie beziehen ihre Identität aus dem jeweils Anderen!

Ebenso gehören Mutter und Vater zusammen. Keine Seite kann für sich allein Eltern sein, ohne dass etwas von der eigenen Substanz verloren geht. Wir sind als Mutter und als Vater erst mit unserem Gegenpart vollständig. Mutter und Vater gibt es nur im

Doppelpack. Alleine werden sie brüchig und angreifbar. Als Team sind sie unbesiegbar.
- *Wurzel werden:* Wenn wir jung sind, sind wir Kinder unserer Eltern, wir sind die Knospen. Wenn wir Kinder bekommen, werden wir zum Stamm, später werden wir als Großeltern zu Wurzeln. Wir sind dann diejenigen, die tief in der Erde stecken und dem Familienbaum Stand und Festigkeit verleihen. Wir sind diejenigen, die die Nährstoffe aus der Erde beziehen und sie weiterleiten. Wir empfangen die Lebenskraft von unseren Eltern und Vorfahren und geben sie an unsere Kinder weiter.
- *Darauf gespannt sein, wie unsere Kinder sich entfalten werden:* Von hier aus können wir gespannt darauf sein, wie sich unsere Kinder entwickeln werden. Wir haben ihnen alles gegeben, was sie zum Leben brauchen. Sie werden, von dieser Basis ausgehend, ihren Weg ins Leben finden. Als Eltern können wir »guter Hoffnung« sein. Das Leben geht weiter.

Der abgelehnte und zurückgewiesene Vater – oder: Was können erwachsene Kinder tun, um die Beziehung zum Vater wiederherzustellen?

Das Thema Vater schauen wir meistens aus der Warte des Kindes an. Da spüren wir die Sehnsucht nach dem Vater. Aus der Kinderperspektive sind Erwachsene ja allmächtig. Wenn ein Vater weggeht und fernbleibt, meinen wir, er hätte es in der Hand, zu kommen oder zu gehen. Es sei seine Entscheidung, ja seine Schuld, dass wir so wenig von ihm haben.

Diese Sicht des Kindes wird oft noch verstärkt durch die Haltung der Mutter, die sich in der Verantwortung für Kinder und Haushalt vom Vater alleingelassen fühlt. Die Kinder spüren ihren untergründigen Groll gegen den Vater und identifizieren sich mit ihr. Sie verbünden sich dann mit der Mutter gegen den Vater, der scheinbar die alleinige Schuld an seiner Entfremdung von der Familie trägt.

Die Wirklichkeit sieht jedoch komplexer aus. In den meisten Fällen ist es ein Zusammenspiel vieler verschiedener Faktoren, die dazu führen, dass ein Kind seinen Vater nicht oder zu wenig sieht. Ich möchte die Leserin und den Leser einladen, mit mir die Perspektive vom Kind zum Vater zu wechseln und die Familiensituation aus seinen Augen zu betrachten.

Betrachten wir zunächst die Situation eines aus dem Krieg heimkehrenden Vaters. Sie liefert nämlich ein Gegenbild zu Odysseus. Während Odysseus von seinem Sohn und seiner Frau mit offenen Armen aufgenommen wurde, schlug manchen Heimkehrern feindselige Ablehnung entgegen. Nicht wenige Soldatenfrauen und -kinder haben es geschafft, ihr Leben ohne Mann und Vater zu meistern. Sie haben es genossen, selbst über ihr Leben bestimmen zu dürfen. Manche Frauen haben inzwischen einen anderen Partner gefunden.

Der heimkehrende Kriegsveteran fühlt sich unwillkommen. Er merkt zwar, dass seine Frau und seine Kinder ihn nicht abweisen können – es ist schließlich sein Haus und seine Familie –, aber sie haben sich in ihrem neuen Leben eingerichtet, in das er nicht mehr passt. Er kommt sich überflüssig vor. Seine Frau und er können nicht mehr an ihre frühere Liebe anschließen – sie haben zu viel Verschiedenes erlebt. Die traumatischen Erinnerungen aus dem Krieg drängen sich zwischen sie. Er fühlt sich wie an einem anderen Ufer stehend, selbst wenn er ihr wieder körperlich nahe ist. Wie kann er ihre Weichheit und Wärme an sich heranlassen, wenn ihm die Kälte und die Härte der vergangenen Jahre noch so tief in den Knochen stecken?

Und die Kinder erst – sie sind klein und hilflos gewesen, als er sie einst verließ. Nun sind sie groß und selbständig. Die wichtigsten Jahre ihrer Kindheit hat er verpasst und versäumt. Eigentlich sind es fremde junge Menschen, die nun vor ihm stehen. Er sieht die

Enttäuschung in ihrem Blick, wenn sie ihn anschauen. Er fühlt sich von ihnen abtaxiert. Er steht mit leeren Händen da. Statt als strahlender, ruhmreicher Kriegsheld steht er abgerissen, verkrüppelt und besiegt vor ihnen. Ein Loser.

Kinder können so grausam sein in ihrer Ehrlichkeit. Wenn sie einen Vater ablehnen, lassen sie es ihn spüren. Von ihnen fühlt er sich noch stärker zurückgewiesen als von seiner Frau. Mit ihr hat er zumindest noch Erinnerungen an frühere Gemeinsamkeiten. Aber mit den Kindern verbindet ihn nichts. Während sie in ihren Wiegen gelegen sind, hat er Menschen getötet und sterben sehen. Einen stärkeren Gegensatz kann man sich kaum vorstellen.

Und doch ist er nun von heute auf morgen dazu aufgerufen, für diese fremd gewordenen Kinder Vater zu sein – für sie zu sorgen, ihnen ein Vorbild zu sein. Ein Vorbild wofür? Krieg führen? Überleben? Er ist selbst aus seiner Jugend herausgerissen und in die Kriegsuniform gesteckt worden. Was er gelernt hat, das Kriegs-»Handwerk«, wird nicht mehr gebraucht. Er steht vor den Scherben seiner gescheiterten Existenz. Sein Körper ist zerschunden. Seine Psyche ein Wrack. Wie soll er in diesem Zustand bloß Vater sein?

Wenn Kinder merken, dass der Vater keine Autorität ist, fangen sie an, ihn zu provozieren. Der Vater reagiert mit Gewalt, wie er sie im Krieg und in der Gefangenschaft am eigenen Leib erfahren hat. Was der Kriegsveteran an Traumatischem erfahren hat, gibt er in der Familie blindlings weiter. Damit vergrößert er nur den Graben zwischen ihm und seinen Kindern. Solche Geschichten von abgelehnten und zurückgewiesenen Vätern verlängern sich unglücklicherweise bis in die Gegenwart.

Fallbeispiel: Abgelehnte Väter
Eine junge Frau klagt darüber, dass ihr Vater sie und ihre Geschwister nicht liebe. Er habe während der Ehe mit ihrer Mutter Affären gehabt. Nach dem Tod der Mutter sucht der Vater wieder die Nähe zu seinen inzwischen erwachsenen Kindern. Jedoch geraten sie immer in Streit, wenn sie sich treffen. Die Tochter wirft ihm vor, dass er die Familie verlassen hat. In einer Therapiesitzung berichtet sie wieder von einem dieser Streite und erwähnt, dass ihr Vater am Ende gesagt hat: »Man kann mit dir überhaupt nicht reden. Wenn ich versuche, dich zu erreichen, weist du mich zurück. Ehe ich vor dir weine, heule ich lieber zuhause!«

Der Therapeut hat beobachtet, wie die Klientin während dieses Berichts einerseits weinte, gleichzeitig aber ihre Arme vor der Brust verschränkt hielt. Er macht sie auf ihre Haltung aufmerksam und bittet sie, nachzuspüren, was ihre Haltung wohl ausdrücke. Sie sagt: Es fühle sich wie eine anklagende Haltung an. Wenn sie diese Pose einnimmt, fühle sie sich selbstgerecht und unverwundbar. Nun beginnt sie langsam zu verstehen, weshalb der Vater meint, er werde jedes Mal zurückgewiesen, wenn er sich ihr nähert. Sie merkt auf einmal, dass sie sich ihm gegenüber so abweisend verhält, wie sie glaubt, dass er es ihr gegenüber tut (Projektion).

Nachdem die Klientin sich über ihre eigene ablehnende Haltung bewusst geworden ist, geht der Therapeut einen Schritt weiter. Er weist auf den letzten Satz des Vaters hin: »Ehe ich vor dir weine, heule ich lieber zuhause!«, und fragt, weshalb solle der Vater denn weinen, wenn ihm die Tochter überhaupt nicht am Herzen läge. Da wird der Klientin zum ersten Mal bewusst, dass nicht nur sie, sondern auch der Vater über ihre schwierige Beziehung traurig ist, mit dem Unterschied, dass sie ihre Trauer offen zeigt, während er zu stolz ist, vor der Tochter in Tränen auszubrechen. Sie beginnt sich zu fragen, ob sie dem Vater doch etwas bedeutet. Sie überlegt, ob sie sich nicht vielleicht zu sehr mit ihrer Mutter identifiziert und dem Vater verübelt, dass er fremdgegangen ist.

Nach dieser Sitzung fasst sich die Tochter ein Herz und besucht spontan den Vater. Diesmal lässt sie ihre Vorbehalte fallen und versucht einfach, dem Vater zuzuhören und ihn zu verstehen. Sie hört ihn sagen, dass er lange versucht habe, ihr und ihren Geschwistern seine Zuneigung entgegenzubringen. Aber jedes Mal schlage ihm eine solche Verachtung entgegen, dass er sich abgewiesen fühle. Sie versichert ihm, dass sie und ihre Geschwister ihn lieben. Daraufhin weint er, setzt sich zu ihr, nimmt sie in den Arm und sagt: »Meine Tochter«.

In dieser Familiengeschichte sehen wir, wie sich die gescheiterte Ehe der Eltern auf die Beziehung zwischen Vater und Tochter ausgewirkt hat. Die Tochter hat sich auf die Seite der Mutter geschlagen und deren Sicht der Dinge übernommen. Sie hat nur die Untreue des Vaters gesehen, aber nicht das, was möglicherweise vonseiten der Mutter fehl gelaufen ist.

Umgekehrt fühlt sich der Vater schuldig, dass er die Tochter im Stich gelassen hat. Er geht daher mit einem unbewussten Selbstvorwurf zu jedem Treffen mit der Tochter. Wenn er dann ihre Reserviertheit und ihren Groll spürt, fühlt er sich in seinem Schuldgefühl bestätigt und zieht sich zurück. Irgendwann wagt er es nicht mehr, der Tochter seine Zuneigung zu zeigen, aus Angst, zurückgewiesen zu werden.

Sein schuldbewusster Rückzug bestätigt wiederum den Vorwurf der Tochter, sie bedeute ihm gar nichts. Dadurch entsteht ein Teufelskreis aus Schuldgefühlen, Rückzug, Vorwurf und Selbstabwertung auf beiden Seiten. Die gegenseitige negative Spiegelung und Projektion verstärkt sich mit jeder Begegnung, bis der Kontakt irgendwann gänzlich abbricht. Und dies, obwohl Vater wie Tochter tief in sich die Sehnsucht nach Versöhnung und Neubegegnung tragen. Wie kann ein solcher Teufelskreis durchbrochen werden?

Wir haben im vorigen Kapitel bereits gesehen, wie ein verlorengegangener Vater die Beziehung zu seinen Kindern erneuern kann. Hier wollen wir nachschauen, was das erwachsene Kind tun kann, um die Beziehung zum Vater wiederherzustellen.

- *Den Schutt beseitigen, um den Schmerz und die Sehnsucht nach dem Vater freizulegen:* Jedes Kind hat Sehnsucht nach dem Vater. Diese Sehnsucht ist aber oft tief im Kind vergraben, unter einem Berg von Enttäuschungen und Missverständnissen. Auch wenn es viele Gründe geben mag, weshalb sich ein Vater seinem Kind gegenüber abweisend verhalten hat, fühlt sich das Kind einfach vom Vater abgelehnt. Wenn dieser Schmerz zu groß und unerträglich ist, versteckt ihn das Kind unter einer Maske von *Gleichgültigkeit* (»Mein Vater ist nur mein Erzeuger, er bedeutet mir nichts!«), *Resignation* (»Es hat überhaupt keinen Sinn, mit ihm zu reden!«), *Selbstabwertung* (»So wie ich bin, bin ich für ihn eine Null!«) oder *Wut* (»Er ist ein Schuft, ein Egoist!«). Ein Therapeut darf sich nicht von solchen Masken von Gleichgültigkeit, Resignation, Depression oder Wut beirren lassen, sondern muss nach dem Schmerz forschen, der darunter liegt. Denn solange das Kind in seiner Abwehrhaltung bleibt, dreht es sich im Kreis. Erst der Schmerz lässt die tiefe Sehnsucht, die jedes Kind nach seinem Vater hat, spürbar werden. Erst dann kann das Kind sich auf den Weg zum Vater aufmachen.
- *Alte Urteile und Vorurteile gegenüber dem Vater loslassen:* Das Verständnis eines Kindes für die erwachsene Welt ist oft begrenzt. Es bezieht das Verhalten des Vaters direkt auf sich: Wenn der Vater grimmig daherkommt, meint das Kind, er sei böse auf es. Es ahnt nicht, dass er vielleicht Probleme im Geschäft oder in der Ehe hat. Wenn der Vater nicht nach Hause kommt, meint es, er habe es vergessen.
- *Sich von der Loyalität zur Mutter freimachen:* Wenn es Konflikte zwischen den Eltern gibt, ergreift das Kind eher Partei für die

Mutter. Dies passiert umso leichter, je offensichtlicher das Verfehlen des Vaters ist (er trinkt, ist gewalttätig oder geht fremd). Erst im Laufe der Zeit merkt es, dass beide Eltern ihren Teil zu den ehelichen Konflikten beitragen. Erst wenn es seine Loyalität zur Mutter löst oder zumindest lockert, kann das Kind das Leiden des Vaters erkennen.

- *Sich in den Vater versetzen:* Erschwerend kommt hinzu, dass die meisten Männer nicht gelernt haben, über sich und ihre Gefühle zu sprechen. Daher fällt es einem Kind schwer, sich in den Vater zu versetzen. Manchmal muss das Kind erst älter werden, um die erwachsenen Probleme des Vaters zu verstehen.
- *Die familiären und sozialen Hintergründe für das Verhalten des Vaters verstehen:* Zur Gesamtsituation gehört selbstverständlich auch der familiäre, soziale und geschichtliche Hintergrund der Eltern. Deshalb können Familienaufstellungen oft sehr erhellend sein, damit das erwachsene Kind versteht, was in der Familie passiert ist, bevor es geboren war. Ein verprügeltes Kind erlebt beispielsweise in einer Familienaufstellung, wie sein Vater vom Großvater misshandelt wurde oder durch das Inferno des Krieges durchgegangen ist. Ein alleingelassenes Kind sieht, wie sein Vater dessen Eltern früh verloren hat. Durch solche tiefen Einblicke in die Familiengeschichte bekommt das Kind nicht nur mehr Verständnis für seine Eltern. Es ist auch in einer Familienaufstellung möglich, die Belastungen, die die Eltern erfahren haben, symbolisch aufzulösen, sodass die elterliche Liebe wieder fließen kann.
- *Die Scheu vor dem Vater ablegen und ihm aktiv neu begegnen:* Wenn die inneren Hindernisse beseitigt worden sind, kann das erwachsene Kind daran gehen, dem Vater neu zu begegnen. Dies ist natürlich am einfachsten möglich, wenn der Vater noch lebt.
- *Die Mutter als Vermittlerin beiseite stellen:* In manchen Familien spielt die Mutter die Vermittlerin und Übersetzerin zwischen Vater und Kind. Dies ist zwar bequem für die beiden, aber

irgendwann wird dieser Filter zum Hindernis. Die Mutter gewinnt im familiären Dreieck zu viel Macht. Manche Mütter sind so sehr gewohnt, die Kommunikation in der Familie an sich zu reißen, dass der Vater neben ihr zum unmündigen Kind degeneriert. Es ist daher wichtig für erwachsene Kinder, den Vater auch einmal allein für sich zu haben, sodass sie mit ihm ungehindert sprechen oder einfach seine Präsenz genießen können. Ein gemeinsames Wochenende zu zweit kann manchmal Wunder wirken.

- *Eine frische Begegnung mit dem Vater wagen:* Wenn man es endlich geschafft hat, den Vater für sich allein zu haben, sollte das erwachsene Kind den Mut aufbringen, auch heikle Themen anzusprechen. Von zentraler Bedeutung ist natürlich die Frage, ob der Vater es liebt und sich außer für sein berufliches Fortkommen auch für seine persönlichen Belange interessiert. Wichtig sind auch tabubehaftete Fragen wie Familiengeheimnisse, die Beziehung zwischen den Eltern und die persönliche und politische Vergangenheit des Vaters. Solange der Vater lebt, hat man die Möglichkeit, ihm Fragen zu stellen, die einem unter den Nägeln brennen. Jede Frage, jede Antwort bringt Vater und Kind näher zueinander.
- *Den Vater über sein Leben erzählen lassen:* Man kann den Vater auch über sein Leben erzählen lassen. Viele Väter meinen, die Kinder interessierten sich nicht für seine Geschichte, aber das Gegenteil ist der Fall. Wenn der Vater über sich erzählt, kommen wir ihm persönlich immer näher. Wir müssen nur wagen, persönliche Fragen zu stellen.
- *Die innere Verbindung zum Vater suchen, selbst wenn er schon verstorben ist:* Unsere wichtigsten Beziehungen entwickeln sich selbst nach dem Tod weiter. Deshalb können wir die innere Verbindung zu verstorbenen Eltern weiter pflegen und lebendig halten. Es genügt, zu ihnen hinzuspüren. Es ist wie eine innere Telefonverbindung. Manchmal ertönt das Besetzt-Zeichen. Aber

gelegentlich bekommen wir eine klare Botschaft vom verstorbenen Elternteil. Wir haben dann das Gefühl, die Mutter oder der Vater ist uns ganz nahe, sitzt neben uns im Auto oder schaut liebevoll auf uns. Manchmal spüren wir sie im Rücken wie eine wärmende Stütze. Manchmal erscheinen sie uns im Traum, so leibhaftig, dass man sie berühren könnte. Auch in einer Therapie können wir unsere Beziehung zu ihnen durcharbeiten, bis wir ein klares Verhältnis zu ihnen finden. Dann kann ein verstorbener Elternteil sich von einer Bürde zu einer Kraftquelle wandeln.

Fallbeispiel: Refathering: wie ein Mann wieder Anschluss an seinen Vater findet
Ein älterer Mann mit einer auffälligen Kurzatmigkeit beklagt sich in der Therapie darüber, dass er sich jahrelang um seine Mutter gekümmert habe. Diese wende sich jedoch von ihm ab und seiner Schwester zu, mit der er kein gutes Verhältnis hat. Er befürchtet, dass die Schwester die Mutter auf ihre Seite zieht und ihn ausschließt.

Seine Lebensgeschichte: Die Mutter war eine bekannte Schriftstellerin. Er hat sie immer sehr bewundert und ihr nachgeeifert. Er ist selbst Journalist geworden, war darin auch erfolgreich. Seine Mutter hat ihn jedoch nie anerkannt. Die Eltern haben sich früh getrennt. Der Sohn lebte zunächst mit der Mutter und dem Stiefvater. Später nahm ihn sein Vater bei sich auf, aber dieser musste bald zur Kur und verstarb kurze Zeit darauf an einer Lungenkrankheit.

Heute leidet der Sohn immer wieder an Einsamkeit und Traurigkeit. Ich bitte ihn, in der Phantasie Kontakt zu dem einsamen Kind, das er einst gewesen ist, aufzunehmen. Ihm kommt spontan eine Erinnerung, in der sein Vater ihn in die Arme genommen und an sich gedrückt hat. Er kann die Kraft des Vaters spüren und fühlt sich in seinen Armen geschützt und geborgen. Ich nehme diese Erinne-

rung auf und bitte ihn sich vorzustellen, sein Vater sorge für ihn. Es gehe darum, die traumatische Erinnerung, die sich in ihm eingebrannt hat, durch ein heilsames inneres Bild zu ersetzen.

Der Mann schließt die Augen. Er sieht seinen Vater zu seiner Lehrerin gehen, die ihn einst in der ersten Klasse drangsaliert hat. Der Vater sagt ihr die Meinung und nimmt ihn dann aus dem Unterricht. Anschließend geht er zur Mutter und sagt: »Es geht unserem Sohn nicht gut bei Dir. Ich nehme ihn jetzt mit!« Dann segelt sein Vater mit ihm los, ins offene Meer hinaus. Er schaut zurück zu seiner Mutter, die am Ufer steht, und winkt ihr zum Abschied. Dann segeln sie los, so lange, wie früher die Sommerferien gewesen sind. Die Tränen laufen ihm die Wangen hinunter, er bemerkt sie kaum, er ist glücklich.

Dann sagt er, nun fühle er die Bestätigung, das Vertrauen und die Anerkennung, die sein Vater ihm entgegenbringt, ganz anders als seine Mutter, die alles, was er getan hat, kritisiert hat. Er realisiert auf einmal, dass seine Mutter es nicht ertragen hätte, wenn er erfolgreicher geworden wäre als sie. Nun ist der Klient bereit, sich von seiner Mutter zu verabschieden. Er dankt ihr für das, was sie für ihn getan hat, dann kann er sie loslassen.

Diese Therapiestunde ist ein Beispiel dafür, wie die väterliche Lücke wieder geschlossen werden kann. Dabei geht es nicht darum, die harte Realität, die der Sohn erfahren hat, zu verleugnen: Er *hat* seinen Vater früh verloren. Es geht hier darum, die väterliche Lücke *in seiner Psyche* zu schließen. Dieses innere Erleben veränderte tatsächlich etwas in dem betreffenden Klienten. Er konnte seit dieser Stunde den Konflikt mit Mutter und Schwester hinter sich lassen. Auch haben sich seine Atembeschwerden deutlich gebessert: Nun, da er seinen Vater in sich wieder spüren kann, muss er diesem nicht mehr in seiner Krankheit nachahmen (der Vater starb an einer Lungenkrankheit) oder ihm gar in den Tod folgen.

In meiner Arbeit geht es darum, *die Verstorbenen ins Leben zu holen, anstatt ihnen in den Tod zu folgen.* In meinen Familienaufstellungen habe ich immer wieder erfahren, wie unsere Vorfahren uns durchs Leben begleiten und uns unterstützen, *wenn wir dies zulassen.* In meiner chinesischen Heimat hat man daheim kleine Hausaltäre für die Vorfahren, denen man täglich etwas zum Essen bringt. Sie leben mit uns und sorgen für uns. In diesem Sinne können wir auch die väterlichen Lücken, die der Krieg und andere Katastrophen hinterlassen haben, in unserer Seele schließen. Wenn wir uns vorstellen, dass unsere verstorbenen Eltern und Vorfahren bei uns sind, sind wir nicht mehr allein.

VII. ZERBROCHENE FAMILIEN UND ALTERNATIVE FAMILIENFORMEN

Partnerschaft und Elternschaft

Die Bedeutung der Partnerschaft für die Familie habe ich bereits mehrfach hervorgehoben. Die Partnerschaft der Eltern ist der tragende Balken in einer Familie. Von ihr hängt das Wohlergehen aller Familienmitglieder, vor allem der Kinder ab. Sie ist das Fundament, auf dem das Familiengebäude steht.

Wenn man Vögel beobachtet, wie mühsam sie im Frühling einen Partner finden, ein Nest bauen, brüten und ihre Kinder füttern, bekommt man ein Gefühl für die Mühsal der Elternschaft. Die Vögel tun dies nur einen Frühling lang, bis ihr Nachwuchs erwachsen ist. Menschen benötigen rund zwei Jahrzehnte, um ein Kind großzuziehen. Wenn sie mehrere Kinder haben, kann die aktive Elternzeit mehrere Jahrzehnte andauern – eine schier unendliche Zeit, in der die Eltern oft das Gefühl haben, sie würden nie das Ende des Tunnels sehen.

In der Familienarbeit geht es viel um Arbeit und Verzicht. Wie beim Bestellen eines Ackers muss ich als Mutter oder Vater unglaublich viel arbeiten, damit die Familie gedeiht. Ich muss auf die Befriedigung vieler meiner individuellen Bedürfnisse verzichten. Dies ist nur möglich, wenn mir meine Kinder und mein Lebenspartner wichtiger sind als ich selbst.

Wenn zwei Menschen sich zusammentun, um eine Familie zu gründen, braucht es eine Liebe, die lange und stetig brennt, im Gegensatz zu einer leicht entflammten Verliebtheit, die ebenso schnell ausgeht, wie sie sich entzündet. Darum schaue ich mir immer zuallererst die Paarbeziehung an, wenn Eltern mit Familienproblemen zu mir kommen.

Die sexuelle Beziehung der Eltern und ihre Auswirkung auf die Kinder

Kinder entstehen aus der sexuellen Vereinigung der Eltern. Die sexuelle Vereinigung ist die tiefste Verbindung, die zwei Menschen miteinander eingehen können. Nicht umsonst entsteht dadurch neues Leben – ein Wunder. Gleichzeitig kann sie zum Fluch werden, wenn das Paar sich nicht liebt, aber ein Kind oder Kinder aus ihrer sexuellen Verbindung entstehen.

Auch die sexuelle Beziehung zwischen den Eltern während der Familienphase hat einen bedeutenden, wenn auch meist indirekten Einfluss auf die Kinder. Eine intakte und liebevolle sexuelle Beziehung der Eltern hält die Familie zusammen. Die Kinder spüren: Die Eltern sind »mit Haut und Haar« leidenschaftlich miteinander verbunden. Dies gibt ihnen Sicherheit. Wenn Eltern sich jedoch anderen Partnern zuwenden, wenn ihr sexuelles Interesse aneinander erlischt, oder wenn dieses, wie es heute so leicht passiert, durch die Medien und andere Verlockungen in andere Richtungen gelenkt werden (Pornografie, Seitensprung- und Partnertauschbörsen), »zerfranst sich« die elterliche Liebesbeziehung. Die Familiengrenze wird unbestimmt. Sie ist gefährdet. Dies macht die Kinder unsicher: Sind die Eltern noch ein Paar? Was passiert mit dem Familienzusammenhalt, wenn sich die Eltern anderen Sexualpartnern zuwenden, oder wenn sie sich gar für einen anderen Liebespartner entscheiden? Dann zerbricht das Gefühl der Einheit und des Einsseins im Kind. Es wird sich desorientiert fühlen, und es verliert die Orientierung für seine eigenen späteren Liebesbeziehungen, sind die Eltern doch seine wichtigsten Vorbilder, auch und gerade in Liebe und Sexualität.

Ich kann junge Eltern immer wieder nur ermutigen, ihre Probleme aktiv anzugehen und bei Bedarf professionelle Hilfe in Anspruch nehmen. Meine Frau und ich mussten im Laufe unserer Elternzeit einige Schicksalsschläge verkraften. Zu Beginn unserer Beziehung haben wir die Abmachung geschlossen, in Paartherapie zu gehen, bevor wir uns trennen. Diese Hilfe haben wir mehrmals in Anspruch genommen. Heute blicken wir auf dreißig Jahre aktive Elternzeit zurück und sind dafür dankbar, dass unsere Paarbeziehung trotz mancher Blessuren nicht nur erhalten geblieben ist, sondern aus den Krisen gestärkt hervorgegangen ist. Wir sind heute froh, unser Zusammensein als Liebespaar, Eltern und Großeltern genießen zu können. Aus dieser persönlichen Erfahrung heraus glaube ich, dass es sich lohnt, für den Erhalt der Partnerschaft zu kämpfen. Nicht nur das Paar, sondern auch die Kinder profitieren davon.

Eine intakte Familie ist etwas Einzigartiges. Im Zusammenleben über die Jahrzehnte erlebt man die Entwicklung und Veränderung bei sich selbst und den anderen. Wo sonst können wir Menschen so nahe und intim in ihrem Alltag erleben: wie sie älter werden, wie sie sich verändern? Wenn ich heute meinen Kindern begegne, nehme ich sie erst einmal als Erwachsene wahr. Gleichzeitig sehe ich vor meinem geistigen Auge das Baby, das Schulkind, den Teenager und den jungen Erwachsenen, die sie einmal waren. Ich sehe auch mich selbst als Vater, der sie in ihrem Älterwerden begleitet. Ich spüre, wie auch ich dabei älter geworden bin. Es ist der Blick in eine gemeinsame Geschichte.

Die gleiche wundersame Erfahrung mache ich, wenn ich meine Frau anschaue. Ich sehe sie als ältere Frau, gleichzeitig scheint die frische, mädchenhafte Frau durch, in die ich mich vor fast vierzig Jahren verliebt habe. Ich sehe in ihrem Gesicht und ihrer Gestalt alle schönen und beschwerlichen Erfahrungen, die sie während unseres Zusammenseins erlebt hat, ihre Sorgen um die Kinder, ihre Mühsal im täglichen Daseinskampf, ihr Ringen um unsere Beziehung. Es ist eine gelebte Beziehung, die von keiner noch so schönen neuen Liebe ersetzt werden kann. Daher meine Überzeugung, dass sich eine lebenslange Partnerschaft lohnt.

Gleichzeitig möchte ich Menschen, die nach langem Bemühen vergeblich um den Erhalt ihrer Partnerschaft gerungen und sich schließlich getrennt haben – niemand gibt ein gemeinsames Leben mit Kindern leichtfertig auf –, Mut machen, die bestmögliche Lösung für sich, für die Kinder und für den Ex-Partner zu finden. Nach einer gescheiterten Beziehung fühlt man sich oft als Versager. Man hat das Gefühl, ein Lebensprojekt nicht verwirklicht zu haben. Aber man sollte nicht die ganze Verantwortung für die Trennung auf sich nehmen. In einer Beziehung verteilt sich die Verantwortung immer 50:50. Jeder der beiden Partner ist zur Hälfte für das Gelingen oder das Scheitern der Beziehung verantwortlich. Manchmal war die Paarbeziehung trotz aller Liebe den Altlasten, die aus den Herkunftsfamilien stammen, nicht gewachsen. Manchmal schlägt das Schicksal erbarmungslos zu und zersprengt eine Familie. Manchmal laufen die Wege der Partner im Laufe eines langen Zusammenlebens in verschiedene Zielrichtungen.

Dies alles kann man nach einer Trennung sortieren, wenn möglich mit Hilfe einer Therapeutin oder eines Therapeuten, damit man in der Rückschau versteht, warum man auseinander gegangen ist. Dann kann man den eigenen Anteil am Scheitern der Beziehung annehmen und dem Partner seinen Anteil überlassen. Man kann das Schöne an der vergangenen Beziehung und der gemeinsamen Elternschaft betrauern, um dann den Blick in die Zukunft zu richten und herausfinden, welche Form der gemeinsamen Verantwortung für die Kinder zu den neuen Lebensverhältnissen passt.

Bei aller Auseinandersetzung mit dem Partner darf man die Kinder nicht aus den Augen verlieren. Sie sind meistens die Leidtragenden einer Trennung und haben am meisten verloren, wenn die Eltern auseinandergehen. Ihr Interesse und ihre Bedürfnisse sollten an erster Stelle stehen, vor den Kränkungen der Eltern. Wenn die Eltern in diesem Sinne weiterhin zusammenwirken, können sie die Stützpfeiler der ursprünglichen Familie aufrechterhalten, auch wenn der tragende Balken (und das Dach) nicht mehr vorhanden ist.

Krisen in der Paarbeziehung
Meine Frau und ich sind vor über dreißig Jahren mit vielen jungen Paaren in die Elternschaft gestartet. Entlang des Weges haben sich von diesen befreundeten Mit-Elternpaaren eine ganze Menge getrennt. Es ist eine beunruhigende Entwicklung, wenn man bedenkt, dass alle Paare mit dem Vorsatz gestartet sind, lebenslang zusammenzubleiben. »Und sie lebten glücklich bis an ihr Lebensende« kommt als glückliches Ende von Märchen vor, aber dies entspricht nicht der Realität. In Wirklichkeit fängt die Reise da erst richtig an.

Fallbeispiele: Beziehungskrisen im Laufe einer Liebesbeziehung
Eine junge Frau, die den Mann ihres Lebens trifft, bekommt nach einem halben Jahr Angst vor der ihr unbekannten Intimität. Bei dem geringsten Streit fragt sie sich, ob sie sich nicht lieber trennen solle.

Eine andere Frau erlebt, wie sich ihr Partner während der Schwangerschaft immer mehr von ihr entfernt und in seiner Arbeit verschwindet. Er wiederum macht sich Vorwürfe, dass er sich nicht genug kümmere und zweifelt an seiner Beziehungsfähigkeit.

Ein Mann mittleren Alters verliebt sich in eine jüngere Frau. Er fühlt sich wieder jung und begehrenswert und genießt ihre Bewunderung – etwas, was er seit Jahren bei seiner Frau vermisst. Der Familienalltag lässt nur wenig Raum für die frühere Zweisamkeit. Ein älteres Ehepaar gerät in die Krise, als der Mann vorzeitig aus der Arbeit scheidet. Wo die Partner früher getrennte Wege gegan-

gen sind, verbringen sie auf einmal den ganzen Tag miteinander. Die Frau fühlt sich in ihrem gewohnten Lebensraum eingeschränkt. Der Mann hat keine Aufgabe mehr, wird depressiv und meckert an allem herum.

Vier Beziehungen, vier typische Beziehungskrisen: die Erste in einer noch jungen Liebe, die Nächste bei der Ankunft des ersten Kindes, die Dritte in der Midlife-Crisis, die Letzte zu Beginn des Rentenalters. Jede Krise birgt in sich Chancen und Gefahren: Es besteht die Gefahr, dass sich die Partner nicht mehr verstehen und ihre Beziehung für gescheitert erklären. Zugleich kann man solche Krisen als Stufen in der Entwicklung einer Liebesbeziehung verstehen. Wenn es den Partnern gelingt, sie zu überwinden, gewinnen sie an Reife, ihre Beziehung wird tiefer und fester.

Warum lohnt es sich, gemeinsam alt zu werden?

- Weil man eine gemeinsame Lebensgeschichte hat. Man hat jemanden, mit dem man seine Lebenserinnerungen teilen kann.
- Weil man auf die Früchte eines gemeinsamen Lebens zurückschauen und davon ernten kann – Kinder und Enkelkinder, ein gemeinsames Heim, gemeinsame Freunde und Verwandte, Projekte, die man mit vereinten Kräften auf die Beine gestellt hat.
- Weil man sich in den großen und kleinen Dingen vertraut ist. Man weiß, was der Partner braucht und was ihm gut tut, und kennt seine empfindlichen Seiten.
- Weil sich aus vielen guten und schlimmen Erfahrungen eine innere Solidarität herausgebildet hat, auf die man bauen kann – besonders im Alter, wenn man gebrechlicher und bedürftiger wird.

- Weil man in der Partnerschaft das Werden und Vergehen erfährt: die Metamorphose des Partners, des eigenen Ichs und der Liebesbeziehung.
- Weil sich damit der Lebenszyklus harmonisch schließt.

Herkunft und Identitätsgefühl des Kindes

Ich möchte hier einige grundsätzliche Gedanken zur Identität der Kinder in einer Familie machen. Für ein Kind ist es am wichtigsten, dass es geliebt und respektiert wird. Um diese Grundvoraussetzung zu erfüllen, ist es erst einmal zweitrangig, ob ein Kind von seinen eigenen Eltern, von Pflege- oder Adoptiveltern, von Stiefeltern oder homosexuellen Eltern oder von nicht mit ihm verwandten Erziehungspersonen aufgezogen wird. Hauptsache: Die Bezugspersonen lieben und respektieren es.

Wie sieht es jedoch mit dem *Identitätsgefühl des Kindes* aus? Eine klare und eindeutige Identität bedeutet: Ich weiß, wer ich bin. Ein Kind kann zwar von seinen Betreuungspersonen geliebt und respektiert werden, aber wenn es nicht weiß, woher es kommt, hat es ein Problem: *Es hat keine Wurzeln.*

Von Adoptivkindern wissen wir, dass sie als Kinder gut gedeihen, wenn die Adoptiveltern sie lieben und fördern. Wenn sie jedoch erwachsen werden, brechen viele auf, um nach ihren leiblichen Eltern zu suchen. Sie haben den dringenden Wunsch herauszubekommen, woher sie kommen. Erst wenn sie ihre Wurzeln kennen, können sie in ihr eigenes Leben starten.

Dies liegt einerseits in der Genetik: Wir erben von unseren leiblichen Eltern nicht nur unsere körperliche Konstitution. Auch in unseren seelischen und geistigen Eigenschaften sind wir – jenseits von sozialen und Erziehungseinflüssen – außerordentlich stark von unseren leiblichen Eltern geprägt, *egal, ob wir sie kennen oder nicht; egal, ob wir von ihnen erzogen worden sind oder nicht.* Die Zwillingsforschung hat ergeben, dass eineiige Zwillinge (die also mit der identischen genetischen Information ausgestattet sind), die von Geburt an in unterschiedlichen Umgebungen aufgewachsen sind, erstaunliche Ähnlichkeiten in ihrer Lebensführung, in ihrem Geschmack, ja selbst in ihrer Partnerwahl aufweisen.[31]

Dieser Einfluss der Genetik hat zum Beispiel zur Folge, dass adoptierte Kinder manchmal einen ganz anderen Lebensweg einschlagen als ihre Adoptiveltern. Sie führen im Erwachsenenleben ein ähnliches Leben wie ihre leibliche Mütter und Väter. Unsere leiblichen Eltern stecken in jeder unserer Körperzelle, sie stecken in unserem Gehirn, in unseren Organen und unserem Nervensystem. Sie sind unsere Grundausstattung.

Ein weiteres Phänomen können wir in Familienaufstellungen beobachten: *Das Schicksal unserer leiblichen Vorfahren beeinflusst unseren eigenen Lebenslauf in einem erstaunlichen Maße.* Manche Enkelkinder leben zum Beispiel das Schicksal ihrer Großeltern nach (zum Beispiel trennen sie wie diese sich von ihren Partnern oder verlieren wie diese ihre Kinder). Unsere Familiengeschichte erscheint dann wie ein unterirdischer Wasserlauf, der seine Wege untergründig bahnt und irgendwann an einer Stelle aus dem Erdboden herausbricht, wo wir ihn überhaupt nicht vermuten. Ich habe zahlreiche Beispiele erlebt, in denen ein junger Mensch sich in seinem Verhalten und seinen Beziehungen überhaupt nicht versteht, bis in einer Familienaufstellung herauskommt, dass sein absonderliches Verhalten mit einem unbekannten, vielleicht sogar verschwiegenen Vorfahren zu tun hat (siehe auch das Kapitel über Kuckuckskinder).

Auf der familiären Ebene bedeutet dies, dass wir den leiblichen Vater und die leibliche Mutter eines Kindes immer als einen wesentlichen Bestandteil seiner Identität betrachten *müssen*, vor allem, wenn es nicht mit seinen leiblichen Eltern aufwächst (zum Beispiel in Adoptiv-, Pflege-, Stief-(Patchwork-) oder Einelternfamilien, sowie bei Kindern, die von einer Samen- oder einer Eierbank stammen oder die von einer Leihmutter ausgetragen werden).

Aus dieser Perspektive ist es daher wichtig,

- dass ein Kind die Wahrheit über seine Herkunft weiß,
- dass ein Kind weiß, wer sein leiblicher Vater und seine leibliche Mutter ist,
- dass ein Kind seine leiblichen Eltern und deren Herkunftsfamilien nach Möglichkeit kennt oder kennenlernt, vor allem, wenn ein Elternteil aus einem anderen Kulturkreis stammt.
- dass über die leiblichen Eltern, deren Vorfahren und Heimat in Liebe, Respekt und Dankbarkeit gesprochen wird.

Ein Kind hat, spätestens als Erwachsene(r), das Recht zu erfahren, von wem es stammt, wie es entstanden ist und was in seinen ersten Lebensjahren geschehen ist. Ich halte es für ein schweres Vergehen, Kindern ihre wahre Herkunft zu verheimlichen und ihnen eine falsche Identität anzudichten, selbst wenn dies in bester Absicht geschieht. Man schneidet sie von ihren Wurzeln ab. Ohne Wurzeln können sie nicht fest im Leben stehen. Wenn man einem Kind seine leiblichen Eltern zwar nicht verschweigt, aber diese verachtet oder in ihrer Bedeutung fürs Kind relativiert, missachtet man indirekt auch das Kind. Man verletzt es in seiner Würde. Es wird sich seiner Herkunft schämen, selbst wenn es sonst materiell gut versorgt ist und eine gute Erziehung genießt.[32]

Familienaufstellungen fragmentierter Familien
Eine Familie ist stets ein komplexes soziales System. Besonders heute, wo immer mehr Kernfamilien auseinanderfallen und neu zusammengesetzt werden, verliert man leicht die Übersicht. Erwachsene wie Kinder gehen dann in einem Gewirr von verwandtschaftlichen und nicht-verwandtschaftlichen Beziehungen

unter. Familienaufstellungen sind dann ein gutes Mittel, die Orientierung zurückzugewinnen.

In einer Familienaufstellung stelle ich alle bei der Entstehung einer Familie beteiligten Personen auf. Bei Adoptivkindern stelle ich neben den Adoptiveltern auch die leiblichen Eltern auf. Diese gehören selbstverständlich auch in Patchworkfamilien dazu. Das Gleiche gilt für Kuckuckskinder oder Kinder in homosexuellen Familien. Erst wenn alle beteiligten Elternteile und Ersatzelternteile aufgestellt worden sind, gewinnt man einen Überblick über das gesamte System. Dann können die beteiligten Personen ihre alten und aktuellen Beziehungen sortieren.

Zum Beispiel stellt sich gelegentlich heraus, dass Menschen, die schon längst von ihrem Ex-Partner getrennt sind, seelisch immer noch mit diesem verbunden sind. Oder dass Kinder, die sich äußerlich mit ihrer neuen Familiensituation gut arrangiert haben, eine tiefe Sehnsucht nach dem abwesenden Elternteil in sich tragen, die sie nicht einmal vor sich selbst zugeben würden. Eine solche Sehnsucht hegen Kinder selbst dann, wenn der betreffende abwesende Elternteil noch vor ihrer Geburt weggegangen oder verstorben ist. Sie wird erst sichtbar, wenn man in einer Familienaufstellung den verlorengegangenen Elternteil aufstellt. Dann hellt sich das Gesicht des Kindes auf. Es fühlt eine bisher unbekannte Liebe zu diesem Elternteil in sich aufsteigen und eilt zu ihm hin.

Wie der bisher ausgeblendete Elternteil auf die alte Beziehung und auf sein Kind reagiert, wird ebenfalls in der Familienaufstellung sichtbar. Manche Väter interessieren sich überhaupt nicht oder nicht mehr für das Kind aus einer früheren Beziehung. Andere fühlen sich noch an ihre alte Liebe und ihr Kind gebunden, selbst wenn sie mittlerweile anderweitig verheiratet sind. Wiederum andere haben gar nicht gewusst, dass aus der alten Beziehung ein Kind entstanden ist, und sind bereit, sich auf ihr neu entdecktes Kind einzulassen.

Getrennte Eltern, getrennte Familien und Ein-Eltern-Familien

Es ist schwer für Kinder, wenn sich die Eltern trennen. Denn Kinder fühlen sich *immer* als Produkt beider Eltern. In ihrem Herzen sind die Eltern untrennbar miteinander vereint.

Die Elternbeziehung können wir uns als ein Schaukelgerüst vorstellen, an dem das Kind wie in einer Schaukel sitzt. Ist die Elternbeziehung intakt, kann das Kind sich hoch in die Luft schwingen, ohne dass ihm etwas passiert. Ist die Elternbeziehung aber unbeständig und wackelig, dann wankt die Schaukel. Das Kind droht herunterzufallen. Es darf sich keine großen Bewegungen leisten, weil es sonst den Zusammenbruch des Gerüstes riskiert. Wenn die Elternbeziehung tatsächlich zusammenbricht und die Eltern sich trennen, dann »fallen« die Kinder aus der Familienschaukel und landen hart auf dem Boden der Realität. Sie sehen sich mit erwachsenen Problemen und Konflikten konfrontiert, die sie eigentlich nichts angehen und für die sie oft zu jung sind, um sie zu verstehen, geschweige denn emotional zu verarbeiten. Das Grundvertrauen in ihre Eltern zerbricht. Statt des Grundvertrauens schleicht sich eine Grundunsicherheit in die Herzen der Kinder.

Diese Grundunsicherheit betrifft vor allem den Elternteil, der die Familie nach der Trennung verlässt. Das ist meistens der Vater. Fürs Kind stellt sich die bange Frage: Wenn der Vater geht, sieht man ihn je wieder? Selbst wenn er regelmäßig zu Besuch erscheint, ist er nur noch Gast in der Familie. Selbst wenn er sagt, er trenne sich nur von der Mutter, fühlen sich die Kinder im Stich gelassen.

Richtige Eltern kann man eigentlich nur im Zweierpack erleben. Als Kind habe ich mütterliche und väterliche Anteile in mir. Liebe ist der Kitt, der beide Seiten zusammenhält. Wenn sich meine Eltern lieben, kann ich beide Seiten in mir lieben. Ich fühle mich *ganz*.

Wenn ich aber merke, die Eltern lieben sich nicht (mehr), dann fallen meine mütterliche und meine väterliche Hälfte auseinander. Ich erlebe nicht nur die *äußere* Trennung beider Eltern. In mir kommt es zu einer *inneren Spaltung*. Ich habe dann Anteile in mir, die sich nicht ausstehen können, ja die sich womöglich bis aufs Blut bekämpfen. Ich bin nicht mehr ganz. Im schlimmsten Fall habe ich in mir mehrere sich widerstreitende Personen, wenn die Eltern sich andere Partner nehmen. Da sich *alle* elterlichen Beziehungen in mir psychisch abbilden, hätte ich eine ganz widersprüchliche Identität. Darum ist es nicht verwunderlich, dass Trennungskinder vermehrt anfällig sind für Störungen in Bezug auf ihre körperliche und seelische Gesundheit, ihren schulischen Erfolg, ihr Verhältnis zu den Eltern und ihre späteren Partnerbeziehungen.[33]

Alleinerziehende Eltern
Auch die getrennten Eltern leiden. Am stärksten sind alleinerziehende Mütter betroffen. 90 % aller Alleinerziehenden sind Mütter, nur 10 % sind Väter. Mütter tragen also die Hauptlast in Einelternfamilien. Sie müssen die Verantwortung, die vorher auf zwei Schultern verteilt war, alleine stemmen: für die Kinder da sein, deren Betreuung organisieren, den Haushalt in Ordnung halten, die materielle Existenz sichern und für die eigene Alterssicherung sorgen. Während die meisten verheirateten Mütter es sich leisten können, in Teilzeit zu arbeiten, *müssen* alleinerziehende Mütter einer Vollzeitbeschäftigung nachgehen. Da es nur selten familienfreundliche Arbeitsverhältnisse gibt, müssen sie oft schlecht bezahlte Jobs annehmen. Dies bringt sie leicht in eine ökonomische Schieflage. 2008 bezogen 40 % aller alleinerziehenden Eltern Arbeitslosengeld II (Hartz IV)![34] Folgerichtig leiden mehr alleinerziehende Mütter unter finanziellen Sorgen und Zukunftsängsten als verheiratete Mütter.

Dabei sind 80 % aller Alleinerziehenden »unfreiwillig« alleinerziehend. Das heißt, es lag nicht in ihrer Absicht, ihre Kinder alleine großzuziehen. Anders als die übrigen 20 %, die aus eigener Entscheidung Kinder ohne Partner aufziehen wollen oder sich bewusst von ihrem Ex-Partner getrennt haben, hat die Mehrzahl der Alleinerziehenden ursprünglich die Familienarbeit zusammen mit ihrem Partner teilen wollen, oder sie sind ungewollt schwanger und vom Vater des Kindes im Stich gelassen worden.[35] Daher ist es nicht verwunderlich, dass viele alleinerziehende Frauen einen Groll gegen ihren Ex-Partner hegen.

Die Bitterkeit, die aus solchen Partnerkonflikten resultiert, macht es getrennten Partnern schwer, ihre Elternfunktion adäquat zu erfüllen. *Kinder brauchen aber gerade nach einer Trennung die Fürsorge beider Eltern.* Sie sind oft verängstigt und verunsichert. Sie brauchen die Sicherheit, dass beide Eltern weiterhin für sie da sind. Selbst bei erwachsenen Kindern bleiben sie gemeinsam Eltern, später auch Großeltern. Daher ist eine Aussöhnung oder zumindest ein friedliches Nebeneinander wünschenswert, sowohl für die Kinder als auch für die Eltern selbst.

Für den Elternteil, der sich von der Familie getrennt hat (meistens ist es der Mann und Vater), sieht die Situation auf den ersten Blick vielleicht einfacher aus: Er hat sich von einer schwierigen Partnerschaft getrennt. Die Verantwortung für die Kinder ist er los. Er ist wieder »frei«. Nicht selten findet er eine neue Partnerschaft, gründet womöglich eine zweite Familie. Neue Liebe, neues Glück?

So einfach ist es nicht. Selbst wenn er »quitt« wäre mit seiner Ex-Partnerin, seine Kinder werden sich immer auf ihn beziehen. Egal wie weit er sich von ihnen entfernt hat, es hängen unsichtbare Fäden zwischen ihnen. Sie werden ihn irgendwann aufsuchen wollen, um ihn zu fragen, weshalb er sie verlassen hat. Sie werden ihn in seinen Träumen heimsuchen. Er wird in unbedachten Momenten von Gefühlen von Schuld, Scham und Bedauern überfallen werden. Die eigenen Kinder kann man niemals aus dem Herzen verbannen. Sie fordern ihren angemessenen Platz.

Versöhnung zwischen den getrennten Eltern
Das Verhältnis zwischen den Eltern bleibt auch nach einer Trennung das bestimmende Moment für die Kinder. Wenn die Eltern sich ständig über Erziehung, Besuchsregelung und Unterhalt streiten, werden sich die Kinder im Spannungsfeld zwischen den Eltern hin- und hergerissen fühlen. Sie müssen ständig vermitteln, besänftigen oder trösten und kommen nie zur Ruhe. Daher ist es gerade bei getrennten Familien wichtig, dass die Eltern sich miteinander verständigen, ihre Konflikte austragen und lösen. Paargespräche und Mediation können dabei hilfreich sein. Mehr dazu im nächsten Kapitel.

Tiefere Gründe fürs Alleinerziehen
Es wird gelegentlich übersehen, dass manche Frauen es vorziehen, ihre Kinder ohne Partner aufzuziehen. Viele tun dies, weil sie es leid sind, von ihren Männern missachtet zu werden. Andere möchten kein weiteres »Kind« zu versorgen haben. Hier möchte ich auf solche alleinerziehende Frauen eingehen, die eine generelle Skepsis gegenüber Männern in sich tragen, die weniger auf ihrer persönlichen Erfahrung mit einem schlechten Vater oder einem lieblosen Partner beruht, sondern aus der Erfahrung mehrerer Frauengenerationen stammt.

> **Fallbeispiel:** Frauen aus vier Generationen halten sich ihre Männer vom Leib
> *Eine tüchtige, selbständig berufstätige Frau hat ihren Sohn allein großgezogen. Sie ist zwar seit einigen Jahren mit einem Freund zusammen, aber sie sagt, sie brauche ihn nur zum Ausgehen oder Urlaubmachen. »Männer sind nicht wichtig.« Ihre Eltern hätten*

sich immer nur gestritten. Die Mutter sei ein »Muttertier« gewesen, das die Kinder so stark besetzte, dass diese sie sich vom Leib halten mussten. Der Vater sei der gefühlskälteste Mensch gewesen, ein Eisklotz. Sie mache sich Gedanken, ob sie ihren Sohn nicht zu sehr an sich gebunden habe.

Bei der Familienaufstellung zeigt sich jedoch, dass ihr Sohn ganz gut dasteht. Er hat keine Probleme mit sich oder mit ihr. Auffallend ist nur, dass sie, die Klientin, den liebevollen Blick ihres Freundes nicht aushalten kann. Sie hält ihn lieber auf Distanz.

Es stellt sich heraus, dass alle Frauen seit vier Generationen ihre Partner abgelehnt haben, obwohl diese liebevoll und zugewandt waren. Der wahre Grund für ihre Männerablehnung war, dass sie alle keine Kinder haben wollten. Die Urgroßmutter hat die Großmutter nämlich ungewollt bekommen. Dies verheimlichte sie jedoch dem Vater des Kindes (dem Urgroßvater) zwei Jahre lang, bis sie endlich einwilligte, ihn zu heiraten. Sie war unglaublich hart und brutal gegenüber ihrer Tochter (der Großmutter).

Ich stelle »Mutter Erde« hinter die Urgroßmutter. Da wird sie endlich weich. Sie »schmilzt« und wird sehr traurig, als sie realisiert, was sie ihrer Tochter angetan hat. Sie kann die Großmutter endlich als Tochter annehmen. Diese darf endlich zu ihrem Vater, dem Urgroßvater, gehen und sich bevatern lassen.

Die Großmutter hat zu Beginn der Aufstellung ihren Mann wie einen Gegner im Duell behandelt: Sie hat das Gefühl, sich ihn auf Abstand halten zu müssen. Nun, da sie ihren Vater, den Urgroßvater, hinter sich hat, kann sie die Werbung des Großvaters endlich schüchtern annehmen.

Nachdem die Großeltern zusammengekommen sind, können sie die Klientin endlich als Tochter annehmen. Diese wird wieder normal (vorher war sie wie eine hysterische Mutter, die ihren Mann beschimpfte und ihre Kinder gluckenhaft besetzte). Vater und Mutter können erst einmal in die Flitterwochen gehen, damit sie sich besser kennenlernen. Dann sind sie bereit, die Tochter anzunehmen.

> Die Tochter gibt ihren Eltern einen Stein dafür zurück, dass sie sie als Kind zusammenhalten musste, weil sie soviel gestritten haben. Ihrer Mutter gibt sie einen Stein für die Verachtung Männern gegenüber. Ihrem Vater gibt sie einen Stein für seine Gefühlskälte. Der Vater »schmilzt«. Er spürt seine Liebe zur Tochter, kann sich von seiner gefühlsmäßigen Zurückhaltung lösen und nimmt sie in den Arm. Nun hat die Tochter endlich ihren Vater.
>
> Sie bittet ihre Urgroßmutter (von der die ganze Ablehnung der Männer herrührt) um die Erlaubnis, sich einen Mann zu nehmen. Diese gibt ihr den Segen für eine gute Partnerschaft.

Alleinerziehende Väter

Am Ende dieses Kapitels möchte ich die Erfahrung eines Vaters wiedergeben, der vor 20 Jahren seine Tochter allein erzogen hat. Dieser Bericht zeigt, dass nicht nur alleinerziehende Mütter, sondern auch alleinerziehende Väter mit besonderen Schwierigkeiten zu kämpfen haben:

> »Mit meiner Tochter habe ich eine sehr schöne Beziehung. Ein Grund dafür war, dass sie aufgrund einer Infektion gleich nach der Geburt in die Kinderklinik musste, während meine Frau sich von der schweren Geburt erholen musste. Da hatte ich sie zehn Tage lang allein gehabt. Es war wie eine Prägung. Danach habe ich mir vieles zugetraut. Ich habe sie in der ersten Zeit beruhigen können, was meine Frau nicht konnte.
>
> Nach der Trennung von meiner Frau habe ich meine Tochter allein erzogen. Eine Tochter (weitgehend) allein zu erziehen, war für mich eine Herausforderung, zumal dies in den Jahren 1991 bis 2004 geschah, als dies bei Männern noch relativ selten war. Das Echo darauf war aus der nächsten Umgebung meist ein unverständliches bis ratloses Achselzucken. Man wurde angesehen, als käme man von einem anderen Stern oder wurde überhaupt nicht

beachtet. Bewunderung oder ähnliches habe ich nie erlebt. Sehr schnell wurde mir bewusst, dass man als alleinerziehender Vater in eine Frauendomäne einbricht, was zu gegenseitiger Verunsicherung mit feindlichen Untertönen führte:

- Wenn ich mit meiner Tochter zum Kinderturnen ging, gab es merkwürdige Situationen beim Umziehen: Während Frauen im Sommer beim Baden im See problemlos barbusig am Strand liegen oder sich umziehen, hatte ich hier den Eindruck, dass man als Mann als Fremdkörper betrachtet wird, der dort nicht hingehört, was zu gegenseitiger Verlegenheit führt.
- Besonders grotesk war die Nachfrage bei einer Gruppe von Alleinerziehenden, die sogar für Mütter und Väter ausgeschrieben war: als ich telefonisch anfragte, gab man mir zu verstehen, dass ein Mann die Gruppensituation empfindlich stören würde, deshalb würde man lieber keinen aufnehmen.
- Männerdiskriminierung scheint es bis heute auch bei der Rentenversicherung zu geben: obwohl unsere Tochter bei mir lebte, stellt sich jetzt heraus, dass die Erziehungszeit der Mutter zugesprochen worden ist.

Dass Kinderziehung und Familienarbeit Mütter- und Vätersache sind, wurde wohl erst durch die öffentliche Diskussion in den letzten Jahren erreicht. Zum Männerbild gehören heute auch Kinder. Dies war noch vor 20 Jahren die große Ausnahme.

Positiv kann ich sagen, dass ich allerdings nie in finanzieller Not stand. Durch meinen Arbeitgeber (Kirche) war es möglich, für die vier Jahre der Grundschulzeit meiner Tochter in die Schule als Lehrer zu gehen. Das schaffte eine gute finanzielle Basis bei gleichzeitig hoher Flexibilität der Zeit am Nachmittag.

Trotz schwieriger Erfahrungen (Abende oft erschöpft, wenig Möglichkeiten auszugehen etc.) möchte ich die Zeit mit meiner Tochter nicht missen. Sie hat mit circa 10/11 Jahren verstanden, wie

> *wenig selbstverständlich das alles ist und mich damit überrascht, dass sie beispielsweise das Frühstück machte, während ich im Bad war. Oder dass sie gelegentlich die ganze Wohnung putzte, obwohl ich das nie von ihr verlangt hatte. Selbständigkeit und Verantwortungsgefühl ist dadurch ganz natürlich gewachsen. Sie wurde irgendwie zum »Papa-Kind«, was noch heute (sie ist 30 geworden) dazu führt, dass wir ein sehr gutes Verhältnis zueinander haben und jedes Jahr etwas Besonderes unternehmen.«*

Patchworkfamilien

Das englische Wort *Patchwork* bedeutet: »Flickenteppich«. Eine Patchworkfamilie entsteht, wenn ein Elternteil mit einem leiblichen Kind aus einer früheren Beziehung mit einem neuen Partner zusammenzieht, der entweder kinderlos ist oder ebenfalls eigene Kinder mit in die neue Partnerschaft bringt. Früher nannte man sie einfach Stieffamilie.

Der Patchwork- oder Stieffamilie ging mindestens eine vorherige *richtige* Familie voraus: mit Vater, Mutter und Kind(ern). Diese Familie ist auseinander gebrochen, entweder durch Trennung der Eltern oder durch den Ausfall eines Elternteils (zum Beispiel durch Tod, Verlassen, Flucht, Auswanderung oder kriegerische Ereignisse). Zurück bleibt ein Elternteil mit einem oder mehreren Kindern. Dieses Elternteil findet einen neuen Partner, der die Stelle des fehlenden Elternteils einnimmt. Manchmal bringt der neue Partner ebenfalls eigene Kinder mit in die neue Lebensgemeinschaft.

Entschieden wird die neue Verbindung von den Erwachsenen. Die Kinder ziehen, freiwillig oder unfreiwillig, mit dem verbleibenden leiblichen Elternteil und dessen neuen Partner (und Kindern) zusammen. Sie leben nun in einer ganz neuen Familie mit neuen Familienmitgliedern: dem Stiefvater oder der Stiefmutter sowie den Stiefgeschwistern.

Manchmal bekommt das neue Elternpaar selbst Kinder. Diese Halbgeschwister der bestehenden Kinder sind die einzigen Kinder, die der neu entstandenen Familie wirklich vollkommen angehören: Anders als ihre Halbgeschwister leben sie mit beiden leiblichen Eltern zusammen.

Komplizierter kann eine Patchworkfamilie werden, wenn die Kinder, die die Partner in die neue Verbindung mitbringen, nicht von *einem* ehemaligen Partner, sondern von zwei oder mehreren verschiedenen Partnern stammen. Das bedeutet, dass die Kinder vorher schon Stiefgeschwister und Stiefeltern gehabt haben. Bildlich gesprochen, werden die Flicken des Patchworks mehrfach übereinander genäht.

Das System wäre jedoch unvollständig, wenn man die aus den ursprünglichen Familien herausgefallenen Elternteile ausblendet. Diese gründen oft mit einem neuen Partner ebenfalls eine neue Familie. Patchworking bedeutet also meistens, dass für jedes Kind mindestens zwei Patchworkfamilien bestehen: die neue Familie, in der es lebt, und die neue Familie des abwesenden Elternteils, zwischen denen es hin- und herpendelt.

Zusätzliche Komplikationen entstehen, wenn die Kinder aufgeteilt werden: Jedes Geschwisterkind verbleibt bei einem anderen leiblichen Elternteil: Das Mädchen geht mit dem Vater, der Junge bleibt bei der Mutter, oder umgekehrt. Manchmal tauschen die Kinder ihre Plätze, wenn sie älter werden. Manchmal geht ein Kind lieber zu den Großeltern. Ein anderes verlässt ganz schnell das Haus. Ein drittes wird ungewollt schwanger.

Es entsteht durch das Zusammenlegen verschiedener Teilfamilien ein kompliziertes System, bei dem es manchmal nicht einmal den beteiligten Erwachsenen gelingt, den Überblick zu behalten, geschweige denn ihren Kindern. Wir müssen vor Augen halten, dass ein Patchworksystem recht labil ist. Es gibt ständig neue Entwicklungen und Verschiebungen. Die Ex-Beziehung ist noch nicht emotional oder juristisch bewältigt, schon knistert es in der neuen Beziehung. Die Kinder lehnen den Stiefvater beziehungsweise die Stiefmutter ab oder verstehen sich mit ihren Stief- und Halbgeschwistern nicht. Das neue Elternpaar kann sich nicht über seine Erziehungskompetenzen einigen usw. In solch einem labilen System gibt es ständig neue Probleme, Sorgen und Konflikte. Es fordert sehr viel Liebe, Geduld, Toleranz, Gesprächs- und Kompromissbereitschaft, um durch den Beziehungsdschungel durchzukommen. Oft sind die beteiligten Erwachsenen schlicht überfordert. Ihre Ex-Familien waren schon kompliziert genug – deshalb haben sie sich ja getrennt. Die Beziehung zum neuen Partner ist vielleicht besser, aber die Kinder und die Ex-Partner machen Probleme. Nicht selten hat man das Gefühl, vom Regen in die Traufe gekommen zu sein.

Transgenerationale Beziehungskonflikte
Wichtig ist vor allem die Lösung der Konflikte mit dem Ex-Partner. Wenn wir tiefer in Familiensysteme hineinschauen, entdecken wir, dass es oft nicht zufällig ist, dass Menschen ihre Partnerschaften nicht aufrechterhalten können. In ihrer Familiengeschichte hat es schon früher Ausfälle und Zusammenbrüche gegeben. Solche traumatischen Erfahrungen aus der Vergangenheit stecken den Nachfahren wie ein Splitter im Fleisch und verursachen immer wieder neue Konflikte, die sich in gescheiterten Liebesbeziehungen und Trennungen manifestieren. Es ist, als wollte man ein Haus auf einem rutschigen Untergrund bauen. Man versucht die schiefen Wände mit Hilfe immer gewagteren Konstruktionen abzustützen, statt das Fundament gründlich zu sanieren.

Komplizierte Patchworkkonstruktionen mit den vielen notdürftigen Flicken weisen auf der *horizontalen* Ebene (das heißt in der aktuellen familiären Situation) Störungen auf, die ihren Ursprung auf der *vertikalen* Ebene haben, also in Konflikten aus früheren Generationen. Wenn wir an den Wurzeln ansetzen und versuchen, das Trauma von damals zu verstehen und zu heilen, werden die heutigen Konflikte leichter verständlich. Mit einem solchen *transgenerationalen Verständnis familiärer Konflikte* doktern wir nicht an den heutigen Symptomen herum (und verursachen damit neue Komplikationen für die Zukunft), sondern heilen die Krankheit von innen. Um im Bild des Splitters, der im Fleisch stecken geblieben ist, zu bleiben: Wirklich helfen können wir nur, wenn wir den Splitter herausziehen. Dann heilt die Wunde von selbst.

Wie geht es Kindern in einem Patchwork- oder Stieffamilie?
Ich stamme selbst aus einem Patchworksystem. Einer meiner frühesten Träume als Kind war: Ich öffne eine Tür, in der Hoffnung, ins Freie zu kommen. Aber hinter der Tür fand ich eine zweite, und hinter dieser eine dritte, eine vierte … Jedes Mal stand ich vor einer neuen verschlossenen Tür. Meine damalige Lebenssituation war verwirrend wie ein Labyrinth.

Für ein Kind, das in einen Irrgarten aus verstrickten Haupt- und Nebenbeziehungen gestellt wird, gibt es keinen Ausgang. Es fühlt sich verloren, orientierungslos. Vielleicht können die Erwachsenen dieses Gewirr überblicken und das Kind hinausführen, aber sie sind mit ihren eigenen Beziehungsproblemen beschäftigt. Das Kind ist alleingelassen im Irrgarten. Es darf auch nicht nach Hilfe schreien, nicht weinen und nicht wütend sein. Denn äußerlich ist doch alles in Ordnung. Es hat materiell alles, was es begehrt.

Wie soll ein Kind verstehen, was sich die Eltern für komplizierte Konstrukte ausgedacht haben, um ihre Beziehungsprobleme zu lösen? Der eine Elternteil sucht das Weite, nachdem es Kinder in die Welt gesetzt hat, der andere Elternteil versinkt in Depressionen. Dann sitzt plötzlich ein Fremder mit am Esstisch, geht ein und aus, als sei es sein Zuhause. Die Großmutter macht Andeutungen, aber wagt nicht auszusprechen, was sie denkt.

Ein Einzelfall? Wir können bei der Zahl von 40 % aller Ehen, die geschieden werden, nicht umhin zu fragen: Wie geht es den betroffenen Trennungs- und Scheidungskindern? Wie kommen sie zurecht, wenn der Vater im Alltag fehlt, wenn er nur zu besonderen Tagen oder Anlässen auf- und gleich wieder abtaucht? Wie kommen sie mit dem neuen Partner, der neuen Partnerin der Eltern zurecht? Wie geht es ihnen, wenn sie ihr Zuhause mit fremden Kindern teilen müssen oder selbst in einem fremden Haus landen?

Zugegeben, die meisten Eltern trennen sich nicht aus Spaß. Sie haben viel durchgemacht, bis sie diesen Schritt tun. Sie haben versucht, dem Kind zu erklären, dass es in der elterlichen Beziehung nicht geklappt hat. Aber was schief gegangen ist, versteht kaum ein Kind. Es versteht nur: Die Eltern trennen sich. Das Wort *Eltern* gibt es nicht in der Einzahl. Es gibt es nur als Sammelbegriff. Wenn Eltern sich trennen, fallen sie in *Elternteile* auseinander. Das Ganze ist aber mehr als die Summe seiner Teile. Zwei getrennte Elternteile, die sich gelegentlich zum Geburtstag oder zu Weihnachten addieren, sind nur noch Puzzlestücke, die nicht mehr zueinander passen.

Daraus muss sich das Kind aber eine ganzheitliche Identität basteln. Das Kind sitzt da mit den beiden Puzzlestücken und versucht, sie zusammenzufügen. Was hilft da ein verständnisvoller Stiefvater oder eine liebevolle Stiefmutter? Die beiden wichtigsten Teile seiner Identität sind auseinandergebrochen, und es schafft es nicht, beide wieder zusammenzufügen. Irgendwann gibt das Kind auf. Es sucht nach Ersatz und landet in der Sucht. Süchte sind Ersatzbefriedigungen, Plastikschnuller, die nichts Nahrhaftes abgeben und den Hunger nicht stillen. Aber man hat wenigstens etwas, mit dem man sich trösten kann.

Ich möchte hier nicht behaupten, Patchworkkindern gehe es generell schlecht. Aber man sollte nicht annehmen, dass sie über ihre Lebenssituation besonders glücklich sind. Die Welt von

Patchworkkindern ist eine furchtbar komplizierte – eigentlich zu kompliziert für Kinder, die es verdienten, ihre Kindheit sorgloser und freier zu verbringen. Ich behaupte auch nicht, aus Patchworkkindern werde später nichts Richtiges. Ich habe als Patchworkkind meinen Weg gemacht und bin damit recht zufrieden. Aber es waren viele Umwege, die ich gehen musste, ähnlich verschlungen wie der Irrgarten, in den ich als Kind gestellt wurde. Ich habe aus der Not eine Tugend gemacht und die Suche nach dem Ausgang aus Labyrinthen zum Beruf gemacht.

Meine Eltern hatten nicht die Chance gehabt, eine Therapie aufzusuchen, um ihre Probleme zu lösen. Die heutige Generation von Eltern hat diese Möglichkeit. Die Psychotherapie hat wunderbare Methoden entwickelt, um seelische Störungen zu lindern und zu heilen, damit sie nicht wieder und wieder an die nächste und übernächste Generation weitergegeben werden. Warum nehmen Eltern keine therapeutische Hilfe in Anspruch, die unentgeltlich und fast um jede Ecke in Gestalt von Telefonseelsorge, Familien-, Ehe- und Erziehungsberatungsstellen, Beratungsstellen für misshandelte Frauen und Kinder, niedergelassenen Psychotherapeutinnen und Psychotherapeuten, psychosomatischen Kliniken zu haben ist? Hilfe ist da. Sie muss nur angefordert werden.

Einige Empfehlungen an Patchwork-Eltern
Es gibt heute viele Ratgeber für Patchworkfamilien. Zum Beispiel hat die Diplompsychologin Melanie Matzies-Köhler, die selbst in einer Patchworkfamilie lebt, ein sehr lesenswertes Buch geschrieben mit wertvollen Tipps für alle in Patchworkfamilien Beteiligten (die Eltern, die Stiefeltern, die Kinder)[36]. Ich möchte mich hier nur auf einige allgemeine Empfehlungen für die leiblichen Eltern des Kindes beschränken:

Empfehlungen an beide Eltern:
- Eine Trennung tut weh, egal wer geht und wer verlassen wird. Nehmen Sie sich Zeit, um die Trennung zu verarbeiten. Die aufsteigenden Gefühle von Wut, Schmerz, Ohnmacht und Trauer können in einer Einzel- oder in einer Paartherapie verarbeitet werden. Eine Mediation kann hilfreich sein, vor allem, um die praktischen Fragen, die bei einer Trennung auftauchen, gemeinsam zu lösen.
- Gleichgültig, ob in einer bestehenden oder einer getrennten Beziehung: Partnerschaftsstreitigkeiten sollten zwischen den Partnern und nicht in Gegenwart des Kindes ausgetragen werden.
- Da Kinder sich oft verantwortlich für das Wohlergehen der Eltern fühlen, sagen Sie bitte dem Kind, dass es nichts mit ihm zu tun hat, wenn Sie sich streiten oder sich trennen. Sonst könnte es meinen, es sei schuld an Ihrem Zwist. Zeigen Sie ihm, dass Sie Ihre Paarkonflikte selbst lösen können.
- Wenn Sie sich trennen, sagen Sie bitte dem Kind, dass Sie sich zwar als Paar trennen, dass Sie sich aber weiterhin beide ums Kind kümmern werden (und halten Sie sich bitte an dieses Versprechen).
- Auch wenn Sie sich getrennt haben, vergessen Sie bitte nicht, dass Ihr Partner und Sie sich früher geliebt oder zumindest gemocht haben. Behalten Sie die schönen Erinnerungen aus Ihrer gemeinsamen Zeit, auch wenn die Trennung schmerzlich war.
- Ihr Kind kommt von Ihnen beiden. Es fühlt sich Ihnen beiden im gleichen Maße verbunden. In seinem Herzen existieren Sie als Elternpaar weiter, auch wenn Sie sich getrennt haben.
- Daher ist es wichtig, Ihren Ex-Partner (Ihre Ex-Partnerin) als Mit-Elternteil beizubehalten. Respektieren Sie ihn/sie als Ihre Ergänzung in Ihrer gemeinsamen Elternfunktion (wie die andere Seite einer und derselben Medaille). Wenn Sie eine kooperative Haltung zueinander behalten, wird sich Ihr Kind von Ihnen beiden weiter getragen fühlen.

- Versuchen Sie daher nicht, Ihren Ex-Partner/Ihre Ex-Partnerin durch Ihren neuen Partner/Ihre neue Partnerin zu ersetzen. Ihr neuer Partner/Ihre neue Partnerin kann höchstens eine Ergänzung, aber niemals ein Ersatz für den leiblichen Vater/die leibliche Mutter sein.
- Sprechen Sie nicht abfällig über Ihre/n Ex-Partner/in. Das würde Ihr Kind in Loyalitätskonflikte stürzen. Wenn Sie Kritik haben, sprechen Sie Ihre/n Ex-Partner/in direkt an und versuchen Sie, Ihre Differenzen auszuräumen.
- Schalten Sie ebenfalls Ihre/n neuen Partner/in nicht in die Auseinandersetzung mit ihrem/r ehemaligen Partner/in ein. Dies würde die gegenseitige Eifersucht und Kränkung verstärken. Versuchen Sie stattdessen, Ihre Differenzen direkt auszutragen. Bei Bedarf können Sie einen professionellen Mediator um Hilfe bitten.

Empfehlungen für das vom Kind getrennten Elternteil (meistens ist es der Vater):

- Seien Sie Ihrem/r Ex-Partner/in dankbar, dass er/sie weiter für Ihr gemeinsames Kind sorgt. Ein Kind zu zweit großzuziehen ist schon schwer genug und ein Kind ohne das andere Elternteil aufzuziehen ist um ein Vielfaches schwerer. Was Ihr/e Ex-Partner/in für Sie tut, ist mit Geld (Unterhaltszahlungen) nicht aufzuwiegen. Daher verdient Ihr/e Ex-Partner/in Respekt und Dank.
- Auch wenn Sie nicht mehr mit dem Kind zusammenleben, sind Sie weiterhin als Vater beziehungsweise als Mutter verantwortlich. Kümmern Sie sich um Ihr Kind, auch wenn dies aus der Distanz schwieriger ist. Aus der Distanz hat man manchmal einen besseren Überblick als aus der Nähe. Ihre Meinung zu Erziehungsfragen kann durchaus eine wertvolle Ergänzung zu der Meinung des anderen Elternteils sein.
- Behalten Sie das Kind bitte stets in Ihrem Herzen. Sie sind, zu-

sammen mit Ihrem Ex-Partner/Ihrer Ex-Partnerin, seine wichtigste Bezugsperson, sein größtes Vorbild, sein innerer Orientierungspunkt. Halten Sie daher die seelische Verbindung mit ihm aufrecht, auch wenn Sie länger keinen Kontakt haben, indem Sie regelmäßig ans Kind denken. Halten Sie auch den äußeren Kontakt aufrecht. Heute gibt es eine Vielzahl an elektronischen Möglichkeiten, dem Kind zu vermitteln, dass Sie an es denken.
- Verbringen Sie möglichst viel Zeit mit ihm, aber nur, wenn beide (Sie und das Kind) Lust dazu haben. Zwingen Sie weder sich noch das Kind, den Kontakt krampfhaft aufrechtzuerhalten, wenn einer von Ihnen keine Lust dazu hat. Unternehmen Sie lieber etwas mit ihm, an dem Sie beide Freude haben.
- Teilen Sie auch Ihren Alltag mit dem Kind. Ihr Kind möchte nicht nur einen Freizeitvater, sondern Sie in Ihrem normalen Leben erleben. Dadurch gewinnt es ein realistischeres Bild von Ihnen. Nehmen Sie es ruhig mit in die Arbeit oder zu Ihren Freunden und Kollegen.
- Lassen Sie das Kind auch Ihre/n neue/n Partner/in kennen lernen. Er/sie ist ja Teil Ihres normalen Lebens. Sehen Sie jedoch von allzu heftigen oder demonstrativen Zärtlichkeiten in Gegenwart des Kindes ab. Da das Kind sein anderes Elternteil stets im Herzen hat, könnte es ihm wehtun, Sie so intim mit einem/r anderen Partner/in zu sehen.
- Auch wenn das Kind aufwächst, andere Interessen bekommt und nicht mehr soviel Kontakt mit Ihnen braucht (so verhält sich ein Teenager ja auch gegenüber dem Elternteil, mit dem es zusammenlebt), sind Sie weiterhin wichtig, auch wenn Sie mehr in den Hintergrund rücken. Es könnte sogar sein, dass das Kind Sie mehr braucht, wenn es in die Welt aufbricht. Dann benötigt es den väterlichen Rat mehr als in der Kindheit. Außerdem kann es jetzt seine Beziehung zu Ihnen unabhängig vom anderen Elternteil gestalten.
- Wenn Sie in Ihrer neuen Beziehung weitere Kinder bekommen,

behalten Sie Ihr Kind aus der früheren Beziehung im Herzen. Denken Sie daran, dass auch in einer normalen Familie ein Kind eifersüchtig werden kann, wenn ein jüngeres Geschwisterchen auf die Welt kommt. Dies ist noch mehr der Fall bei einem Kind, das nicht mit Ihnen lebt. Es könnte Angst bekommen, ganz vergessen oder ausgeschlossen zu werden, wenn Sie ein neues Kind bekommen. Schließen Sie daher Ihr Kind bewusst mit ein in die Freude über das Geschwisterchen. Halbgeschwister können sich genauso lieb gewinnen wie leibliche Geschwister. Lassen Sie das jüngere Kind wissen, dass Sie stolz auf seine ältere Schwester oder seinen älteren Bruder sind.
- Wenn Sie Ihr neues Familienglück genießen, seien Sie auch rücksichtsvoll gegenüber Ihrem/r Ex-Partner/in, vor allem, wenn er/sie allein geblieben ist. Zeigen Sie ihm/ihr, dass Sie ihn/sie weiterhin respektieren und Ihre gemeinsame Zeit nicht vergessen haben. Wenn Sie ihn/sie in Ihr Leben einbeziehen (statt ausschließen), kann er/sie mit Wohlwollen auf Ihre neuen Familie schauen. Dann fühlt sich Ihr älteres Kind frei, sich zwischen beiden Familien zu bewegen. Erweitern Sie die Familie, statt sie einzuengen.
- Sprechen Sie mit ihrem/r neuen Partner/in respektvoll über Ihre Ex-Beziehung, sodass diese/r ihrer/seinem Vorgänger/in achtet. Wenn Ihre alte und neue Beziehung einander achten, bekommt das ganze System Weite.

Empfehlungen für den Elternteil, der das Kind bei sich behält und aufzieht (meist ist es die Mutter):
- Sie haben zweifellos das schwerere Los, da Sie nun die Hauptlast für die Erziehung Ihres Kindes/Ihrer Kinder tragen. Nehmen Sie Hilfe in Anspruch, von Freund(inn)en und Verwandten, aber auch vom Staat und Arbeitgeber. Sie haben ein Recht auf solche Unterstützung, denn Sie ziehen Ihre Kinder auch für die Gesellschaft auf.[37]

- Genauso wichtig ist, materielle und immaterielle Unterstützung von Ihrem Ex-Partner bei der Betreuung Ihres gemeinsamen Kindes einzufordern. Seien Sie nicht zu bescheiden. Es ist schließlich genauso sein Kind.
- Wenn Sie jedoch merken, dass Ihr Ex-Partner keine Lust (mehr) hat, sich um sein Kind zu kümmern, oder wenn Sie spüren, dass er es nur aus Schuldgefühlen tut, dann hören Sie auf, ihn unter Druck zu setzen. Fordern Sie das, was Ihnen gesetzlich an materieller Unterstützung zusteht, und finden Sie andere Menschen, die Ihnen gerne beistehen.
- Es ist bitter, wenn der Ex-Partner einer neuen Partnerschaft eingeht, während Sie allein bleiben und das Kind zu versorgen haben. Es ist einfach ungerecht. Machen Sie das Beste aus der Situation. Richten Sie sich so schön in Ihrem Leben ein wie es geht. Wenn Sie zufrieden sind, wird auch Ihr Kind entlastet sein. Sonst bekäme es das Gefühl, Ihnen eine Last zu sein, oder es fühlt sich verpflichtet, Ihren Ex-Partner zu ersetzen und Sie glücklich zu machen. Das Kind sollte lieber unbekümmert Kind sein dürfen und spielen gehen.
- Lassen Sie Ihr Kind zu seinem Vater gehen, wann immer es möchte. Er ist ein wesentlicher Teil dessen, was das Kind ausmacht. Das gilt für Mädchen genauso wie für Jungen. Einigen Sie sich mit Ihrem Ex-Partner bezüglich der Besuchsregelung. Seien Sie dabei flexibel und großzügig, ohne Ihre eigenen Interessen zu vernachlässigen. Wenn der Kontakt zwischen dem Kind, Ihrem Ex-Partner und Ihnen ausgewogen ist, haben Sie ein offenes und flexibles System.
- Eifersucht und Neid auf die neue Partnerschaft Ihres Ex-Partners ist normal. Lassen Sie es aber nicht überhand werden. Lernen Sie die neue Partnerin Ihres Ex kennen (verabreden Sie sich mit ihr ohne Ihren Ex!) und verständigen Sie sich mit ihr, dass Sie sich gegenseitig nichts wegnehmen. Sie werden stets die Mutter Ihres Kindes bleiben, auch wenn Ihr Kind ein gutes Ver-

hältnis zur anderen Frau entwickelt. Wie die Halbgeschwister Ihres Kindes gehört sie auch zur erweiterten Familie Ihres Kindes.

- Wenn Sie selbst einen neuen Partner finden, überlegen Sie sich bitte, ob Sie getrennt leben oder zusammenziehen möchten. Wenn Sie getrennt leben, braucht sich Ihr bisheriges Leben weniger zu verändern als wenn Sie zusammenziehen. Wenn Sie zusammenziehen, fügen Sie zwei Familiensysteme zusammen. Dies erfordert mehr Integrationsarbeit von allen Beteiligten. Seien Sie dabei realistisch und pragmatisch (anstatt den Traum verwirklichen zu wollen, endlich wieder eine »heile Familie« zu sein). Selbst wenn sich alle Erwachsenen und Kinder gut verstehen (was nicht immer der Fall ist), sind es immer noch zwei Subsysteme, die unter einem Dach leben. Das ist nicht ganz einfach. Dabei kann die Regel »Das ältere Subsystem hat Vorrang« hilfreich sein. Dies gilt umso mehr, wenn Sie mit Ihrem neuen Partner ein Kind bekommen. Ihr Kind aus der alten Beziehung sollte das Gefühl haben, den ersten Kinderplatz in Ihrem Herzen zu behalten.

»Patchwork« ist die falsche Bezeichnung für ein wachsendes Gebilde: Die neue Patchworkfamilie steht auf dem Fundament der alten Familien, aus denen sie hervorgegangen sind. Daher ist es wichtig, den früheren Partner anzuerkennen und ihm für die gemeinsame Lebenszeit und die Lernerfahrungen zu danken, die man mit ihm hat machen dürfen, um sich dann von ihm zu verabschieden und dem neuen Partner und der neuen Familie zuzuwenden.

Fallbeispiel: Wie Patchworkfamilien gelingen können, wenn man seine ehemalige Beziehung bereinigt

Ein Mann berichtet, er sei zum zweiten Mal verheiratet. Mit seiner ersten Frau habe er zwei Kinder. Beide Kinder sind bei ihm geblieben, nachdem die Frau einen anderen Mann kennen gelernt hat und ausgezogen ist. Er habe nach der Trennung im gemeinsamen Haus bleiben wollen. Die Frau wohne mit ihrem neuen Mann in der Nähe. Mit seiner zweiten Frau habe er ein drittes Kind. Die Geschwister verstehen sich gut. Nun habe seine älteste Tochter aus erster Ehe Probleme: Sie sei nach dem Abitur zunächst ausgezogen und studierte weit weg. Dann habe sie jedoch Ängste bekommen und sei wieder nach Hause gezogen. Sie scheint keinen richtigen Platz zu haben.

Aus der Familiengeschichte ist bekannt, dass seine Mutter seinen Vater gering geschätzt hat. In der Familienaufstellung wurde deutlich, dass der Klient seine Ex-Frau verachtet, wie einst seine Mutter seinen Vater missachtet hat. Er hat ihre Leistung nicht anerkannt (sie verdiente das Geld für die Familie und versorgte Kinder und Haushalt). Er bittet sie um Verzeihung.

Die Ex-Frau hat selbst eine kaltherzige Mutter gehabt. Deshalb sucht sie die Nähe ihrer Tochter. Diese flieht vor der Bedürftigkeit der Mutter, gleichzeitig vermisst sie die Mutter. Daher ist sie zwischen ihrer Angst vor zu viel Nähe und ihrer Sehnsucht nach der Mutter hin- und hergerissen.

Die Ex-Frau hat in ihrem jetzigen Mann einen fürsorglichen, »mütterlichen« Partner gefunden. Hier kann sie sich anlehnen. Sie braucht ihre Sehnsüchte nicht mehr auf die Tochter zu projizieren. Nun kann die Tochter zu ihr gehen und richtig »Tochter« sein. Der Klient selbst hat eine gute Beziehung zu seiner jetzigen zweiten Frau, die ihn liebt. Nun haben beide Partner – seine Ex-Frau und er – einen guten Partner gefunden und können zufrieden weiterleben. Die Kinder aus der ersten Ehe haben bei beiden Eltern einen guten Platz.

Kuckuckskinder, Kuckuckseltern

Kuckuckskinder nennt man landläufig solche Kinder, die von einem anderen Mann stammen als von demjenigen, den die Mutter als Vater des Kindes genannt hat. Kuckuckskinder sind ein trauriger Beweis für die Bedeutung des leiblichen Vaters für das Identitätsgefühl eines Kindes. Kuckuckskinder kennen ihren eigenen Vater nicht. Sie sind stattdessen – meist von ihrer Mutter – getäuscht worden, dass ein anderer als ihr biologischer Vater ihr Erzeuger sei.

Die Zahl von »Vaterschaftsdiskrepanzen« ist statistisch nur schwer feststellbar. Es müssten alle untersuchten Eltern und Kinder mit einem genetischen Test einverstanden sein. Ein diesbezüglicher Artikel in Wikipedia zitiert Untersuchungen, die je nach Region und untersuchter Bevölkerung eine Quote zwischen 1,3 % und 18 % nennen. Die Zahl der aufgedeckten Fälle wird sich hoffentlich aufgrund der Fortschritte der Gendiagnostik präzisieren lassen.

Wenn eine Mutter die Vaterschaft eines Kindes nicht wahrheitsgemäß kundgibt, sind vier Personen direkt involviert: die Mutter, der leibliche Vater, der Scheinvater (dem das Kind untergeschoben wird) und das Kind. Alle vier erleben etwas anderes:

Die Mutter
In den meisten Fällen stammen Kuckuckskinder aus einem Seitensprung oder einer Affäre der Mutter. Wenn eine Frau danach feststellt, dass sie schwanger geworden ist, hat sie die Möglichkeit,

- *das Kind zu bekommen und zu dessen wahren Vaterschaft zu stehen:* Dies würde zu einem Konflikt in ihrer bestehenden Partnerschaft und möglicherweise zu einer Trennung führen, aber es wäre die ehrlichste Lösung;

- *das Kind zu bekommen und die Vaterschaft zu verschweigen:* Dies würde sie in noch größere Schwierigkeiten führen, da jeder sich fragen würde, von wem das Kind stammt;
- *das Kind zu bekommen und es einem anderen Mann, zum Beispiel ihrem Ehemann oder ihrem offiziellen Partner, unterzuschieben:* Dies würde vielleicht nicht auffallen. Möglicherweise könnte der soziale Vater sogar ein besser geeigneter Vater fürs Kind sein als der leibliche Vater. Jedoch wäre es ein erheblicher Betrug und Verrat ihm gegenüber und ein noch größerer Betrug und Verrat gegenüber dem Kind;
- *das Kind abzutreiben, ohne dass es jemand merkt:* Dies wäre vordergründig die »sauberste« Lösung. Aber sie kann die Mutter in schwere Gewissenskonflikte und Schuldgefühle stürzen.

Keine dieser Möglichkeiten stellt eine befriedigende Lösung für die unfreiwillig gewordene Mutter dar. Es ist schon immer ein schweres Los für Frauen gewesen, wenn sie ungewollt schwanger werden. Besonders schwer ist es, wenn der sexuelle Fehltritt in einer sonst guten Partnerschaft oder Ehe stattgefunden hat. Dann ist die Versuchung groß, den Seitensprung einfach zu verheimlichen und das Kind dem Partner zuzurechnen. Die psychischen Kosten für diese Lebenslüge können jedoch erheblich sein: Die Mutter kann von schweren Gewissensbissen gegenüber dem Ehemann und dem Kind geplagt sein. Sie muss die Ähnlichkeit des Kindes mit seinem biologischen Vater verschleiern und hat ständig Angst, dass die Wahrheit ans Licht kommen könnte. Dazu kommt das Schuldgefühl wegen der sexuellen Untreue.

Erschwerend könnte dazu kommen, wenn das Kind in einer gesellschaftlich verfemten Beziehung gezeugt wurde, zum Beispiel aus dem Verhältnis mit einem Blutverwandten (Inzest) oder einem Priester (Zölibat). Dann ist die Versuchung groß, das Kind dem Ehemann unterzuschieben.

Das Verhältnis zum Kind leidet ebenfalls unter der Lüge. Die

Mutter wird in den meisten Fällen ambivalente Gefühle gegenüber dem Kind empfinden, wenn es von einem heimlichen Vater stammt. Jedes Mal, wenn sie das Kind im Arm hält oder anschaut, wird sie an dessen Vater erinnert. Wenn sie den Mann geliebt hat, wird sie das Kind möglicherweise zu stark an sich binden. Wenn sie ihn ablehnt, wird sie das Kind automatisch auch von sich weisen. Wenn das Kind sie fragt, weshalb sie sich so verhält, kann sie ihm nicht den wahren Grund sagen. Die Wahrheit steht immer zwischen ihnen.

Der biologische Vater
Für den Vater, von dem das Kind stammt, gibt es zwei Ausgangspositionen: Entweder ist er von der Mutter darüber aufgeklärt worden, dass sie von ihm schwanger geworden ist und das Kind als Kind ihres Ehemanns deklarieren würde, oder er ist von ihr nicht über die Schwangerschaft informiert worden.

Im letzteren Fall weiß der biologische Vater des Kindes nichts von seiner Vaterschaft. Die Mutter hat ihn nicht darüber informiert, sei es, dass sie ihn nicht als Vater haben möchte, sei es, dass sie ihn nicht mehr hat ausfindig machen können (zum Beispiel bei flüchtigen Urlaubsbekanntschaften oder bei Besatzungssoldaten). Wenn die Wahrheit ans Licht kommt, fällt er aus allen Wolken. Es kann sein, dass er sich über die unverhoffte Vaterschaft freut. Es kann aber auch sein, dass er die Vaterschaft total verleugnet.

Wenn der biologische Vater jedoch von der Mutter über die Wahrheit informiert worden ist und weiß, dass sie das Kind ihrem Ehemann unterschiebt, dann ist er Teil des Komplotts. Dies kommt zum Beispiel vor, wenn er ein naher Verwandter, ein Hausfreund, ein Arzt, ein Pfarrer oder eine ähnliche Vertrauensperson ist, die ungehinderten Zugang zur Frau hat, ohne dass der Ehemann Verdacht schöpft. Möglicherweise setzen beide ihre sexuelle Beziehung heimlich fort. Er betrügt in diesem Fall den gehörnten Ehemann wie auch das Kind. Dem Ehemann spielt er den Vertrauten vor und hintergeht ihn im gleichen Atemzug. Dem Kind nähert er als Hausfreund, manchmal wird er sogar dessen Pate.

Es gibt ein prominentes Beispiel für ein Kuckuckskind: Erich Kästner. Er hat es seinem Schüler Werner Schnyder anvertraut, der 1982, sieben Jahre nach Kästners Tod, anlässlich einer Würdigung seines Werkes die Wahrheit über Kästners Herkunft aufgedeckt. Dessen wirklicher Vater war der langjährige jüdische Hausarzt der Familie, ein Sanitätsrat Dr. Zimmermann. Kästner hat das Geheimnis wohl erst spät von seiner Mutter erfahren. Als er klein war, hat er des Öfteren erlebt, wie seine depressive Mutter von Zuhause weglief. Er suchte sie stundenlang an den Elbbrücken in Dresden, voller Angst, sie würde sich etwas antun. Der gütige Hausarzt hat ihn dann getröstet und ihm gesagt, er solle gut auf seine Mutter aufpassen! Die Geschichte setzte sich in der nächsten Generation fort: Kästner bekam selbst einen unehelichen Sohn mit einer viel jüngeren Frau und bekannte sich öffentlich nie zu ihm.[38]

Der Scheinvater
Auch bei dem sozialen Vater, dem »Scheinvater« gibt es zwei Möglichkeiten:

Es gibt manchmal den seltenen Fall, dass der soziale Vater weiß oder ahnt, dass er nicht der leibliche Vater des Kindes ist und nichts dagegen unternimmt. Dies kommt zum Beispiel vor, wenn die Ehe unfruchtbar ist. Dann ist er möglicherweise sogar dankbar, Vater sein zu dürfen. Gelegentlich kommt es vor, dass beide Männer eng miteinander befreundet oder verwandt sind (zum Beispiel als Brüder), sodass der gesetzliche Ehemann es duldet, dass der andere Vater des Kindes ist. Aber dies ist eher eine Ausnahme.

In den meisten Fällen ist der Scheinvater tatsächlich von der Mutter getäuscht worden. Er hat treuherzig geglaubt, der leibliche Vater des Kindes zu sein. Er nimmt das Kind an und zieht es als eigenes Kind auf. Es entsteht eine ganz normale, liebevolle Vater-Kind-Beziehung. In diesen Fällen ist es beiden fast zu wünschen, dass sie die Wahrheit nicht erfahren. Kommt diese jedoch ans Licht, kann es das Vertrauen des Mannes nicht nur in seine Frau, sondern in sein Lebensgebäude erschüttern. Angesichts einer so schweren Lüge wird er der Frau nur schwer verzeihen können. Auch sein Verhältnis zum Kind wird einer harten Probe unterzogen. Es wäre sehr zu wünschen, dass ihre Beziehung dieser Herausforderung standhält.

Dann gibt es die Fälle, in denen der Scheinvater zwar weiß oder zumindest ahnt, dass er nicht der leibliche Vater des Kindes ist, aber aus Gründen der Ehre, der Konvention oder des Stolzes nicht zugeben will, dass er der »Gehörnte« ist. Dann könnte er es nicht nur der Frau heimzahlen, dass sie ihn betrogen hat. Er wird möglicherweise auch das Kind spüren lassen, dass es nicht seines Fleisches und Blutes ist. Dies kann zu sadistischen Gewaltexzessen und sexuellem Missbrauch des Kindes führen. Mutter und Kind stecken dann in der Falle.

Das Kind

Das Kind ist von den vier betroffenen Menschen derjenige, der am meisten Schaden davon trägt. Es ist ein Menschenrecht zu wissen, wer der eigene Vater und die eigene Mutter ist. Waisen haben es schon schwer genug, aber die meisten kennen ihre Eltern noch oder wissen zumindest, wer diese waren. Adoptivkinder haben es auch schwer, wenn ihre Adoptiveltern oder das Jugendamt sich weigern, die Identität ihrer Eltern preiszugeben. Aber was geschieht mit einem Kind, das um seine Identität betrogen wird? Welche seelische Verletzung erleidet ein Kind, das nicht weiß, dass es von einem anderen Vater stammt?

- Das Kind hat eine falsche Identität zugesprochen bekommen und erhält einen falschen Platz in der Familie. Ein Kuckuckskind fühlt sich oft deplatziert und desorientiert, ohne dass es weiß warum.

- Es fühlt sich wie eine Falschmünze. Wenn aber alle behaupten, alles sei in Ordnung, beginnt es, am eigenen Verstand zu zweifeln.
- Aufgrund der oben beschriebenen Ambivalenz der Mutter (und anderer Mitwisser) ihm gegenüber fühlt es sich fremd, als trage es einen unsichtbaren Makel. Es fühlt sich wie ein Fremdling in der eigenen Familie und führt ein Außenseiterdasein.
- Das Kind findet bei sich äußere Merkmale, Eigenarten und Charakterzüge, die es sich nicht erklären kann, weil es sie von seinem unbekannten Vater bekommen hat.
- Es fühlt heftige Scham und Wut in sich, weiß aber nicht weshalb und gegen wen.
- Es fühlt sich sexuell desorientiert, oft wie sexuell missbraucht. Tatsächlich erfährt es gelegentlich sexuelle Übergriffe.
- Wenn es Kontakt mit seinem leiblichen Vater hat, fühlt es eine Nähe, die es sich nicht erklären kann und die ihm bisweilen unheimlich ist.
- Manchmal wird es selbst verwirrende sexuelle Beziehungen unterhalten, wenn es erwachsen geworden ist. Dies kann zu schwerwiegenden Folgen in den nächsten Generationen führen, wie wir es später an einem Beispiel sehen werden.

Was geschieht mit dem Kind, wenn es die Wahrheit über seine Herkunft erfährt?

- Es erleidet einen seelischen Schock (Trauma).
- Seine Welt bricht zusammen, der Boden schwankt ihm unter den Füßen. Es meint zu träumen.
- Es fühlt sich von den Menschen, die ihm am nächsten stehen, betrogen und verraten.
- Dieses Misstrauen breitet sich auf seine ganze Umgebung aus: Wem kann man noch vertrauen, wenn selbst die eigene Mutter einen belügt?

- Doch etwas rückt sich in ihm zurecht: Es versteht endlich, weshalb es sich so fremd und deplatziert gefühlt hat. Es ist, als lichte sich ein Nebel, der immer schon über seiner Existenz geschwebt ist.
- Es wird sich aufmachen, seinen leiblichen Vater zu suchen. Es wird nicht eher ruhen, bis es die unbekannte Hälfte seiner Identität gefunden hat.

Fallbeispiel: Kuckuckskind
Ein sympathischer Mann. Er berichtet, dass er eigentlich glücklich in seinem jetzigen Leben sei. Aber er habe immer wieder die Tendenz, »sich wegzumachen«: Er habe 10 Jahre lang gekifft und Drogen genommen. Mitte Zwanzig habe er endlich eine Suchttherapie gemacht, seither sei er clean. Aber er neige immer wieder dazu, sein reales Leben auszublenden und in eine andere Welt einzutauchen, zum Beispiel ins Internet oder in den Alkohol.

Ihn beschäftige auch sein Vaterthema: Der Vater habe in wichtigen Phasen seines Lebens gefehlt. Er könne den Vater an vielen Stellen nicht greifen. Der Vater habe nicht reagiert, als er in seiner Kiffphase Geld von den Eltern gestohlen hat.

Aus seiner Familiengeschichte: Der Vater ist das jüngste von drei Kindern. Sein nächst älterer Bruder und er sind erst nach dem Krieg geboren, während der älteste Bruder schon vor dem Krieg zur Welt gekommen ist. Dieser älteste Bruder ist unauffällig. Der Vater und sein nächst älterer Bruder sind jedoch depressiv. Auch die Großmutter war depressiv.

Bei der Familienaufstellung schaute der Vater des Klienten in die Leere. Es war, als würde er nach etwas Unbekanntem schauen. Es stellte sich heraus, dass der Vater und sein nächst älterer Bruder nicht vom Großvater, sondern von einem anderen Mann stammen. Die Großmutter hatte ihren ältesten Sohn mit dem Großvater bekommen. Aber nach dem Krieg hatte sie sich von ihm entfremdet und die Kinder von einem heimlichen Geliebten bekommen, ohne dass der Großvater etwas davon ahnte. Dies war wohl der Grund, weshalb sie – und mit ihr auch die beiden »Kuckuckskinder« - depressiv wurden.

In der Aufstellung gibt der Vater seiner Mutter einen großen Stein für diese Lebenslüge zurück. Er lernt dann seinen wahren Vater kennen. Dieser hat nicht gewusst, dass er mit der Großmutter zwei Kinder gezeugt hat, aber er freut sich über den Sohn (den Vater des Klienten) und nimmt ihn in den Arm. Dieser wird weich und hat das Gefühl, endlich anzukommen. Er dreht sich daraufhin zu seinem Sohn, dem Klienten, und nimmt ihn ebenfalls in den Arm. Nun stehen drei Männergenerationen hintereinander: Der (wahre) Großvater, der Vater und der Sohn. Dieser entspannt sich, wird immer kleiner und setzt sich schließlich zu den Füßen seines Vaters, der ihn hält. In seinem Gesicht breitet sich ein glückliches Babylächeln aus. Ein wohliges Gefühl durchströmt ihn. Dann öffnet er die Augen und schaut hinauf in die Augen des Vaters, die ihn liebevoll anblicken. Nachdem der Sohn auf diese Weise »aufgetankt« hat, steht er auf, seinen Vater und seinen Großvater hinter sich wissend. Er breitet die Arme aus und gibt ein gewaltiges, glückliches »Gorillabrüllen« von sich. Endlich ist er angekommen!

Die Genderfrage – oder: Ist die Familie nur ein Konstrukt?

Beim Schreiben dieses Buches haben mich immer wieder folgende Fragen bewegt:

- Was ist das Spezifische am Vater, was ist das Spezifische an der Mutter?
- Braucht ein Kind Vater und Mutter oder braucht es nur Bezugspersonen, die beliebig sein können?

- Was bedeutet Frauenemanzipation und Männeremanzipation angesichts der radikalen Umbrüche, welche die heutigen Familien erleben?

Wir leben in einer Übergangsgesellschaft, in der viele traditionelle Werte nicht mehr gelten und neue sich noch nicht etabliert haben. Dieser Wertewandel und die damit verbundene Unsicherheit ragen direkt in die Diskussion über die Vater- und Mutterrolle sowie die Bedeutung der Familie als Keimzelle der Gesellschaft hinein. Im Zuge der Gleichberechtigung von Mann und Frau schwinden die Unterschiede zwischen den Geschlechterrollen zunehmend. Positiv daran ist die Abnahme der Dominanz des Mannes einerseits und die Befreiung der Frau aus den patriarchalen Zwängen andererseits. Mit dem Verlust der sozialen Privilegien, die der Mann als einstiges Familienoberhaupt genossen hat, geht jedoch die Bedeutung des Vaters zurück: Wenn die Frau und Mutter alles tun kann, was einst dem Familienvater vorbehalten war (Geld verdienen, die Familie nach außen vertreten), was bleibt dem Mann und Vater an *spezifisch männlichen und väterlichen Aufgaben* übrig? Ist es dann nicht folgerichtig, dass er langsam aus der Familie verschwindet? Man könnte sich ja als ein mögliches Zukunftsmodell durchaus eine Frauengemeinschaft vorstellen, in der die Kinder gemeinschaftlich großgezogen werden. Wozu brauchen Frauen dann noch Männer – außer zum Vergnügen und zum Kinderzeugen?

Zum gesellschaftspolitischen Diskurs über die Vaterrolle
Wenn man sich heute für Väter und für eine partnerschaftliche Arbeitsteilung zwischen Mann und Frau in der Familie einsetzt, sieht man sich gleich von vier Seiten angegriffen:

1. vom Gender Mainstreaming, das eine Gleichstellung der Geschlechter auf *allen* Ebenen zum Ziel hat.

2. von Schwulen und Lesben, die die heterosexuelle Kernfamilie als Norm (»Heteronormativität«) in Frage stellen.
3. von alleinerziehenden Müttern, die von Männern enttäuscht sind.
4. von Befürwortern der traditionellen patriarchalischen Familie.

Wenn man die Bedeutung des Vaters in der Familie hervorheben möchte, wird einem von Vertretern der Gender Mainstreaming vorgeworfen, man wolle die Ungleichheit der Geschlechter wieder etablieren. Alleinerziehende Mütter, die von ihren Männern verlassen und enttäuscht worden sind, möchten nichts mehr mit der Männerwelt zu tun haben. Lesben möchten ihre Kinder ohne deren leiblichen Vater aufziehen. Befürworter der traditionellen patriarchalischen Familie möchten die Frau zurück an Heim und Herd schicken und den Mann als Hausherr wieder etablieren.

Man sitzt also zwischen allen Stühlen, wenn man für eine ausgewogene Aufteilung von Familien- und Erwerbsarbeit plädiert und gleichzeitig auf die spezifische Bedeutung des Vaters in der Familie auf der einen und der Mutter auf der anderen Seite hinweist.

Eine Bekannte hat mir vor einigen Jahren Folgendes erzählt: Ihr Sohn habe zusammen mit seinem Partner, mit dem er in einer Lebensgemeinschaft lebt, in der Ukraine seine Samen gemischt und zusammen abgegeben, um die Eizellen einer anonymen Spenderin zu befruchten. Die befruchteten Eizellen wurden einer Leihmutter eingepflanzt, die zwei Kinder zur Welt brachte, die sogleich vom schwulen Paar adoptiert wurden. Beide Kinder – es ist ein Junge und ein Mädchen – wissen nicht, wer ihr Vater und ihre Mutter sind: Ihr Vater ist einer der beiden Adoptivväter, ihre Mütter (die Eizellenspenderin und die Leihmutter) sind unbekannt.

Meine Bekannte war entsetzt. Sie ist eine tolerante und weltoffene Frau und versucht, den beiden (leiblichen?) Enkelkindern eine gute Großmutter zu sein. Aber sie wusste nicht, was sie von dem ganzen Arrangement halten soll. Sie fragte sich: Wie werden die Kinder reagieren, wenn sie erfahren, wie sie tatsächlich entstanden sind? Bisher hat man ihnen nur gesagt, ihre Mutter sei im Ausland. Was ist, wenn sie ihre Mutter besuchen möchten? Was werden sie von ihren Vätern halten, wenn diese ihnen nicht sagen können (oder wollen), wer ihre Mütter sind und welcher von ihnen beiden ihr leiblicher Vater ist?

Und wie geht es der Eizellenspenderin und der Leihmutter? Was bringt eine Frau dazu, ihre Eizellen zu verkaufen? Was fühlt eine Frau, wenn sie fremde Kinder in sich »ausbrütet«? Was ist, wenn sie während der Schwangerschaft eine emotionale Beziehung zu ihnen aufbaut? Wie erlebte sie die Geburt? Durfte sie die Kinder danach überhaupt sehen? Tauchen sie irgendwann in ihren Träumen auf? Taucht sie umgekehrt in den Träumen der Kinder auf, die doch neun Monate in ihr gelebt, ihren Herzschlag gespürt, ihre Stimme gehört haben und von ihrer Plazenta ernährt wurden? Wie geht es einem Samenspender, wenn eines Tages eine Fremde vor seiner Tür steht und fragt, ob er ihr Vater ist? Was empfindet er, wenn er in der Straßenbahn einem Jungen begegnet, der ihm ähnlich sieht?

Zum Gender Mainstreaming

Seit den 1990er Jahren ist das *Gender Mainstreaming* offizielle Leitlinie der Familienpolitik in den meisten westlichen Ländern geworden. Das englische Wort *Gender* bedeutet hier das *soziale* Geschlecht, das ein Mensch innehat. Es wird durch gesellschaftliche Konventionen und Rollenzuschreibungen erworben, im Gegensatz zum englischen Wort *Sex,* das sich auf das *biologische* Geschlecht eines Menschen bezieht. Gender Mainstreaming hat zum Ziel, dass Menschen ohne Rücksicht auf ihre sexuellen Unterschiede behandelt werden. Dies ist im Grunde etwas Erstrebenswertes. Männer und Frauen sollen nicht aufgrund ihres Geschlechts gesellschaftlich besser oder schlechter angesehen und behandelt werden. Das ist Gleichberechtigung. Jedoch ist *Gleichberechtigung* nicht gleichbedeutend wie *Gleichheit*. Dies würde die vom Sex bedingten Unterschiede negieren, im Körperbau, in der hormonellen Ausstattung, in der Art und Weise, die Welt wahrzunehmen und handzuhaben, und so weiter.

Der wichtigste *sexbedingte Unterschied* liegt jedoch in der Fortpflanzung. Männer können keine Kinder bekommen. Nur Frauen können das. Und: Jedes Kind stammt definitiv von einem leiblichen Vater und einer leiblichen Mutter.

Ein leiblicher Vater und eine leibliche Mutter lassen sich nicht durch Genderdiskussionen wegreden. Im oberen Beispiel versuchen die beiden männlichen Partner, die leibliche Mutter ihrer Kinder wegzurationalisieren, indem sie mit ihren Samen die Eizellen einer anonymen Spenderin befruchten und in die Gebärmutter einer Leihmutter einpflanzen lassen. Bekannter sind die Fälle von Müttern, die sich von Männern, die sie nicht lieben, schwängern lassen, um dann das Kind für sich zu behalten. Die betreffenden Männer wissen oft nicht einmal, dass sie Vater geworden sind.

Bei der ganzen Genderdiskussion wird wenig an die Kinder gedacht, die ein Recht haben, ihre leiblichen Eltern zu kennen und mit ihnen aufzuwachsen. Es wird nicht berücksichtigt, wie sich das komplizierte Arrangement ihrer Zeugung und ihrer Erziehung auf ihre Psyche und ihr späteres Partnerschafts- und Elternverhalten auswirken könnte.

Es gibt natürlich unzählige Beispiele für schlechte Väter und Mütter, deren Kinder besser in Pflege- und Adoptivfamilien groß geworden wären. Ist hier aber nicht eine bessere Begleitung und Betreuung von Vätern und Müttern eher angebracht als ein völlig ungeregeltes Durcheinander von anonymen oder unbekannten leiblichen Vätern und Müttern, Ziehvätern und -müttern, Stiefvätern und -müttern, Vielleicht-Vätern und Vielleicht-Müttern?

Selbst wenn Menschen geklont würden, haben sie in ihren Genen einen eindeutigen leiblichen Vater und eine eindeutige leibliche Mutter. Solange Menschen aber nicht geklont werden, ist jeder Mensch einzigartig, und zwar zu allererst als Kombination seiner leiblichen Eltern. Dass er sozial überformt wird, von welchen Eltern oder Erziehungspersonen auch immer, ist klar. Aber dies ist eine sekundäre Geschichte. Primär ist es die biologische Herkunft, die jedes Kind ausmacht und die niemals geleugnet werden darf. Die eigenen leiblichen Eltern zu kennen und sich zu eigen zu machen, ist ein Menschenrecht.

Wenn Mann und Frau, Vater und Mutter nur soziale Konstrukte wären, die man beliebig umdefinieren und austauschen kann, dann könnte man die biologische (Er-)Zeugung der Kinder abkoppeln von ihrem späteren Familienschicksal. Man könnte, wie im oberen Beispiel, die Kinder bei einer Zuchtstation »bestellen«, nach Hause nehmen und sie dann nach Belieben großziehen.

Zur Frauen- und Männeremanzipation
Ich weine der patriarchalischen Familie keine Träne nach. Die Machtstellung des Mannes hat uns Männern zwar äußere Privilegien verschafft. Paradoxerweise hat sie uns aber gerade dadurch die Notwendigkeit geraubt, uns sozial weiterzuentwickeln und humaner mit uns selbst, mit Frauen und Kindern sowie mit der Natur umzugehen. Sie hat uns unselige Kriege und die Zerstörung der Umwelt beschert. Erst durch den Niedergang des Patriarchats sehen wir uns gezwungen, uns mit unserem eigenen Geschlecht auseinanderzusetzen.

Deshalb habe ich die Frauenemanzipationsbewegung begrüßt. Sie hat uns die Chance gegeben, unsere männliche Rolle zu überdenken und zu transformieren. Dafür bin ich den Frauen außerordentlich dankbar.

Persönlich dankbar bin ich vor allem meiner Frau, dass sie mich in meiner naiven männlichen Arroganz in die Schranken verwiesen hat, dort, wo ich auf ihrer Würde herumgetrampelt habe. Hätte sie sich nicht gegen meinen unausgesprochenen männlichen

Machtanspruch gewehrt und für sich die gleichen Rechte gefordert, wäre ich derselbe geblieben, der ich vor dreißig Jahren war. Wir haben als Männer der Frauenbewegung unglaublich viel zu verdanken, weil wir erst dadurch die Chance erhalten haben, unsere Männerrolle neu zu überdenken und von unserem Sockel herunterzusteigen. Wenn man auf einem Sockel steht, kann man keine Partnerschaft und keine wirkliche Intimität leben. Wirkliche Nähe zwischen Mann und Frau gibt es nur auf Augenhöhe.

Umso mehr bedauere ich, dass aus der berechtigten Herausforderung der patriarchalischen Machtstellung des Mannes sich bei manchen Frauen eine tiefe Verachtung gegenüber Männern, ja, ein Hass auf Männer entwickelt hat. Ich finde es gut, zornig zu sein und grundlegende Veränderung zu fordern, wo Männerdominanz und Frauenunterdrückung immer noch herrschen. Ich finde es aber nicht gut, wenn dieser Prozess zu einer kategorischen *Abwertung des Mannes* führt. Diese ist als Zwischenschritt durchaus verständlich, kann aber langfristig keine Lösung sein. Dadurch kommen wir weder zu einer Gleichberechtigung zwischen Männern und Frauen noch zu einer Zusammenarbeit der Geschlechter, sowohl im privaten als auch im öffentlichen Raum.

Auch wir Männer verdienen Achtung und Respekt. Keine Hochachtung, aber Achtung. Ich liebe und achte Frauen. Im gleichen Maße möchte ich von ihnen geliebt und geachtet werden. Gerade dort, wo wir unterschiedlich sind, sollten wir uns gegenseitig respektieren und würdevoll behandeln.

Zu Beginn der Frauenemanzipationsbewegung habe ich, wie viele Männer auch, mich selbstkritisch betrachtet und mich für die Unterdrückung der Frau schuldig gefühlt. Dies war ein wichtiger Bewusstwerdungsprozess. Aber wir brauchen uns nicht für immer und ewig in Sack und Asche zu kleiden. Wenn wir unsere Lektion gelernt und die richtigen Konsequenzen daraus gezogen haben, können wir dem anderen Geschlecht erhobenen Hauptes begegnen. Es nutzt weder Männern noch Frauen, wenn aus dem aufgeblasenen Mann von früher ein Zwerg wird. Wir brauchen nur zu unserer normalen menschlichen Größe (gesund-) zu schrumpfen. Selbstliebe und Selbstrespekt ist die Grundlage für die Beziehung zwischen beiden Geschlechter.

Zur Heteronormativität
Ich möchte auch zum häufig gestellten Vorwurf der *Heteronormativität* Stellung beziehen. Wenn ich heute über die Partnerschaft zwischen Mann und Frau spreche und darüber, wie das Verhältnis zwischen Vater, Mutter und Kind verbessert werden kann, wird mir gelegentlich von lesbischer Seite vorgehalten, ich orientiere mich an der heterosexuellen Kernfamilie. Dies ist durchaus richtig in dem Sinne, dass dies mein Erfahrungshorizont ist. Ich verfüge zwar über genügend persönliche und professionelle Erfahrungen mit homosexuellen Frauen und Männern, jedoch keine mit homosexuellen Familien mit Kindern. Ich bin der Meinung, dass Schwule und Lesben die gleichen Rechte und den gleichen Respekt verdienen wie Heterosexuelle. Und ich bin gespannt zu erfahren, wie homosexuelle Paare ihre Familien leben und gestalten. Dies stellt eine der interessantesten Entwicklungen in unserer postmodernen Welt dar. Dabei bin ich, wie oben erwähnt, der Meinung, dass Kinder, die von homosexuellen Eltern großgezogen werden, ein Recht haben, ihren leiblichen Vater beziehungsweise ihre leibliche Mutter zu kennen und mit ihm/ihr Umgang zu haben.

Zu Ein-Eltern-Familien
Ich bin mir außerdem bewusst, dass heute jede dritte Ehe geschieden wird mit der Folge, dass viele Eltern, vor allem Frauen (9 von 10 Alleinerziehenden sind Frauen) gezwungen sind, eine Ein-Eltern-Familie zu führen, mit allen damit verbundenen sozialen und finanziellen Härten. Es gibt zwar Frauen, die sich bewusst für eine Familie ohne einen Partner entscheiden, diese stellen zahlen-

mäßig jedoch nur 20 % aller Ein-Eltern-Familien dar. Die übrigen 80 % leben unfreiwillig als alleinerziehende Eltern.

Ich kann sehr gut verstehen, dass viele von ihnen zornig auf den Ex-Partner sind, der sie mit den Kindern im Stich gelassen (und vielleicht danach eine neue Familie gegründet) hat. Ich kann ihre Bitterkeit verstehen, wenn sie von mir hören, dass es sich lohnt, um den Erhalt einer Partnerschaft und einer Familie zu kämpfen, wo sie bei ihnen doch zerbrochen sind.

Ich bin der Überzeugung, dass viele zerbrochene Familien nicht hätten auseinandergehen brauchen, wenn die Eltern rechtzeitig die erforderliche Hilfe angeboten bekommen und diese in Anspruch genommen hätten. Das ist eines der Hauptziele dieses Buches. Mir geht es zweitens darum, zu verhindern, dass noch mehr Familien auseinanderfallen. Und drittens geht es mir um die restlichen Zweidrittel aller Ehen, die erhalten bleiben: Ihnen wird im heutigen Diskurs viel zu wenig Aufmerksamkeit zuteil, wo es doch zunehmend schwieriger wird, unter den heutigen Lebensbedingungen ein intaktes Familienleben aufrechtzuerhalten.

Deshalb bitte ich alle Leserinnen und Leser, die in anderen Familienformen als der traditionellen heterosexuellen Kernfamilie leben, um Nachsicht, dass ich mich vorwiegend auf dieses Gebiet konzentriere, wo ich mich ausreichend gut auskenne. Ich bitte ebenfalls um Nachsicht, dass ich aufgrund meiner persönlichen und professionellen Erfahrungen relativ kritisch über getrennte Familien, Ein-Eltern-Familien und Stief-(Patchwork-)Familien schreibe. Ich wünsche mir eine lebhafte Diskussion über die Zukunft der Familie.

VIII. ELTERN UND GROSSELTERN

Elternsein im Alter

Die Kinder sind erwachsen, man hat es geschafft.

Hat man es wirklich geschafft? Wann ist man fertig mit dem Elternsein? Eigentlich nie! Es ist eher eine Reise mit vielen Stationen. Eine Station ist erreicht, wenn das Kind die Schule beendet hat und aus dem Haus geht. Aber wie geht es weiter – mit der Ausbildung, mit einer Partnerschaft, mit einer eigenen Familie?

Auch wenn unsere aktive Elternzeit zu Ende gegangen ist, hört die Sorge um unsere Kinder nicht auf. Dabei haben unsere Befürchtungen viel mit dem zu tun, was wir selbst erlebt haben: Wir projizieren leicht das, was uns in unserem eigenen Leben an Unangenehmem zugestoßen ist, auf unsere Kinder. Wir warnen sie dann vor allen möglichen realen und irrealen Gefahren, die ihnen begegnen könnten. Wenn wir uns zu sehr von unseren Befürchtungen leiten lassen, könnten sich diese als Hindernis auf dem Lebensweg unserer Kinder erweisen. Entweder befolgen sie blind unsere Warnungen und bleiben hinter dem zurück, was ihnen das Leben bieten könnte, oder sie trotzen unseren wohlgemeinten Ratschlägen und gehen zu große Risiken ein.

Eine gute Mischung an Vorsicht und Zuversicht ist meist das Richtige. Neben unseren guten Ratschlägen können wir unseren Kindern eine gute Portion Selbstvertrauen mitgeben. Was wir nicht beeinflussen können – und das ist der größere Teil –, müssen wir dem Schicksal überlassen. Wir können unseren Kindern unseren Segen und gute Wünsche mitgeben und dafür beten, dass ein Schutzengel auf sie aufpassen möge.

Nicht, dass wir zu befürchten hätten, als Eltern erwachsener Kinder nichts mehr zu tun zu haben. Auch wenn Kinder volljährig geworden sind, haben sie noch manche Wissenslücken und Unsicherheiten in Bezug auf das Leben draußen in der Welt – angefangen mit der Eröffnung eines eigenen Kontos über die Rezeptur eines Kuchens bis hin zur Absicherung im Alter. In all diesen Dingen ist der Ratschlag der Eltern gefragt. Der Unterschied zu früher besteht nur darin, dass sie sich an die Eltern wenden *können*, aber nicht müssen. Sie sind frei, auch um ihre eigenen Fehler im Leben zu machen. Und wenn wir ehrlich sind, haben wir selbst im jungen Erwachsenenalter jede Menge Fehler und Dummheiten gemacht. Aus Fehlern wird man klug. Das Leben ist der beste Lehrmeister.

Es gibt jedoch Situationen im Leben junger Erwachsener, in denen die Unterstützung der Eltern unbedingt notwendig ist. Eine davon ist eine ungeplante Schwangerschaft, weil eine vorzeitige Familiengründung sehr viel an Unterstützung aus der Herkunftsfamilie erfordert. Wenn das junge Paar nicht sicher ist, ob es das Kind behalten oder abtreiben lassen möchte, geht es um eine Lebensentscheidung mit großer Tragweite. Da kann die behutsame Begleitung von den Eltern sehr hilfreich sein, sofern ein gutes Vertrauensverhältnis besteht.

Eine ähnliche Situation, in der die Eltern dringend gebraucht werden, ist eine Trennung oder Scheidung des jungen Paares, besonders wenn Kinder vorhanden sind. Da hier die junge Familie auseinanderfällt, ist der Halt aus der elterlichen Familie nötig, damit das getrennte Paar sich sortieren und sein Leben neu ordnen kann. In solchen Krisen zeigt sich, wie wichtig der familiäre Zusammenhalt ist. Eine gute Familie ist aufgebaut wie eine Zwiebel, bei der die zarten innersten Schichten durch stabilere Außenschichten gehalten und geschützt werden.

Die Fürsorge für die eigenen Eltern
Heute leben Menschen sehr viel länger als früher. Daher haben viele Eltern erwachsener Kinder noch ihre eigenen alten Eltern, um die sie sich zunehmend kümmern müssen. Dann befinden sie sich in der Generation *dazwischen* – ich habe sie einmal »Zwischengeneration« genannt.[39] Nicht selten freuen sich Eltern auf die Zeit, in der ihre Kinder endlich flügge sind und sie selbst frei werden, nur um dann mit ihren eigenen pflegebedürftigen Eltern konfrontiert zu werden. Diese Aufgabe kann uns schwerer fallen als das Großziehen von Kindern. Diese werden zunehmend selbständiger, während alternde Eltern immer mehr an Zuwendung und Pflege benötigen. So ist eben Familie: Familiäre Beziehungen geben uns Halt. Sie können uns aber auch binden und beschweren.

Wenn die eigenen Eltern alt und pflegebedürftig werden, werden wir noch einmal mit unserer eigenen Geschichte konfrontiert. Denn dann kehrt sich das Eltern-Kind-Verhältnis um: Nun sind es die alten Eltern, die Zuwendung und Pflege von ihren Kindern brauchen. Wenn das Kind einst gut versorgt und liebevoll behandelt worden ist, ist es ein Leichtes, den Eltern das Gleiche an liebevoller Zuwendung zukommen zu lassen. Wurde es jedoch vernachlässigt oder grob behandelt, wird es dem erwachsenen Kind schwer fallen, seine hilflos gewordenen Eltern zu pflegen. Pflege bedeutet Nähe, meist auch intime Nähe. Wenn wir früher von den Eltern grob angefasst worden sind, bleibt diese Erinnerung in unserem Körper bestehen. Daher wird unsere Berührung kaum zärtlich sein, wenn wir ihnen zur Hand gehen müssen.

Hier ergibt sich eine letzte Gelegenheit, unsere Konflikte aus der Kinderzeit mit den Eltern direkt auszutragen. Dies ist eine Chance für die Zwischengeneration. Weiter oben habe ich beschrieben, wie wir an unsere eigene Kindheit erinnert werden, wenn wir selbst Kinder bekommen. Nun werden wir ein zweites Mal mit unserer Vergangenheit konfrontiert, wenn wir Verantwortung für unsere alternden Eltern übernehmen müssen. Statt ihnen aus dem

Weg zu gehen und den Kontakt zu vermeiden, können wir therapeutische Hilfe in Anspruch nehmen, um unsere alten Elternkonflikte zu lösen. Nicht nur unser Verhältnis zu den Eltern lässt sich dabei bereinigen. Auch unsere Kinder werden davon profitieren, denn oft leiden Enkelkinder unter den ungelösten Konflikten zwischen ihren Eltern und den Großeltern.

Wenn wir Großeltern werden

Großeltern zu werden ist eine der beglückendsten Erfahrungen im Leben. Es fühlt sich wie ein Nachhausekommen an. Elternschaft scheint erst dort zu enden, wo die eigenen Kinder ihre eigene Familie gründen und Kinder bekommen. Es handelt sich hier wohl um einen archaischen Prozess: Erst mit den Enkelkindern erfüllt sich für die Großeltern der Generationsauftrag, für Nachkommenschaft zu sorgen – der Fluss fließt weiter und versickert nicht unterwegs.

Wieder wird ein Kind geboren. Hier fängt der Zyklus wieder von vorne an. Wenn wir erleben, wie unsere Kinder selbst Kinder bekommen, sind wir, wie in einer Spirale, wieder am Ausgangspunkt unserer Reise angelangt. Nur sind diesmal nicht wir diejenigen, die Kinder bekommen, sondern unsere Kinder. Die Spirale ist einen Ring weitergerückt. Und wir rücken automatisch eine Generation weiter.

Als Großeltern kann man den Stab an die nächste Generation weitergeben. Es ist nun an der neuen Elterngeneration, die Hauptverantwortung für die Familie zu übernehmen. Nun kann man sich als Großeltern endlich zurücklehnen und sich auf den Ruhestand freuen. Die Aufgabe ist getan.

Neben dieser Freude und Erleichterung gibt es aber noch ein weiteres Gefühl: ein Erschrecken. Man schaut in den Spiegel und sieht plötzlich eine Großmutter beziehungsweise einen Großvater vor sich. Auf einmal scheint man um Jahre gealtert. Das macht das plötzliche Vorrücken in der Generationsfolge aus. Mit einem Mal ist man alt. Nun taucht am Horizont die Endlichkeit des Lebens auf.

Aber noch will man nicht sterben, denn es gibt etwas ganz Aufregendes zu erleben: das Enkelkind, die Enkelkinder. Diese sind für Großeltern einfach eine schier unbeschreibliche Quelle des Glücks. Das hat etwas mit einer »Verdopplung« zu tun: Enkel sind die Kinder unserer Kinder. Diese Verdopplung bringt eine Vertiefung der emotionalen Beziehung mit sich. Weiter oben haben wir bei der Geburt gesehen, wie es uns berührt, wenn wir zum ersten Mal Eltern werden. Vielleicht ergreift es uns noch tiefer, wenn unsere eigenen Kinder Kinder bekommen.

Großeltern werden ganz nötig gebraucht: als Babysitter, als Ratgeber für genervte Eltern, als finanzielles Polster und Babyausstatter. Großeltern zu werden gibt einem alternden Paar, das die Kinder schon aus dem Haus entlassen hat und aus dem Berufsleben ausgeschieden ist, neuen Lebenssinn und frische Lebenskraft. Noch einmal wird man im Leben gebraucht, noch einmal wird man in eine wichtige Position gestellt. Diesmal ist es aber eine stillere Rolle im Hintergrund, eine äußerst dankbare Nebenrolle, in der man die Früchte des Lebens erntet.

Diese Ernte vollzieht sich auf vielerlei Weise. Eine besondere Ernte ist die Möglichkeit, die Zeit der eigenen Elternschaft noch einmal Revue passieren zu lassen. Wenn man die eigene Tochter, den eigenen Sohn mit dem Enkelkind im Arm sieht, wird man unwillkürlich an die Zeit mit den eigenen Kindern erinnert. Bilder steigen hoch, längst vergessen Geglaubtes taucht wieder auf. Glückliche Momente können noch einmal genossen werden. Noch wichtiger ist aber die Möglichkeit, schlimme Momente von damals verarbeiten, die eigenen Fehler und Versäumnisse erkennen und sich eingestehen zu können.

Man kann mit seinem Partner noch einmal über die gemeinsamen Jahre als junge Eltern sprechen und die alten Fotos anschauen. Man kann den eigenen Kindern erzählen, wie es damals mit ihnen als Säuglingen gewesen ist. Man kann ihnen sagen, wie wunderbar sie als Kinder waren – etwas, das sie vielleicht noch nie gehört haben. Man kann sein Bedauern darüber äußern, dass manches damals schief gegangen ist – auch dies ist ein unschätzbares Geschenk an die Kinder. Es ermöglicht beiden Seiten einen Neubeginn. Mit dieser Gelegenheit, Liegengebliebenes noch einmal aufzulesen und zu verarbeiten, verwandeln wir manchen Müll von damals zu einem Schatz.

Goldener Herbst des Lebens.

IX. VATERLIEBE

Mein Vater war ein außerordentlich vitaler Mann. Er konnte nächtelang arbeiten (oder mit Freunden Mahjong spielen), kurz schlafen und am nächsten Morgen frisch aufstehen. Jeden Morgen rannte er 5000 Schritte auf der Stelle (damals kannte man das Joggen noch nicht), bevor er zur Arbeit ging.

Er hatte sein Stammrestaurant in Frankfurt. Es war ein wunderschönes ehemaliges Tanzlokal mit einem riesigen Saal und einer breiten Treppe zu einer Empore, wo früher wohl die Kapelle gespielt hatte. Dort residierte mein Vater wie ein König in seinem Palast. Mein Vater ging gerne von einem Tisch zum anderen und unterhielt sich mit den Gästen. Sein ASIA war sein Stolz, der Hauptsitz seines Imperiums.

Mein Vater hatte die Lokalität von der Stadt Frankfurt gemietet. Ende der 80er Jahre musste die Stadt plötzlich die ganze Häuserzeile verkaufen. Die Häuser hatten früher Juden gehört, von denen man die Immobilien im Dritten Reich konfisziert hatte. Nun meldeten sich die Erben und forderten, dass die Stadt die Häuser verkaufen sollte, um sie auszubezahlen. Mein Vater musste das Restaurant, das er fast 20 Jahre lange betrieben hatte, räumen und bekam nur eine Abfindung dafür.

Gleich darauf erlebte er einen zweiten Schlag. Er hatte nach der Öffnung Chinas in der Heimat investiert, wurde dabei jedoch betrogen. Diese Enttäuschung hatte ihn furchtbar getroffen. Er erholte sich nie mehr davon. In dieser Zeit bekam er eine Gehstörung, später kamen spastische Lähmungen der Extremitäten dazu. Nach einer erfolglosen ersten Operation wurde er 1996 zum zweiten Mal operiert. Drei Tage nach der OP bekam er plötzlich eine

Atemlähmung. Er kam auf die Intensivstation. Durch eine Tracheotomie (Luftröhrenschnitt) brauchte er zwar nicht künstlich beatmet zu werden, verlor aber dadurch seine Sprache. Er lernte, sich mithilfe einer Buchstabentabelle mühsam verständlich zu machen, aber ein Gespräch war nicht mehr möglich. Die meiste Zeit tauschten wir nur Belanglosigkeiten aus. Aber wenn wir ihm erzählten, dass es seinem damals einjährigen Enkelsohn gut ging, lächelte er. So lag er drei qualvolle Monate lang auf der Intensivstation.

Mein Vater hatte zeitlebens Angst vor dem Tod gehabt. Mit sechzig hatte er ganz ernsthaft erzählt: Er habe gelesen, die moderne Medizin werde bald so weit sein, dass man nicht mehr zu sterben brauche. Eines Tages besuchte ich ihn alleine auf der Intensivstation. Nach einer anstrengenden Stunde, bei der ich das Gespräch fast allein geführt hatte, setzte ich mich erschöpft neben sein Bett. Er lag auf der Seite und schaute mir auf gleicher Höhe direkt in die Augen. Da fing er an, ohne Stimme zu sprechen. Ich konnte von seinen Lippen fast jedes Wort ablesen.

Er sagte: »Ich habe keine Angst vor dem Tod. (Dies wiederholte er dreimal.) Ich habe gut gelebt. Es ist alles in Ordnung. Pass gut auf deine Mutter auf.« Meine Tränen liefen. Ich begriff, das war sein Abschied. Nach fünf Minuten, die mir wie eine Unendlichkeit erschienen, sagte er, sachlich, wie gewohnt: »Geh jetzt nach Hause.«

Eine Woche danach starb er.

Zu seiner Beerdigung kamen über hundert Landsleute aus Deutschland, Frankreich und den Beneluxländern. Mein Vater war Erster Vorsitzender des Chinesischen Auslandsvereins gewesen und war von seinen Landsleuten hoch geehrt.

Er liegt auf dem Dorffriedhof, einen Steinwurf vom Kindergrab seines Enkels entfernt, unseres Sohnes David, der neun Jahre zuvor verstorben war. Bei dessen Beerdigung hatte er sehr geweint – es war das einzige Mal, dass ich meinen Vater habe weinen sehen. Nun liegen sie in Sichtweite voneinander.

Unser Sohn David war unser zweites Kind. Er wurde 1987 mit einem Herzfehler geboren, ein Jahr nach der Reaktorkatastrophe von Tschernobyl. Die Hebamme sagte, in dieser Zeit seien viele Kinder mit Krankheiten und Missbildungen geboren. Fünf Tage nach seiner Geburt musste sein Blut wegen einer Gelbsucht in der Kinderchirurgie ausgetauscht werden. Ich durfte dabei sein und seine Hand halten. Nach diesem Eingriff besuchte ich ihn in der Mittagspause im Krankenzimmer und legte mich zum Mittagsschlaf mit ihm auf meinem Bauch schlafend auf den Boden.

Wir hatten ziemliche Probleme mit den Ärzten in der Kinderklinik. Einmal hatte uns der Professor so schroff abgefertigt, dass ich mir jedes weitere Wort verbat und ihn des Zimmers verwies.

David kam nach Hause. Wir hatten zwei fast beschwerdefreie Monate mit ihm. Er wurde von allen, vor allem von seiner Schwester, sehr geliebt. Mein Vater und meine Mutter waren so stolz auf ihren ersten Enkelsohn.

Ich denke oft mit Bedauern an David. Als meine Frau mit ihm schwanger war, arbeitete ich gerade wie ein Besessener an der Vorbereitung eines Vortrages zum Thema Tschernobyl, sodass ich kaum Zeit für meine Frau hatte, die mich in dieser Zeit sehr gebraucht hätte. Bei Davids Geburt erkannte ich sofort, dass er krank war. Ich erschrak. Instinktiv dachte ich: Er erinnert mich an mich selbst als Kind.

Meine Frau liebte David vom ersten Augenblick an. Ich aber hatte lange ein distanziertes Verhältnis zu ihm, obwohl ich mir immer wieder sagte, er ist doch genauso mein Kind wie seine ältere Schwester, die ich gleich nach der Geburt ins Herz schließen konnte. Früh morgens kümmerte ich mich um ihn, damit meine Frau etwas ausschlafen konnte. Meist war er friedlich, besonders wenn ich mit ihm in den sommerlichen Garten ging. Der Mohn blühte. Die Vögel sangen. Eines Morgens jammerte er aber unaufhörlich. Ich wollte meine Frau nicht aufwecken und schaukelte ihn immer heftiger. Er hörte aber nicht auf. Schließlich weckte ich meine Frau. Sie zog ihn aus und entdeckte einen Leistenbruch. Er wurde noch am selben Tag operiert. Die OP ging gut aus. Aber ich machte mir schwere Vorwürfe, weil ich dachte, mein heftiges Schaukeln hätte vielleicht den Leistenbruch ausgelöst oder zumindest begünstigt.

Ich habe aber auch schöne Erinnerungen an David. In diesem kurzen Sommer ging es ihm gut. Er wuchs und gedieh. Meine Frau hat Fotos gemacht, auf denen zu sehen ist, wie David auf meinem Bauch saß, mich anlachte und an meinen Fingern knabberte. Er konnte sitzen wie ein Buddha, mit ganz aufrechtem Rücken.

Im Herbst verschlechterte sich sein Zustand. Meine Frau brachte ihn zum Deutschen Herzzentrum nach München, während ich bei unserer Tochter zuhause blieb. Sie wurde gerade eingeschult. Die erste OP misslang. Sein Zustand verschlechterte sich. Die Ärzte entschieden sich für eine zweite Operation. Er starb vier Tage danach, ohne aufzuwachen. Er wurde nur sieben Monate alt. Es war Vollmond.

Kurz vor der zweiten OP fuhr ich mit unserer Tochter ebenfalls nach München. Wir blieben dort bei einer Verwandten meiner Frau. Meine Frau und ich wechselten uns auf der Kinderstation ab. Ich fütterte ihn abends. Es war für ihn eine Qual, da es ihn sehr anstrengte. Aber drei Abende lang wurde er nach dem Füttern ganz ruhig. Er saß, mit dem Schnuller im Mund, auf meinem Schoß und schaute mir direkt in die Augen, ganz ernst und still, minutenlang. Nach seinem Tod begriff ich, er hatte auf diese Weise Abschied genommen.

Ein Freund, der uns damals liebevoll begleitete, fragte nach seinem Tod Aya Kema, eine buddhistische Lehrerin, warum er habe so leiden müssen. Sie antwortete, er sei eine hoch entwickelte Seele gewesen, die nur noch kurz auf die Erde musste, um seine Bestimmung zu vollenden.

Tagebucheintrag vom 3.10.2014: »*Ich wache auf aus einem Traum: Ich bin Krankenhausarzt auf der Station, wo David auch behandelt worden ist, und muss meine Unterlagen für das Jahr 1987 (sein Geburts- und Todesjahr) für einen Abschlussbericht abgeben. Seine Akte liegt auch dabei. Ich sage entschuldigend zu meinen jungen Kollegen, in jenem Jahr konnte ich nur wenig arbeiten.*

Die jungen Kollegen zeigen viel Verständnis für mich. Eine jüngere Kollegin sagt, der damalige Chefarzt habe damit geprahlt, er würde die Operation, die sie an David durchgeführt haben, tausende Male im Jahr machen. Das habe überhaupt nicht gestimmt.

Als ich aufwache, habe ich Mühe, mich zurückzufinden. Ich fühle mich immer noch wie ein Krankenhausarzt (obwohl ich 1987 in der Realität als niedergelassener Psychotherapeut gearbeitet habe). Da wird mir bewusst, wie belastend es für mich gewesen ist, dass ich Davids Krankheit und Behandlung nicht nur aus der Perspektive des Vaters erlebt habe, sondern auch aus dem Blickwinkel des Arztes. Mich als Vater <u>und</u> Arzt zu fühlen, mich in zwei diametral entgegengesetzte Rollen zu spalten, in die des mitleidenden Vaters und die des objektiven, distanzierten Arztes, war einfach zu viel.

Ich spüre meine Trauer und Verzweiflung angesichts Davids Krankheit und Tod. Spontan stelle ich mir, noch im Bett liegend, vor, dass ich mich in die Arme meines Vaters kuschele. In meiner Vorstellung nimmt er mich liebevoll in den Arm. Mir kommt dabei die Erinnerung, wie mein Vater am Grab von David so getrauert hat. Da wird mir bewusst, dass auch mein Vater in seiner Familie schwere Verluste erlebt hat: Er konnte nicht bei seinen Eltern sein, als sie starben. Sein Großvater verstarb, als sein Vater noch ein Kind war. Ich spüre die Lücken in meiner väterlichen Linie.

Ich habe das dringende Bedürfnis, dass wir uns alle in den Arm nehmen: Ich im Arm meines Vaters, er im Arm seines Vaters, dieser im Arm seines Vaters, und so weiter. Wir liegen wie in einer großen spiralartigen Traube dicht umeinander. Es ist warm. Ich fühle mich geborgen.

Da spüre ich auf einmal meinen Sohn David im Arm – und er strahlt mich an! Ich habe noch gut in Erinnerung, wie er mich kurz vor seinem Tod skeptisch-distanziert angeschaut hat. Und nun strahlt er mich an. Wie ein Kind seine Mutter anstrahlt, wenn es in ihren Armen liegt.

Mit meinen väterlichen Vorfahren um mich kann ich nun meinen Sohn im Arm halten. Wir schauen uns liebevoll und glücklich an. Endlich bin ich ganz Vater. Endlich ist er ganz mein Sohn. Ohne Wenn und Aber. Ohne Skepsis oder Distanz zwischen uns. Wir sind in der väterlichen Linie vollständig geworden.«

Vaterliebe – was sie so kostbar und einzigartig macht

Obwohl mein Vater nun schon zwanzig Jahre tot ist, entwickelt sich unsere Beziehung immer weiter. In dem Maße, wie ich älter und ihm äußerlich immer ähnlicher werde, reichert er sich innerlich in mir an. Ich habe weiter oben beschrieben, wie ich ihn als Kind vermisst habe. Im Laufe der Jahre bin ich ihm immer näher gekommen. Zuletzt habe ich seine Liebe unmittelbar gespürt.

Es war auf einem Familienaufstellungsseminar eines Kollegen, an dem ich teilnahm. Ich stellte meine Frau und meine Eltern auf. Die Stellvertreterin meiner Mutter sank gleich kraftlos zu Boden. Sie war nicht an mir interessiert, sondern mit sich selbst beschäftigt. Dann bat Ich einen Mann, Stellvertreter für meinen Vater zu sein.

Als ich ihn an den Händen fasse, schaut er mich an und sagt spontan: »Ich schaue dich an und spüre, dass ich dich liebe!« Ich breche in Tränen aus. Das ist das erste Mal, dass ich von meinem Vater (in der Gestalt seines Stellvertreters) höre, dass er mich liebt. Ich weine und lehne mich an seine Brust. Dann werde ich kleiner und sinke vor ihm nieder. Er hält mich. Ich werde noch kleiner und setze mich an seine Beine auf den Boden. Er setzt sich hinter mich und hält mich umschlungen. Ich fühle seine Wärme im Rücken.

Ich fühle mich geborgen. Ich darf klein sein. Hier ist es gut. Hier bin ich richtig.

Mein Vater bittet mich um Verzeihung, dass er lange nicht bei mir gewesen ist. Ich antworte, das ist OK. Ich bin ja auch nicht viel bei meinen Kindern gewesen. Vor 60 Jahren waren die Zeiten anders als heute. Heute kann ich anders Vater für meine Kinder sein als er es vor 60 Jahren konnte.

Die Stellvertreterin meiner Frau setzt sich nun links neben mich. Sie schaut mich liebevoll an und sagt, sie bleibe bei mir. Mein Vater sagt: Ich könne mir Zeit lassen, ich brauche mich nicht zu beeilen. Ich bitte meine Frau, die Hand auf mein Herz zu legen. Ich schließe meine Augen und spüre, wie ich innerlich langsam wachse. Ich werde 14, dann 18, dann 21. Nun bin ich erwachsen. Mein Vater sagt mir, jetzt brauche ich ihn nicht mehr. Er steht auf und setzt sich zu meiner Mutter und sagt mir: Er sorge für sie. Ich könne meiner Wege gehen.

Ich stehe auf, verabschiede mich von Vater und Mutter und gehe mit (der Stellvertreterin) meiner Frau aus dem Raum. Seit dieser Familienaufstellung kann ich die Liebe meines Vaters in mir spüren, wann und wo immer ich bin.

Vaterliebe ist, neben der Mutterliebe, das Kostbarste auf der Welt. Sie lässt den Sohn voll zum Mann heranwachsen und macht ihn fähig, ein ganzer Mann zu sein. Sie gibt ihm die Kraft, im Leben seinen Mann zu stehen. Sie gibt ihm eine selbstverständliche männliche Ausstrahlung, ohne dass er sich größer zu machen braucht, als er ist. Er ist sich Mann genug. Sie gibt ihm ein natürliches Selbstbewusstsein, gepaart mit Bescheidenheit und Demut.

Vaterliebe gibt einem Mann eine natürliche Autorität gegenüber anderen Männern, sodass er von diesen in der männlichen Gemeinschaft willkommen geheißen und geachtet wird. Vaterliebe macht einen Mann attraktiv gegenüber dem anderen Geschlecht. Er kann Frauen lieben und respektieren. Er kann sich ebenfalls von Frauen respektieren und lieben lassen.

Vom eigenen Vater geliebt zu sein, gibt einem Mann die Kraft, für seine eigenen Kinder da zu sein. Er kann seine Aufgaben als Vater wahrnehmen, ohne sich überanstrengen zu müssen. Er kann sich seiner Kinder erfreuen und dankbar für dieses Geschenk des Lebens sein.

Vaterliebe verleiht einem Mann Kraft und Engagement in seinem Beruf und gibt ihm die Fähigkeit, alle seine Potenziale auszuschöpfen. Sie lässt ihn auch seine Grenzen erkennen, sodass er sich nicht überdehnt und sich nicht verausgabt. Er muss sich nicht überanstrengen, um das Maximum aus sich herauszuholen. Was er macht, ist ihm genug. Er kann sich über Erfolge freuen. Gleichzeitig hauen ihn Misserfolge nicht um.

Er bewegt sich mit natürlicher Grazie durchs Leben, denn er fühlt sich wohl in seiner Haut. Er muss seine Haut nicht zum Markte tragen. Er kann öffentliches Interesse zulassen, ohne sich darauf etwas einzubilden. Ebenfalls kann er es genießen, wenn er in die Menge eintaucht und ein Teil des Ganzen ist.

Vaterliebe lässt einen Mann in einer selbstverständlichen Verbindung mit der Welt stehen. Er fühlt sich als eigenständiges Individuum, gleichzeitig aber auch als Teil eines größeren Ganzen, und als solcher fühlt er sich mit seiner natürlichen Umwelt und anderen Menschen verbunden und vernetzt. Darin gibt er anderen gerne und erfüllt er seine selbstverständlichen Pflichten. Genauso nimmt er dankbar an, was seine Umwelt ihm anbietet und schenkt. Er steht in einem natürlichen Austausch mit ihr, im Geben wie im Nehmen.

Wieso kann Vaterliebe einem Mann so viel geben?
Dies kommt daher, weil sie ihm seine männliche Identität gibt. *Vaterliebe ist die Quelle männlicher Identität.* Ein Mann wird erst zum Mann, wenn er von seinem Vater als Sohn gesehen und erkannt, gewürdigt und geliebt wird.

Der Vater steckt in jeder Zelle seines Körpers in ihm. Er bildet sein Äußeres und Inneres ab, ohne dass er dem Sohn seine Individualität nimmt. Ein liebender Vater erkennt seinen Sohn als seinen Nachkommen, gleichzeitig nimmt er ihn als eine eigenständige Person wahr. Vom Vater in dieser Gleichheit und Unterschiedlichkeit erkannt und angenommen zu werden, gibt dem Sohn das Gefühl *generationsübergreifender Kontinuität* – er ist Teil einer langen Reihe männlicher Vorfahren – und gleichzeitig das Gefühl der *Einzigartigkeit* – er ist eine unverwechselbare, nie da gewesene Person und Persönlichkeit.

Durch die Augen des Vaters fühlt sich der Sohn von seinen Vorvätern gesehen, geliebt und wertgeschätzt. Er kann voll im *Jetzt* stehen, wohl wissend, dass er nun dran ist, die männliche Generationsfolge fortzusetzen und auf seine Weise zu gestalten. Und dies tut er in Demut, da er weiß, dass er nur der jüngste Spross eines Stammbaumes darstellt. Gleichzeitig tut er es mit dem gesunden Selbstbewusstsein, dass er es ist, der die Gegenwart prägt. Er wird die Tradition seiner Väter fortführen, dieser aber seinen eigenen Stempel aufdrücken, in Anpassung an seine Zeit und das, was das Heute ihm an Herausforderungen stellt und an Möglichkeiten bietet.

Wenn ein Mann sich wirklich von seinem Vater geliebt und gesehen fühlt, wird er sich auch ohne schlechtes Gewissen in Widerspruch zu diesem stellen können. Er wird den Vater und sich selbst in ihrer Unterschiedlichkeit, vielleicht sogar in ihrer Gegensätzlichkeit respektieren können, ohne die innere Verbindung zum Vater leugnen und aufgeben zu müssen. Er weiß, dass der Vater auch hinter ihm steht, selbst wenn er sich anders entwickelt, als der Vater es sich wünscht.

Vatersein ist etwas ewig Werdendes, nie Fertiges

Vatersein ist etwas ewig Werdendes, nie Fertiges. Wenn wir meinen, Väter müssten stark, klug und unerschütterlich sein, ist dies nur ein Ideal. Wenn wir meinen, als Eltern perfekt sein zu müssen, ist es nur die Identifikation mit einem Idealbild. Genauso wie unsere Kinder sich immer weiterentwickeln, wachsen wir langsam, Stück für Stück, Ring für Ring (wie ein Baum) zu Eltern heran. Wir müssen immer wieder neu lernen, Vater und Mutter zu sein, auch im Alter.

Am Anfang haben wir nur das Vorbild der eigenen Eltern, wie sie einmal vor vielen Jahren als junge Väter und Mütter gewesen sind. Wir ahmen sie nach. Aber das war Elternsein vor 20, 30 oder 40 Jahren. Wir leben heute unter ganz anderen Bedingungen. Und wir können sehen, dass sich auch unsere Eltern in diesen Jahren weiterentwickelt haben. Sie sind vielleicht klüger, bescheidener, selbstkritischer und weiser geworden. Ich sehe meine Eltern heute mit ganz anderen Augen an als vor 20, 30 und 40 Jahren. Und ich hoffe, dass sich meine Beziehung zu unseren Kindern ebenfalls weiterentwickelt.

Was ich mir wünsche

Draußen ist Winter. Aus dem Fenster unserer Ferienwohnung in Tirol schaue ich auf das Haus gegenüber. Im Garten tauchen plötzlich Mickey-Maus-Ohren auf. Ich schaue genauer hin: Es ist ein kleines Mädchen, vielleicht drei Jahre alt, das eine Mickey-Maus-Mütze anhat. Es sitzt auf einem mannshohen Schneeberg. Dann ist es auf einmal weg – es ist eine 10-Meter-lange Schlittenbahn hintergerutscht, bis zu den Füßen seines Vaters, der Schnee schippt und ihm zulacht. Dann nimmt es seinen Schlittenteller und steigt wieder auf den Schneeberg, um nochmals hinunterzurutschen. Der Vater hat mit seinen Kindern diese unglaubliche Schlittenbahn tatsächlich im Garten aufgebaut! Später sehe ich das Mädchen mit seinem Vater Schneebälle auf das Garagentor werfen. Sie lachen.

Seufzend sage ich zu meiner Frau: »Ich wünschte, mein Vater hätte so was mit mir gemacht ...«

Ich wünsche mir,

- dass Väter um die kostbare Zeit wissen, die sie mit ihren kleinen Kindern haben und diese nutzen, um mit ihnen zusammen zu sein, gleichgültig, wie viel sie sonst zu tun haben.
- dass Väter sich keine Sorgen darüber machen, wie sie ihre Kinder erziehen oder was ihnen beibringen sollen. Sie brauchen nur da zu sein und offen zu sein für alles, was im Augenblick zwischen ihnen und ihren Kindern passiert. Die Kinder werden ihnen schon zeigen, was sie mit dem Vater machen möchten und was sie von ihm brauchen.
- dass Väter sich ihrer Vorbildfunktion ihren Kindern gegenüber bewusst sind: als Mensch, als Mann, als Liebespartner ihrer Mutter, als Vater, als Autorität.
- dass Väter sich ihrer Verantwortung als Identifikationsfigur für ihre Söhne und als erstes Liebesobjekt für ihre Töchter bewusst sind.
- dass Väter materiell gut für ihre Frauen und ihre Kinder sorgen.
- dass Väter ihre Frauen und ihre Kinder schützen.
- dass Väter sich ihrer Erziehungsfunktion bewusst sind und diese wahrnehmen.
- dass Väter ihre Kinder bei Bedarf auch vor der Mutter schützen.
- dass Väter selbst Spaß am Leben haben, dass sie ein erfülltes Leben führen, dass sie glücklich sind und dieses Glück mit ihren Kindern teilen.
- dass Väter sich bewusst sind, welch kostbares Geschenk ihnen ihre Partnerin macht, wenn sie ihre Kinder gemeinsam bekommen und großziehen und dass sie sich dieses Geschenks würdig erweisen: Vater zu sein ist nicht nur eine Last, sondern ein Privileg.
- dass Väter die Verantwortung für die Kinder und die Familie mit ihrer Partnerin teilen.
- dass Väter ihre Partnerin lieben und achten, sodass die Kinder merken, dass die Eltern miteinander glücklich sind.

- dass Väter wissen, dass Vater zu sein möglicherweise die größte Herausforderung ihres Lebens ist und dass dies aber gleichzeitig das größte Glück für einen Mann ist.
- dass Väter wissen, dass sie nicht perfekt zu sein brauchen, dass sie auch nur Menschen sind und als solche Fehler machen dürfen und dass sie aus ihren Fehlern lernen können.
- dass Väter wissen, dass das Vatersein ein lebenslanger Lern- und Entwicklungsprozess ist.
- dass Väter begreifen, dass Vater zu sein sie unausweichlich mit der Beziehung zu ihrem eigenen Vater, der Beziehung zu ihrer eigenen Mutter und ihrer Familiengeschichte konfrontiert und dass sie den Mut haben, sich dieser Konfrontation zu stellen, damit sie selbst gute Väter werden.
- dass Väter wissen, dass sie in diesem Vorwärts- und Rückwärtsschauen einen Transformationsprozess vollziehen, der sie, als Vater und als Sohn, ein ganzer Mann werden lässt.

Ich wünsche mir,
- dass Mütter und Väter ihre Kinder in Liebe zeugen.
- dass Mütter sich ihrer Bedeutung und ihres Wertes als Mutter bewusst sind, ebenso wie sie sich der Bedeutung und des Wertes des Vaters für die gemeinsamen Kinder bewusst sind.
- dass Mütter sich ihrer Verantwortung bewusst sind, den Vater in die Familie aufzunehmen und zu integrieren.
- dass Mütter den Vater ihrer Kinder lieben und respektieren.
- dass Mütter weder sich selbst noch dem Vater mehr Gewicht in der Erziehung ihrer Kinder beimessen, sondern dass sie sich die Verantwortung gleichberechtigt und gleichgewichtig mit dem Vater teilen.
- dass Mütter sich das Recht nehmen, während der Schwangerschaft, der Geburt und der Stillzeit ganz dem Kind zu widmen und von dem Mann und Vater zu fordern, dass er seine persönlichen Interessen in dieser Zeit zurückstellt und ihr und

dem Kind Fürsorge und Schutz bietet, so wie auch sie ihre persönlichen Interessen zurückstellt, um ganz fürs Kind da zu sein.
- dass Väter und Mütter nach dem Erwachsenwerden ihrer Kinder sich als Paar in ihrer Zweisamkeit neu einrichten, damit sich die Kinder keine Sorgen um sie zu machen brauchen.

Ich wünsche mir:
- eine kinder-, familien- und elternfreundliche Gesellschaft, in der Eltern und Kinder respektiert und wertgeschätzt werden; in der Alte wie Junge, Kinderlose wie Eltern gemeinsam für den Nachwuchs sorgen; in der junge Eltern materielle wie mitmenschliche Unterstützung von der Gemeinschaft erfahren, damit sie ihre elterliche Aufgabe in Ruhe erfüllen können.
- eine Gesellschaft, in der Konflikte innen und außen friedlich gelöst werden, damit Kinder ohne Angst aufwachsen können.
- eine Gesellschaft, in der die Natur, die Umwelt und die Ressourcen achtsam behandelt werden, damit auch künftige Generationen ein menschenwürdiges Leben führen können.

Wenn wir am Ende dieses Buches die Vielfalt an Aufgaben überblicken, die ein Vater gegenüber seinen Kindern hat, könnte man mutlos werden. Wie soll ein Vater bloß all dies schaffen?

Man könnte angesichts dieser Herausforderungen versucht sein, die guten alten Zeiten herbeizusehnen, in denen die patriarchalische Ordnung herrschte und die Stellung des Mannes und Vaters außer Frage stand. Aber dann gäbe es keine richtige Nähe für den Mann und Vater, weder zu seiner Frau noch zu seinen Kindern. Herrschaft und Dominanz vertragen sich nicht mit wirklicher Nähe und Intimität. Wirklich nahe kann ich nur sein, wenn ich es wage, meinen Panzer auszuziehen und mich nackt zu zeigen. Lieben geht nur von Herz zu Herz, ohne Panzer dazwischen. Deshalb macht Lieben verletzlich. Wenn wir lieben, wenn wir wirkliche Nähe zulassen, machen wir uns verletzlich.

Darin liegt auch das Wagnis der Vaterliebe, sowohl vonseiten des Vaters als auch des Kindes. Wenn mir als Vater ein Kind wirklich am Herzen liegt, wird es mir wehtun, wenn ich merke, dass es leidet. Ich werde besorgt sein, wenn es krank wird. Ich werde mit ihm bangen, wenn es auf seinen Weg ins Leben aufbricht. Ich werde mich nach ihm sehnen, wenn es von mir weggeht. Wenn ich meinen Vater liebe, wird es mir ebenfalls wehtun, wenn ich sehe, wie er alt und gebrechlich wird. Ich werde mich mit ihm über seine Erfolge freuen und seine Misserfolge bedauern. Ich werde weinen, wenn er weggeht. Ich werde trauern, wenn er stirbt.

Lieben bedeutet tatsächlich auch Leiden. Aber es gibt nichts, das uns mehr erfüllt, nichts, das uns mehr beglückt als die Liebe. Ein Kind zu bekommen, es großzuziehen, ihm in seinem Werden zu begleiten, ist das größte Glück, das einem Mann und einer Frau zufallen kann. Ich würde sogar behaupten, es macht glücklicher als Liebesglück. Bei letzterem ist es der Gleichklang der Seelen, die Woge der Leidenschaft, das Gefühl, füreinander geschaffen zu sein, das uns erfüllt. Beim Elternglück ist es das Beschützen und Behüten, die Freude am Werden eines anderen Geschöpfes und schließlich das Entlassen in die Zukunft, das uns beseelt. Und es ist ein wundervolles Geschenk, wenn beiderlei Glück aufeinander aufbauen und auseinander hervorgehen können und dürfen.

Wir sind nun am Ende der Begegnung mit dem Vater angelangt.

Die Taiji Quan-Form schließt mit der Figur »den Tiger umarmen« ab.

Der Tiger gilt in der chinesischen Mythologie als das stärkste Tier auf Erden, das den Menschen Furcht und Respekt einflößt. Der Tiger lebt normalerweise zurückgezogen in den Bergen. Aber wenn er auftaucht, geht ihm ein besonderer, unheimlicher Wind voraus, der seine Ankunft ankündigt. Dann fällt er wie aus dem Nichts über sein Opfer her. Danach verschwindet er genauso leise wie er gekommen ist.

In der Taiji Quan-Form kommt die Figur »den Tiger umarmen« dreimal vor. Bei den beiden ersten Malen umarmen wir zwar den Tiger, aber wir schicken ihn gleich wieder zurück in die Berge. Er soll dorthin zurückgehen, woher er gekommen ist. Erst beim dritten und letzten Mal, nachdem wir durch alle möglichen Begegnungen mit dem unsichtbaren Partner/Gegner gegangen sind, nehmen wir den Tiger fest in den Arm und schließen ihn in unser Herz.

Mit dem Tiger umarmen wir sowohl unseren Vater als unser kraftvollstes Gegenüber als auch den Tiger in uns selbst: *My Father, My Self.*

Empfehlungen an Väter

- Liebe und respektiere die Mutter deiner Kinder, egal ob Ihr zusammen oder getrennt lebt. Ihr seid zusammen die Grundlage für die Identität Eurer Kinder und der »tragende Balken« in ihrem gesamten Leben, auch in ihrem erwachsenen Leben.

- Liebe und respektiere Dich selbst. Du ist eine der beiden tragenden Säulen für Deine Kinder.

- Liebe und respektiere Deine Kinder. Sie gehen aus Dir und Deinen Vorfahren hervor, aber sie sind vor allem sie selbst als eigenständige Personen, mit ihren eigenen Wünschen, Bedürfnissen und Sehnsüchten.

- Erziehe sie durch Dein Vorbild. Was Du nicht selbst erfüllst, verlange nicht von Deinen Kindern. Wenn Du Dein Leben gut lebst, werden auch Deine Kinder ihr Leben gut leben.

- Verzeihe Dir für Deine Fehler. Bekenne Dich zu Deinen Fehlern, auch gegenüber Deinen Kindern, lerne aus ihnen und mache es besser. Geißle Dich nicht mit lebenslangen Schuldgefühlen, sondern lasse sie los, wenn Du sie angenommen und von ihnen gelernt hast.

- Verzeihe auch anderen ihre Fehler: Deinen Eltern, Deiner Frau, Deinen Kindern. Irren ist menschlich.

- Sei für Deine Kinder da. Du musst nicht viel für sie machen. Sei einfach da und schenke ihnen Deine Aufmerksamkeit, wenn sie sich Dir zuwenden. In diesem Augenblick sind sie das Wichtigste, nicht Dein eigenes Anliegen oder Interesse. Wenn Du einfach da bist und Dich ihnen hundertprozentig zuwendest, können sie satt werden und dann von sich aus ihren Weg weitergehen.

- Pflege den Kontakt mit Deinen Kindern. Sie brauchen Deine Gegenwart und Deine Aufmerksamkeit. Sei aber achtsam bezüglich ihrer Reaktion auf Deinen Kontakt. Respektiere ihre Grenzen und ihren Abstand, wenn sie es Dir signalisieren.

- Sei Dir Deiner Macht gegenüber Deinen Kindern bewusst. Du bist ihre größte Autorität. Wenn sie klein sind, bist Du der größte, kräftigste und klügste Mensch der Welt. Du musst sie nicht mit Samthandschuhen anfassen, sei aber achtsam und behutsam. Du bist ihr größter Schutz. Gleichzeitig kannst Du ihre größte Bedrohung und Quelle der Angst sein, wenn Du Dich gegen sie wendest.

- Sei Dir auch dessen bewusst, dass Deine Macht und Dein Einfluss abnehmen werden, wenn Deine Kinder größer und erwachsen werden. Du bist immer noch wichtig, aber nicht mehr der Wichtigste.

- Sei dankbar für das, was Du mit Deinen Kindern erlebt hast. Pflege mit ihnen die gemeinsamen Erinnerungen.

- Kinder brauchen manchmal räumlichen und menschlichen Abstand von ihren Eltern, um sich selbst zu finden. Zeige Verständnis dafür, behalte aber Deine Liebe und Aufmerksamkeit für sie.

- Sei gewiss, dass Deine Kinder Dich lieben, egal, ob sie sich mal trotzig, motzig, abwehrend und desinteressiert zeigen. Du bist, neben ihrer Mutter, der wichtigste Mensch für sie.

- Sei der Liebe Deiner Kinder würdig. Verhalte Dich so, wie Du es Dir von Deinen eigenen Eltern wünschst oder gewünscht hättest.

- Jedes Kind ist einzigartig. Behandle jedes Kind entsprechend seiner Persönlichkeit und seiner Eigenart.

- Verbringe mit jedem Kind Zeit, die Du nur ihm schenkst und unternimm etwas, was nur Ihr beide teilt.
- Tritt nicht immer nur gemeinsam mit der Mutter der Kinder auf. Sei immer wieder alleine mit dem Kind, ohne ihre Mutter. So erfahren sie, dass Du eine eigenständige Person bist, nicht nur Anhängsel der Mutter. Ihr habt eine gemeinsame Autorität, aber Ihr habt jede/r für sich auch eine eigene Autorität.
- Respektiere Deine Frau in Erziehungsfragen, aber vertritt auch Deine eigenen Ansichten. Erst in der Synthese beider Standpunkte findet Ihr das Beste fürs Kind heraus. Seid solidarisch miteinander, aber seid auch kontrovers. Hört Euch auch die Meinung der Kinder an, wenn Ihr zu zweit nicht zu einer gemeinsamen Lösung kommt.

Anmerkungen

[1] Aus: Thich Nhat Hanh: *Nenne mich bei meinen wahren Namen.* Ausgewählte Gedichte. MensSana, 2010.
[2] Mehr zum Thema Scham siehe das Buch von Brigitta de las Heras und mir: *Scham und Leidenschaft.* Tredition, 2014.
[3] Zum Thema Transparenz und Wahrhaftigkeit empfehle ich das Büchlein von Otto Friedrich Bollnow: *Wesen und Wandel der Tugenden.* Frankfurt 1973, auch in: Wickert, Ulrich: *Das Buch der Tugenden,* Hoffmann und Campe, 1995.
[4] Alexander Mitscherlich: *Auf dem Weg zur vaterlosen Gesellschaft. Ideen zur Sozialpsychologie.* Erstveröffentlichung 1963.
[5] Zur Arbeitsweise von Familienaufstellungen: Familienaufstellungen finden in einer Gruppe statt. In Familienaufstellungen können Familienangehörige, auch solche aus früheren Generationen, durch Gruppenmitglieder dargestellt werden. Diese Stellvertreter können, auf unerklärliche Weise, die Gefühle und Gedanken der Person, die sie repräsentieren, erspüren und wiedergeben. Dadurch gewinnen wir einen Einblick in die familiäre Vergangenheit. Wenn die Eltern oder Großeltern Konflikte oder Traumata erlebt haben, können diese in der Aufstellung sichtbar gemacht und symbolisch gelöst werden. Dadurch können die heute lebenden Kinder und Enkelkinder von den Belastungen ihrer Eltern und Großeltern erlöst werden. (Näheres zum Familienstellen siehe zum Beispiel mein Buch: *Neugeburt einer Familie. Familienstellen in der Gestalttherapie.* Peter Hammer, 2008.)
[6] Klaus-Peter Kolbatz: *Kriegskinder – Bombenhagel überlebt, Karriere gemacht und mit Burn-out bezahlt.* Books on Demand, 2005.
[7] Elisabeth Lippert/Claudia Keppel: *Deutsche Kinder in den Jahren 1947–1950, Beitrag zur biologischen und epochalpsychologischen Lebensalterforschung,* in: Schweizerische Zeitschrift für Psychologie 9, 1950, zitiert nach Barbara Stambolis: *Töchter ohne Väter. Frauen der Kriegsgeneration und ihre lebenslange Sehnsucht.* Klett-Cotta, 2012. Seite 71.
[8] Quelle: www.theologische-links.de
[9] Aus: www.Aphorismen.de

[10] In Wikipedia steht über die psychischen Auswirkungen des Testosterons: »Eine systematische Übersichtsarbeit zur Beziehung zwischen Testosteron und antisozialem Verhalten ergab, dass ein hoher Testosteronspiegel zu einer beeinträchtigten Regulation emotionaler und motivationaler Prozesse, geringerer sozialer Sensibilität und starker Belohnungsmotivation führt. Ob sich das in antisozialem Verhalten äußert, hängt jedoch von einer Reihe sozialer und genetischer Faktoren ab. (...) Einzelne Untersuchungen kommen zu dem Ergebnis, dass Testosteron dissoziales Verhalten wie egozentrische Entscheidungen fördert und kognitive Empathie verringert.«

[11] »Klinisch gibt es inzwischen Hinweise auf die verschiedensten positiven Effekte der Östrogene, insbesondere des 17-β-Estradiols auf das psychische Befinden. Vermutet wird u. a. eine antipsychotische Wirkung (Reviews [13, 14]), eine Verbesserung affektiver Symptome (Reviews [13, 15]), eine Reduktion aggressiven und suizidalen Verhaltens [16] (Review [14]), eine stressprotektive Wirkung [17, 18] sowie eine Verbesserung kognitiver Funktionen (Reviews [3, 19]). Fink et al. bezeichneten die Östrogene wegen dieser zahlreichen positiven Effekte als ›Psychoschutz der Natur‹ [20] (Tab. 1)« Aus: A. Riecher-Rössler: *Psychoprotektive Effekte von Östrogenen,* Journal für Neurologie, Neurochirurgie und Psychiatrie, 2011: 12(2).

[12] Bärbel Wardetzki, die viel über den weiblichen Narzissmus geforscht hat, nennt ein solches Zusammenspiel zwischen den Geschlechtern »Eitle Liebe« (so der Titel eines ihrer Bücher).

[13] Cartoon von Charles Schulz vom 16.11.1993, aus: Schulz, Charles M.: *The Complete Peanuts,* 1993 to 1994, Fantagraphics Books, Seatle 2014.

[14] In meinem letzten Buch *Von der schwierigen Kunst, treu zu sein* (Kösel, 2008) bin ich auf den Zusammenhang zwischen frühkindlicher Bindung und Liebesbeziehung näher eingegangen. Weiterführende Literatur über die Bindungstheorie finden Sie im Literaturverzeichnis.

[15] Siehe: *Die Zeit.* Lexikon in 20 Bänden, Band 20: Zitate und Redewendungen.

[16] Interessant ist in diesem Zusammenhang, dass bei einer aktuellen repräsentativen Befragung von 950 Männern und 550 Frauen im Alter zwischen 18 und 65 Jahren 71 Prozent der Männer angaben, dass sie für den Unterhalt der Familie aufkommen sollten, während nur 60 Prozent der Frauen dies erwarteten. Das heißt, fast Dreiviertel aller Männer stehen unter dem Erwartungsdruck, die klassische Ernährerrolle erfüllen zu müssen. Auch wenn heutzutage mehr Frauen arbeiten, wünschen sich immerhin noch 60 Prozent aller Frauen, dass der Mann die Familie ernährt. Gleichberech-

tigung in der Ernährerrolle ist noch lange nicht gegeben. (Quelle: Rhein-Neckar-Zeitung, 1. Oktober 2013, Seite 15)

[17] Mehr zum Thema dieses Kapitels finden Sie in: Victor Chu: *Die Kunst, erwachsen zu sein.* Tredition, 2014.

[18] Einen guten Überblick zum Thema postpartale Depression findet man bei: Beate Wimmer-Puchinger, Anita Riecher-Rössler (Hrsg,): *Postpartale Depression. Von der Forschung zur Praxis.* Springer, 2006.

[19] Meryl Steep wurde in einem Interview zu ihrer Mutterrolle befragt: »Sie hatten nie das Gefühl, dass Sie Ihre Karriere für Ihre vier Kinder opfern mussten?« Meryl Streep: »Jeder Tag fordert dir Kompromisse ab, wenn du eine berufstätige Frau bist. Und man wird immer von Schuldgefühlen geplagt, die man sich selbst auferlegt. Die Gesellschaft stellt an Frauen andere Anforderungen als an Männer, wenn es um die Aufgabenverteilung als Eltern geht. Das Leben ist halt nicht fair! ... Ich habe einige wunderbare Projekte abgesagt, die zu weit von unserem Wohnort lagen, als die Kinder noch klein waren ... Ich habe mich auf verrückte Dinge eingelassen, wie auf Gage zu verzichten, wenn sie mir einen Helikopter zur Verfügung stellen, der mich nach dem Drehtag nach Hause fliegt. Das habe ich tatsächlich bei zwei Filmen so gemacht. Ich hatte während der Flüge immer eine Heidenangst! (lacht) Das sind halt die Kompromisse, die man eingeht. Und ich bin froh, dass wir unsere Kinder so erzogen haben. Durch ihr Leben auf dem Land sind sie sehr naturverbunden.« (Rhein-Neckar-Zeitung, 12./13. September 2015)

[20] Ich habe die Position junger Eltern zwischen den eigenen Eltern einerseits und den eigenen Kindern andererseits als »Zwischengeneration« bezeichnet. Siehe: Victor Chu: *Überleben in der Lebensmitte, Glück und Stress der Sandwichgeneration.* Tredition, 2014. Vergleiche auch: Victor Chu: *Die Kunst, erwachsen zu sein. Wie wir uns von den Fesseln der Kindheit lösen.* Tredition, 2014.

[21] Der von Freud postulierte *Ödipuskomplex*, wenn der Sohn die Mutter begehrt und den Vater als Rivalen beseitigen will und die damit verbundene *Kastrationsangst* vor dem Vater sind in meinen Augen Ausdruck einer neurotischen Entwicklung, die Freud selbst durchgemacht hat. Er hatte eine überaus enge Mutterbindung und einen strafenden Vater. Wenn der Sohn den Vater schon immer als nahe und lebende Bezugsperson erlebt hat, braucht die Identifikation mit dem Vater nicht den Umweg über Mutterbegehren, Vatermord und Schuld zu nehmen.

[22] Näheres zur Bedeutung des Vaters für eine Tochter in der Pubertät finden Sie im Kapitel *Väter und Töchter*.

[23] Mehr zum Verhältnis zwischen Geld und Selbstwert finden Sie in meinem Buch *Die Kunst, erwachsen zu sein*. Tredition, 2014.
[24] Es gab in den 1980er Jahren den Bestseller von Nancy Friday: *My Mother, My Self* (deutsch: *Wie meine Mutter*. Fischer, 2009).
[25] Vergleich: http://www.sciencedirect.com/science/article/pii/S0278584 610003908, http://www.slate.com/articles/health_and_science/medical_examiner/2007/06/stretch_marks_for_dads.html.
[26] Wie stark die traditionelle weibliche Sozialisation selbst bei emanzipierten Frauen verwurzelt ist, zeigt eine Untersuchung der Soziologin Prof. Cornelia Koppetsch. Sie hat in ihren Untersuchungen zur familiären Arbeitsteilung festgestellt, dass selbst bei Paaren, die Gleichberechtigung im Beruf und Haushalt praktizieren, diese spätestens an der Waschmaschine endet:»Bei unseren Befragungen sind wir auf keine Frau gestoßen, die dem Mann das Wäschewaschen überlässt ... Der Mann wäre natürlich in der Lage, die Aufgabe zu erledigen – aber meist geschieht das auf einem anderen Niveau, als es die Frau erwartet.« (Interview im Spiegel, 44/2015, Seite 56. Siehe auch: Cornelia Koppetsch, Sarah Speck: Wenn der Mann kein Ernährer mehr ist, Suhrkamp 2015).
[27] Baur-Timmerbrink, Ute: *Wir Besatzungskinder. Töchter und Söhne alliierter Soldaten erzählen*. Ch. Links, 2015.
[28] Quelle: http://www.paulsimon.com/us/music/paul-simons-concert-park-august-15-1991/boxer
[29] Antoine de Saint-Exupéry: *Der Kleine Prinz*. Der Fuchs hat den kleinen Prinzen gebeten, ihn zu zähmen. Beim Abschied sagte ihm der Fuchs: »Du bist zeitlebens für das verantwortlich, das du dir vertraut gemacht hast.«
[30] Rosenberg, Marshall B.: *Gewaltfreie Kommunikation*. Junfermann, 2012. ; Moeller, Michael Lukas: *Die Wahrheit beginnt zu zweit: Das Paar im Gespräch*. rororo, 2010. Thich Nhat Hanh: *Frei sein, wo immer du bist*, Theseus, 2008. Siehe auch vom selben Autor: *Ärger, Befreiung aus dem Teufelskreis destruktiver Emotionen*. Theseus 2007.
[31] Vergleiche zum Beispiel die Zwillings-Untersuchungen von Tom Bouchard, nachzulesen etwa in: http://www.livescience.com/47288-twin-study-importance-of-genetics.html
[32] Vergleiche: Victor Chu: *Lebenslügen und Familiengeheimnisse*. Tredition 2014.
[33] Matthias Franz hat in einem Sammelartikel sehr viele Untersuchungsergebnisse zu den Risiken von Trennungskindern aufgeführt. In: Matthias Franz: *Der vaterlose Mann. Die Folgen kriegsbedingter und heutiger Vater-*

losigkeit, in: Matthias Franz, André Karger (Hg.): *Neue Männer – muss das sein? Risiken und Perspektiven der heutigen Männerrolle.* Vandenhoeck & Ruprecht 2011.

34 Nach der Statistik der Bundesagentur für Arbeit bezogen 2008 41,1 % aller Alleinerziehenden Hartz IV, 2013 waren es immer noch 38,9 % (siehe www.sozialhilfe24.de).

35 Vergleiche: www.berlin-institut.org, www.spiegel.de vom 11.05.2012.

36 Matzies-Köhler, Melanie: *Das Patchworkfamily-Notfallbuch.* Eigenverlag, ISBN 9781502987051.

37 Ein wertvoller Ratgeber ist das Buch *Alleinerziehend, Tipps und Informationen,* herausgegeben vom Verband alleinerziehender Mütter und Väter, kostenlos zu beziehen über das Bundesministerium für Familie, Senioren, Frauen und Jugend, www.bmfsfj.de.

38 Kordon, Klaus: *Die Zeit ist kaputt. Die Lebensgeschichte des Erich Kästner.* Beltz, 2014 und: Kästner, Erich: *Als ich ein kleiner Junge war.* dtv 2003.

39 Vergleiche: Victor Chu: *Überleben in der Lebensmitte,* Tredition 2014.

LITERATURHINWEISE

Baur-Timmerbrink: Wir Besatzungskinder, Töchter und Söhne alliierter Soldaten erzählen, Ch. Links 2015
Beaumont, Hunter: Die Erlösung der Väter, Die Entbindung der Mütter, in: Beaumont, Hunter: Auf die Seele schauen, Spirituelle Psychotherapie, Kösel 2008
Bergström, Gunilla: Die besten Geschichten von Willi Wiberg, Oetinger 2012
Biddulph, Steve: Männer auf der Suche, Sieben Schritte zur Befreiung, Heyne 2003
Biddulph, Steve: Jungen! Wie sie glücklich heranwachsen, Heyne 2002
Bieri, Peter: Eine Art zu leben, Über die Vielfalt menschlicher Würde, Hanser 2011
Bode, Sabine: Die vergessene Generation, Die Kriegskinder brechen ihr Schweigen, Klett-Cotta 2014
Bode, Sabine: Kriegsenkel, Die Erben der vergessenen Generation, Klett-Cotta 2009
Bollnow, Otto Friedrich: Wesen und Wandel der Tugenden, Ullstein 1973
Boszormenyi-Nagy, Ivan, Spark, Geraldine M.: Unsichtbare Bindungen, Die Dynamik familiärer Systeme, Klett-Cotta 1998
Brisch, Karl-Heinz: Bindungsstörungen, Von der Bindungstheorie zur Therapie, Klett-Cotta 2015
Dammasch, Frank: Die innere Erlebniswelt von Kindern alleinerziehender Mütter, Eine Studie über Vaterlosigkeit anhand einer psychoanalytischen Interpretation zweier Erstinterviews, Brandes & Apsel 2000
Dammasch, Frank, Katzenbach, Dieter, Ruth, Jessica (Hrsg.): Triangulierung, Lernen, Denken und Handeln aus psychoanalytischer und pädagogischer Sicht, Brandes & Apsel 2008
Franz, Mathias, Karger, André (Hg.): Neue Männer – muss das sein? Risiken und Perspektiven der heutigen Männerrolle, Vandenhoeck & Ruprecht 2011
Garstick, Egon: Junge Väter in seelischen Krisen, Wege zur Stärkung der männliche Identität, Klett-Cotta 2013
Geo Wissen: Väter, Was sie so besonders macht, Gruner + Jahr 2010

Grossmann, Klaus, Grossmann, Karin: Bindung und menschliche Entwicklung, John Bowlby, Mary Ainsworth und die Grundlagen der Bindungstheorie, Klett-Cotta 2015
Hopf, Hans: Die Psychoanalyse des Jungen, Klett-Cotta 2014
Imber-Black, Evan: Die Macht des Schweigens, Geheimnisse in der Familie, Klett-Cotta 1999
Kast, Verena: Loslassen und sich selber finden, Die Ablösung von den Kindern, Herder 1991
Koppetsch, Cornelia, Speck, Sarah: Wenn der Mann kein Ernährer mehr ist: Geschlechterkonflikte in Krisenzeiten, Suhrkamp 2015
Koschorrek, Günter K.: Vergiss die Zeit der Dornen nicht, Ein Soldat der 24. Panzerdivision erlebt die sowjetische Front und den Kampf um Stalingrad, Flechsig 2014
Le Saux, Alain: Papa schmust mit mir, Moritz 2000
Le Saux, Alain: Papa ist glücklich, Moritz 2000
Lenz, Albert, Jungbauer, Johannes (Hrsg.): Kinder und Partner psychisch kranker Menschen, Belastungen, Hilfebedarf, Interventionskonzepte, DGVT 2008
Lukas Moeller, Michael: Die Wahrheit beginnt zu zweit, das Paar im Gespräch, Rowohlt 2010
Matzies-Köhler, Melanie: Das Patchworkfamily-Notfallbuch, Eigenverlag, ISBN 9781502987051
Ohser, Erich (E. O. Plauen): Vater und Sohn, Sämtliche Abenteuer, Anaconda 2015
Petri, Horst: Guter Vater – Böser Vater, Psychologie der männlichen Identität, Scherz 1997
Pikler, Emmi: Lasst mir Zeit, Die selbständige Bewegungsentwicklung des Kindes bis zum freien Gehen, Richard Pflaum 1999
Radebold, Hartmut: Abwesende Väter, Folgen der Kriegskindheit in Psychoanalysen, Vandenhoeck und Ruprecht 2000
Radebold, Hartmut: Abwesende Väter und Kriegskindheit, Alte Verletzungen bewältigen, Klett-Cotta 2010
Röhrbein, Ansgar: Mit Lust und Liebe Vater sein, Gestalte die Rolle deines Lebens, Carl Auer 2010
Rosenberg, Marshall B.: Gewaltfreie Kommunikation, Jungfermann 2012
Schmollack, Simone: Ich bin meines Vaters Sohn, Geschichten von Männern zu einer ganz besonderen Beziehung, Schwarzkopf & Schwarzkopf 2003
Schon, Lothar: Sehnsucht nach dem Vater, Die Psychodynamik der Vater-Sohn-Beziehung, Klett-Cotta 2010

Stambolis, Barbara: Töchter ohne Väter, Frauen der Kriegsgeneration und ihre lebenslange Sehnsucht, Klett-Cotta 2012

Stiehler, Matthias: Väterlos, Eine Gesellschaft in der Krise, Gütersloher Verlagshaus 2012

Thich Nhat Hanh: Frei sein, wo immer du bist, Theseus 2008

Thich Nhat Hanh: Ärger, Befreiung aus dem Teufelskreis destruktiver Emotionen, Theseus 2007

Thich Nhat Hanh: Nenne mich bei meinen wahren Namen, ausgewählte Gedichte, MensSana 2010

Thich Nhat Hanh: Alles, was du tun kannst für dein Glück, Herder 2010

Thomä, Dieter: Eltern, Kleine Philosophie einer riskanten Lebensform, C.H. Beck 1992

Ungerer, Tomi: Kein Kuss für Mutter, Diogenes 2014

Verband alleinerziehender Mütter und Väter Bundesverband e.V.: Alleinerziehend, Tipps und Informationen, VAMV 2014

Walter, Heinz (Hrsg.): Vater wer bist du? Auf der Suche nach dem »hinreichend guten« Vater, Klett-Cotta 2008

Wimmer-Puchinger, Beate, Riecher-Rössler, Anita (Hrsg,): Postpartale Depression. Von der Forschung zur Praxis, Springer 2006

Bücher von Victor Chu:

Krisenzeit, Nach Tschernobyl: Meditationen eines Psychotherapeuten, Edition Humanistische Psychologie 1991

Scham und Leidenschaft (mit Brigitta de las Heras), Tredition 2014

Liebe, Treue und Verrat, Von der Schwierigkeit, sich selbst und dem Partner treu zu sein, Tredition 2014

Casablanca oder Wohin dich die Sehnsucht trägt, Tredition 2014

Überleben in der Lebensmitte, Glück und Stress der Sandwichgeneration, Tredition 2014

Die Kunst, erwachsen zu sein, Wie wir uns von den Fesseln der Kindheit lösen, Tredition 2014

Lebenslügen und Familiengeheimnisse, Auf der Suche nach der Wahrheit, Tredition 2014

Von der schwierigen Kunst, treu zu sein, Kösel 2008

Neugeburt einer Familie, Familienstellen in der Gestalttherapie, Peter Hammer 2008

www.klett-cotta.de

Susann Sitzler
Geschwister
Die längste Beziehung
des Lebens

352 Seiten, gebunden mit
Schutzumschlag
ISBN 978-3-608-94801-1
€ 22,95 (D) / € 23,60 (A)

Auch als @book

Mit den Geschwistern haben wir uns warmgespielt. Danach können wir souverän aufs Feld.

Geschwister prägen unser Leben viel mehr, als uns bewusst ist. Welche Facetten unseres Ichs wir kultivieren, wie wir uns in der Gesellschaft positionieren, welche Partner uns gefallen – unsere gesamte Identität hängt auch mit unseren Geschwistern zusammen.
Die Vielfalt der hier versammelten Geschwistergeschichten, ergänzt um die Erkenntnisse der Geschwisterforschung, macht es leicht, sich selbst tiefer zu verstehen, gleich ob man mit oder ohne Geschwister aufgewachsen ist.

Klett-Cotta

www.klett-cotta.de

Hartmut Radebold
Spurensuche eines Kriegskindes

207 Seiten, gebunden mit Schutzumschlag
ISBN 978-3-608-98054-7
€ 18,95 (D) / € 19,50 (A)

Auch als @book

Warum wir Kriegskinder so geworden sind, wie wir heute sind

Hartmut Radebold hat als Junge den Zweiten Weltkrieg erlebt und begibt sich auf eine Spurensuche nach dem, was ihn geprägt hat: sein Fühlen, sein Denken, aber auch sein Verhalten.

Ausgebombt, auf der Flucht, bald vaterlos – so erlebt der junge Hartmut Radebold seine ersten Lebensjahre. Erst im Alter wird er fähig, sich zu versöhnen. Was hat diesen Prozess ermöglicht? Und was hat ihm die Kraft zum Leben gegeben?

Klett-Cotta